Para Merli... este fruto tardíio de 1973 (!) Toody 9. 4.81

HOMENAJE A GERTRUDIS GOMEZ DE AVELLANEDA
Memorias del simposio en el centenario de su muerte

COLECCION VORTEX

**Directoras: Gladys Zaldívar
Concepción Alzola**

EDICIONES UNIVERSAL. Miami, Florida, 1981

ROSA M. CABRERA y
GLADYS B. ZALDIVAR

Homenaje a
Gertrudis Gómez de Avellaneda

Memorias del simposio en el centenario de su muerte

EDICIONES UNIVERSAL

P. O. BOX 450353 (Shenandoah Station)
Miami. Florida, 33145. USA.

Library of Congress Catalog Card Number: 79-50632

ISBN: 0-89729-223-5

Dibujo de la portada por Daniel Serra Badué

Diseño de la portada por Gladys B. Zaldívar

Edición al cuidado de Benito García

Duplicación de materiales: Departamento Bilingüe del Miami-Dade Community College, Recinto del Nuevo Mundo

Depósito Legal: B. 31.005-1979

Printed in Spain   *Impreso en España*

Impreso en el complejo de Artes Gráficas MEDINACELI, S. A.
Pi i Margall, 53 - Barcelona-24 (España)

CONTIENE

EL SYMPOSIUM CONMEMORATIVO DEL PRIMER CENTENARIO DE LA MUERTE DE GERTRUDIS GOMEZ DE AVELLANEDA

Entre las grandes figuras de las letras hispánicas que las honran con una labor creadora de dimensión genial, figura Gertrudis Gómez de Avellaneda, «Tula», la impar camagüeyana, nacida en Cuba en 1814, que residió en España y logró una destacadísima posición en el mundo literario de su tiempo.

No eran Puerto Príncipe —ahora Camagüey— ni el Madrid del siglo XIX lugares propicios para el desarrollo intelectual de la mujer ni para su desenvolvimiento e incorporación a los centros culturales y artísticos. Era preciso un temperamento de gran valor cívico y determinación para quebrantar prejuicios y lograr éxito en aquellos estrechos ambientes.

Gertrudis Gómez de Avellaneda fue mujer de coraje y decisión increíbles. Su vida entera estuvo dedicada a la labor literaria y a su lucha contra las limitaciones del ambiente y fue precursora de las más avanzadas ideas sobre la posición de la mujer en la sociedad.

Los valores literarios de «Tula» cubren diversos géneros, en los que sobresalió por su talento, original y encendido. Para ella fueron las letras expresión necesaria de un temperamento apasionado y vehemente que en el ambiente ultraconservador y reaccionario en que vivió, sentó principios de emancipación y de defensa de los derechos de la mujer.

En sus novelas, la Avellaneda se adentró en problemas sociales hasta entonces ausentes en la literatura hispánica; retrató vívidamente los abusos de la esclavitud en Cuba; se extendió además a diferentes aspectos de la opresión social y aun planteó la cuestión de la igualdad de razas, uniéndolas

7

por lazos de fraternidad igualitaria. Trató en algunas de sus obras el tema del divorcio, institución impensable en la sociedad de aquel tiempo, que ella defiende con alto sentido de equidad y justicia.

A pesar de los resonantes éxitos de sus obras en los teatros de Madrid y el unánime aplauso con que su producción literaria fue acogida en todos los círculos, Gertrudis Gómez de Avellaneda libró su gran batalla con la Real Academia Española, que reconoció sus méritos pero le negó el derecho de ocupar su sillón a causa de su condición de mujer. Las cartas que en su propia defensa escribió la autora, son encendidos documentos contra la injusticia y la estrechez de criterio que prevalecía en muchos de los miembros de aquella institución. Tula se mostró habilísima en la utilización de vibrantes argumentos, valiente en la exposición de sus ideas y sincera en su actitud feminista.

Al cumplirse el primer centenario de la muerte de Gertrudis Gómez de Avellaneda, un grupo de profesores y estudiosos de las letras hispanas decidió organizar una serie de actos conmemorativos para honrar a la insigne cubana; y en consecuencia, en el mes de diciembre de 1970, en los salones de la Universidad de Fordham, en Lincoln Center, New York, se celebró una reunión para organizar el Symposium y quedó constituida la comisión organizadora en la forma siguiente:

Chairman: Dr. Alberto J. Carlos. Secretaria: Dra. Rosa M. Cabrera. Miembros: Dr. Gilberto Cancela, Sr. Marco Chiriboga, Profesora Karen Eberle, Dra. Lucila Fariñas, Dr. Oscar Fernández de la Vega, Dr. Leonardo Fernández Macané, Dr. Manuel Gómez Reinoso, Dra. Francisca O. Zayas, Dr. Luis Villaverde, Dr. Pedro Yanes. El Dr. Rubén Arango concurrió a la primera reunión y falleció el año siguiente, viéndose el Comité privado de su entusiasta participación.

A la iniciativa del Symposium se sumó con decidido entusiasmo la Universidad del Estado de New York en New Paltz; así el Dr. Robert C. Davidson, Decano de Educación Continuada de dicha Universidad, que ofreció la invaluable cooperación de su Departamento en aspectos financieros y de trabajos de oficina, aportes que contribuyeron eficazmente a las labores de la organización del Symposium.

La Universidad de Fordham en Lincoln Center, New York,

a gestiones del profesor de ese centro, Dr. Luis Villaverde, cedió sus salones para las reuniones preliminares de la Comisión del Symposium, decidiéndose celebrarlo durante los días veintiséis, veintisiete y veintiocho de octubre de mil novecientos setenta y tres, en el hotel situado en el lago Mohonk en New Paltz, New York.

Durante los meses en que se prepararon los actos del Symposium, la prensa y la radio de habla hispana en los Estados Unidos y Puerto Rico, cooperaron en la divulgación del evento, especialmente «El Diario La Prensa» de Nueva York, «El Diario Las Américas» de Miami, Florida y «El Nuevo Día» de Puerto Rico.

El programa quedó estructurado en sesiones de trabajo, banquetes, un concierto y dos exposiciones.

Los oradores invitados fueron: el profesor Enrique Laguerre, de la Universidad de Puerto Rico en Río Piedras para el banquete de apertura —seguido por recitación de algunos poemas de la Avellaneda por la Srta. Yolanda Arencibia—; el Dr. Luis Martínez de la Universidad de Puerto Rico, Colegio Regional, de Ponce, que tuvo a su cargo el discurso de la sesión almuerzo del sábado veintisiete y, finalmente, el Dr. Alberto J. Carlos, de la Universidad del estado de Nueva York en Albany, que cerró con sus palabras el Symposium durante el banquete de clausura el día veintiocho.

Al iniciarse los actos del Symposium se celebró una recepción, en la cual el Presidente de la Universidad del estado de Nueva York en New Paltz, Dr. Stanley K. Coffman y su esposa, dieron la bienvenida a los participantes.

El sábado veintisiete, en horas de la noche, tuvo lugar el concierto de música española e hispanoamericana en el teatro McKenna de la Universidad, organizado por el Departamento de Música, que dirige el Dr. Lincoln O. Igou, con la cooperación eficiente de la profesora Dra. Mary Jane Corry. Esa noche estuvieron abiertas las salas de exposición en la Galería de Arte de la Universidad, donde se presentaron obras del pintor cubano Daniel Serra Badué y una colección de grabados de la época colonial cubana, propiedad del Dr. Manuel Gómez Reinoso.

En la Biblioteca de la Universidad se ofrecía una interesante exhibición de fotografías y objetos del período colonial.

Esta exposición se efectuó por la colaboración de las Dras. Florinda Alzaga y Ana Rosa Núñez y los Dres. Oscar Fernández de la Vega, Carlos Márquez Sterling y otros.

Al Symposium asistieron ciento sesenta y ocho personas, que vinieron en representación de universidades de México, Puerto Rico, Hawai, Texas, la Florida, California, Ohio, Tennessee, Massachusetts, Rhode Island, Connecticut, New Jersey, Maryland, North Carolina, Washington D.C., Virginia, Illinois y Nueva York.

PROGRAMA DEL SYMPOSIUM
GERTRUDIS GOMEZ DE AVELLANEDA

Sábado, octubre 27, 1973, 9.00 a 10.30 a.m.

El Romanticismo

Sesión I. — Moderador: Dr. Leonardo Fernández Marcané, S.U.N.Y. en New Paltz, N.Y.

1. Dr. Carlos M. Raggi, Russell Sage College, Troy, N.Y.: «Influencias inglesas en la obra de la Avellaneda».
2. Dra. Beatriz Ruiz Gaytán de San Vicente, Universidad Autónoma de México: «Gertrudis Gómez de Avellaneda y el pensamiento hispanoamericano del siglo XIX».
3. Dra. Matilde Albert Robatto, Universidad de Puerto Rico, Río Piedras: «Aspectos románticos en la obra de la Avellaneda».
4. Dra. Raquel de Chang Rodríguez, CUNY, City College of N.Y.: «España y el romanticismo peruano».
5. Dras. Florinda Alzaga y Ana Rosa Núñez, Barry College, Miami, Fla.: «Diccionario del pensamiento de la Avellaneda».

Sábado, octubre 27, 1973, 9.00 a 10.30 a.m.

Feminismo

Sesión I A. — Moderadoras: Profesoras Karen Eberle y Martha Pérez López, S.U.N.Y., Albany.

1. Dra. Francisca O. Zayas, St. Elizabeth College, N.J.: «La Avellaneda y su tiempo».
2. Dra. Georgina Sabat de Rivers, Western Maryland College: «Dos voces americanas en defensa de la mujer».
3. Dra. Beth Kurti-Miller, Rutgers University, N.J.: «Notes on Avellaneda's feminism».
4. Dra. Phyllis Zatlin Boring, Rutgers University, N.J.: «A feminist reading of Avellaneda's confession».
5. Dra. Josefina Inclán, Miami, Fla.: «La mujer en la mujer Avellaneda».
6. Dra. Nelly E. Santos, Bernard Baruch College: «La voz de la Avellaneda en el feminismo del siglo XIX».

Sábado, octubre 27, 1973, 10.45 a.m. a 12.15 p.m.

Poesía

Sesión II. — Moderadora: Dra. Graciela P. Nemes, Universidad de Maryland.

1. Dra. Aurora J. Roselló, University of Southern, California: «Naturaleza, ambiente y paisaje en la poesía lírica de la Avellaneda».
2. Dr. William Melczer, Syracuse University, N.Y.: «Lirismo autobiográfico y autobiografía lírica de Gertrudis Gómez de Avellaneda».
3. Dra. Estelle Irizarry, University of Georgetown: «Remansos y quietud en la poesía de la Avellaneda».
4. Dra. Gladys Zaldívar, Western Maryland College: «La noche mágica y otros temas afines en la poesía de la Avellaneda».
5. Emilio Ballagas: «Mariposa Insular», trabajo inédito.

Sábado, octubre 27, 1973, 2.00 a 3.15 p.m.

Drama

Sesión III. — Moderador: Dr. Manuel Gómez Reinoso, Dowling College, N.Y.

1. Dra. Dolores Martí de Cid, Purdue University, Indiana: «Vivencia y vigor del teatro de la Avellaneda».
2. Dr. Luis Villaverde, Fordham University, N.Y.: «Gertrudis Gómez de Avellaneda, dramaturga ecléctica».
3. Dr. Matías Montes Huidobro, University of Hawai: «Las leyes de la acción en el teatro de la Avellaneda».
4. Prof. Joseph Judicini, University of California at Berkeley: «Revisions in the plays of Avellaneda: 'Alfonso Munio'».

Sábado, octubre 27, 1973, 3.30 a 4.45 p.m.

Tópicos afines

Sesión IV. — Moderadora: Dra. Lucila Fariñas, Fordham University, N.Y.

1. Dra. Rosario Rexach de León: «La nostalgia de Cuba en la obra de la Avellaneda».
2. Dra. Rosa Valdescruz, Northern Illinois University: «En torno a la tolerancia de pensamiento de la Avellaneda».
3. Dr. Joseph de Armas, Denison University, Ohio: «La dicotomía amorosa de la Avellaneda».
4. Dr. Julio Garcerán: «La Avellaneda y Cepeda: un tímido sexual».
5. Dr. Elio Alba, CUNY, Kingsborough Community College: «La Avellaneda a la luz de la crítica de Enrique José Varona».
6. Prof. Albert de la Fuente, Southwestern University, University of Texas: «La pugna de la conciencia de la libertad en los poemas de la Avellaneda».

Domingo, octubre 28, 1973, 9 a 11.30 a.m.

Narrativa

Sesión V. — Moderador: Dr. Oscar Fernández de la Vega, Hunter College, N.Y.

1. Dr. Alberto Gutiérrez de la Solana, New York University: «Contraste entre Sab y Francisco».

13

2. Dra. Adriana García de Aldridge, CUNY, City College of New York: «Gertrudis Gómez de Avellaneda y la novela histórica».
3. Dra. Mildred Boyer, University of Texas at Austin: «Autobiographical elements in Sab».
4. Dr. Myron Litchblau, University of Syracuse, N. Y.: «Narratives techniques in the Leyendas of Gómez de Avellaneda».
5. Dra. María Salgado, University of North Carolina at Chapel Hill: «El arte de la leyenda en Gertrudis Gómez de Avellaneda».
6. Dr. Julio Hernández Miyares, Kingsborough Community College: «Las leyendas de la Avellaneda: poesía y misterio».
7. Dra. Concepción Alzola, Western Maryland College: «El personaje Sab».

Apertura: Profesor Enrique Laguerre, Universidad de Puerto Rico, Río Piedras, Puerto Rico: *«La mujer en las tragedias de Gertrudis Gómez de Avellaneda».*

Sábado

Mediodía: Dr. Luis Martínez, Universidad de Puerto Rico, Colegio Regional de Ponce: *«Baltasar: autobiografía espiritual de Gertrudis Gómez de Avellaneda».*

Clausura: Dr. Alberto J. Carlos, Universidad de Nueva York en Albany: *«Tula, la incomprendida».*

Fuera de serie: Trabajo del Dr. Leonardo Fernández Marcané, University of New York at New Paltz: *«El romanticismo europeo, preludio de Gertrudis Gómez de Avellaneda».*

14

NOTA A LA PRESENTE EDICION

Escribir la historia de un simposio sería dejar en el dato frío y pulido lo que fue una épica minúscula de coordinación, angustia, sacrificio, luchas, promesas cumplidas e incumplidas y el manejo diestro de dificultades no siempre previstas. Aún recuerdo en uno de los discursos inaugurales la emoción con la que Rosa Martínez de Cabrera se refirió al hecho de como el simposio constituía la consumación de un sueño sostenido décadas enteras: el monumento a la Avellaneda, que en Cuba se había concebido de mármol o de piedra, se hacía ahora de palabras en una intangible realidad más poderosa y trascendente. Y, de manera paradójica, ese «monumento espiritual» mencionado por Rosa Martínez se efectúa en tierra norteamericana, en la ingravidez de la nostalgia.

Escribir la historia de un libro-homenaje que recoge las memorias de ese simposio, volvería a erigirse en un grandioso microcosmos en el que el esfuerzo, tanto intelectual como económico, se tornaría irrelevante ante la materialización del objeto logrado, que representa este volumen.

Preciso es, no obstante, aclarar que no todos los participantes en el simposio se hallan en el libro ya que, entre otras razones, algunos de los estudios han sido publicados en revistas con anterioridad a la salida de las *Memorias*. Se observará también, de contrastarse el *Programa* del simposio con el índice general, que hay modificaciones en los títulos de algunos trabajos y que el orden que siguieron las ponencias en New Paltz no se corresponde con el del volumen, que es alfabético, dentro de las distintas secciones. Suponemos el valor histórico de dejar constancia de las diferencias.

Veintitrés autores, cubanos, norteamericanos, mejicanos, puertorriqueños, aportan su crítica emplazada desde una gran diversidad de ángulos dentro, naturalmente, de las dos aproximaciones básicas a la literatura que son la extrínseca —como es la de aquellos ensayos concentrados en aclarar algún aspecto biográfico, psicológico, social, filosófico o relacionado con las demás artes—, y la intrínseca, que es la que han utilizado los estudios que se dedican al estilo, a las técnicas narrativas, al modo de ser de la obra en cuestión, a la valoración, los que intentan encuadrar mejor la obra de la Avellaneda dentro de los movimientos de la historia literaria y, finalmente, aquellos ensayos que se han valido de un acceso ecléctico para iluminar ciertas áreas de la producción avellanedina. Creemos que este volumen, formado bajo una gran multiplicidad de enfoques y concebido con el fin de actualizar y renovar la crítica avellanedista, será de gran utilidad para todos los interesados, no únicamente en la figura señera de la Avellaneda, sino en el romanticismo hispánico en general.

GLADYS ZALDÍVAR
Coral Gardens, 30-12-78

16

A Rosa Martínez de Cabrera, impecable alentadora de este monumento espiritual a la Avellaneda.

TU DULCE NOMBRE HALAGARA MI OIDO

Este olvidable ejercicio no pretende al rango de inauguración ni, por supuesto, al enunciado sumario de una verdad inaparente y central en la obra de la Avellaneda —los textos que siguen van a abarcarla con tanta intensidad como pertinencia—; intenta señalar la persistencia o el fulgor de una paradoja: la Avellaneda nos interesa hoy, suscita nuestra lectura y homenaje, precisamente por lo que siempre se le reprochó: su ausencia de la isla; el privilegio o el exceso, en su poesía, de los valores formales.

Su larga separación de la patria motiva quizás, en su obra la carencia de vistosas enumeraciones: ni el regodeo fonético de las frutas, ni el cromatismo irisado y fugaz de los pájaros; elogios de la piña o el tabaco y guirnaldas de flores insulares han abandonado la superficie neta, espejeante, de sus versos, la simetría incandescente de sus estrofas. Sin embargo, su apego a la isla, que no insiste en la apoteosis de la naturaleza muerta tropical, más constituyente y profundo, es también de arraigo más cubano: *cariño*, suave nostalgia, alzamiento de lo perdido a la majestad de un edén. Aunque no hay en la Avellaneda el desgarramiento del exilio, o el sentimiento de la distancia como una violencia, hay algo más cubano: la exaltación de lo abandonado, la clausura de lo lejano como la de un paraíso irrecuperable, el trabajo del duelo modelando, puliendo con su constancia y repetición, como las de un oleaje calmo, su recuerdo protector, familiar, benévolo.

Se ha insistido en el carácter oratorio, en la atención extrema prestada a lo formal, al trabajo de orfebrería, que separa la obra de la Avellaneda del grito romántico, subver-

19

sivo o patriótico, para acercarla al monumento marmóreo de los neoclásicos. En este énfasis nos gustaría ver, paradójicamente, un rasgo muy cubano: la escucha, el oído, la palabra murmurada o proferida precediendo a la imagen. Sabemos que la Avellaneda, antes de escribir, ya dictaba versos: la instancia de lo oral, el gusto, muy camagüeyano, por la pronunciación neta, quedarán presentes en sus poemas, cincelados para la escucha; cierra así, con esa declinación del sentido —de lo visual a lo sonoro— la primera generación de los románticos, inaugurada con el suntuoso despliegue de imágenes de Heredia, antes de llegar a los tonos bajos, apagados, de los poetas que sucederán.

Privilegio, en lo cubano, de la audición: el Almirante, en las páginas fundadoras de nuestra literatura, encerrado en la noche de los sargazos, *oye* pasar pájaros —vísperas de la tierra—; más tarde, el *genitor por la imagen*, Hernando de Soto, al embarcar para la Florida, donde encontrará «espadas como diamantes» y «perlas como garbanzos gordos», se asesora de un pardo de Bayamo que identifica todos los sonidos en la distancia. Lezama señala como ya en esos tiempos fundadores «lo cubano tiene un representante primitivo para la calidad y situación del sonido».

La presencia de lo sonoro puede seguirse desde su fundación hasta su corona barroca, el *Enemigo rumor* de Lezama; su epifanía en el romanticismo está en el *Al partir*: en mil ochocientos treinta y seis la Avellaneda deja la isla, sale de Santiago de Cuba para Francia; cuando las velas se izan y el ancla se alza presiente la ausencia prolongada y la oquedad del exilio: es sensible a la brisa, califica a su tierra de «edén querido», pero Cuba, en la premonición de la lejanía, no se le presenta ni como una imagen ni como una nostalgia, sino como un sonido, como una palabra: lo que significa a Cuba, lo que la representa y contiene, como a una perla marina engarzada o a una estrella en el cielo occidental, es su *nombre*: «¡tu dulce nombre halagará mi oído!»

Los cubanos conocemos muy bien ese llamado corporal del nombre, signo que más que interpelarnos, nos toca, chisporroteo más vívido y presente que la imagen, más próximo al rumor de la tierra.

Los camagüeyanos conocemos también algo de que la Avellaneda, en su vida, dejó testimonio: la palabra poética, la tertulia, el cultivo de la cortesía y la improvisación fina ligados a la sedimentación de la familia, a su clausura en la casona colonial, vasta y silenciosa, tierra adentro, lejos del mar, defendida por la austeridad de la llanura, por la planicie despojada, sin marcas.

Desde que en mil seiscientos seis se escriben en Puerto Príncipe los sonetos laudatorios del *Espejo de Paciencia*, los seis autores, pertenecientes a las primeras familias afianzadas en la ciudad, van entretejiendo lazos de amistad, de palabra y de sangre.

La Avellaneda, siglos más tarde, perteneció también a ese ámbito de aleros frescos para la lectura, alrededor de las viejas fuentes, junto a las arecas, de alardes rurales decimeros, de bibliotecas abiertas a la luz del mediodía a través de la herrería barroca de las ventanas. Puntuaban los versos pasos familiares, pregones atravesando el tiempo denso y lluvioso de la siesta; los vitrales de medio punto proyectaban sus manchones de luz sobre las opulentas bandejas de frutas, y luego, difusos, alargados por la tarde, sobre el ajedrezado de los mosaicos.

Ese espacio atento a la palabra, que se prolongó hasta recibir, en las primeras décadas del siglo, a las literaturas de vanguardia, persistió, sustentado por la curiosidad y por los honores locales de la imprenta.

Los que comenzamos a publicar en los años cincuenta lo conocimos aún.

Que las páginas que siguen sirvan para restituirlo en la memoria de los que continúan, fuera de Cuba, escuchando con halago el nombre de la isla.

SEVERO SARDUY
Saint Léonard, I-78

21

SESION I: ROMANTICISMO

EL ROMANTICISMO EUROPEO, PRELUDIO DE GERTRUDIS GOMEZ DE AVELLANEDA

LEONARDO FERNÁNDEZ-MARCANÉ
State University of New York

Están contestes los autores tanto en la excelencia de la obra de «La Peregrina» como en su inspirado estro y en su asimilación de las corrientes literarias que prevalecían en la época. Contando apenas veinticinco años, gana asiento la nativa de Puerto Príncipe en los salones peninsulares de tan difícil acceso en ocasiones, desenvolviéndose como en tierra propia en estos cenáculos de escogidos:

La carta de presentación a su favor enviada desde Cádiz por don Alberto Lista a Juan Nicasio Gallego parece entreabrirle esas puertas casi cerradas para los forasteros; pero armada además con las credenciales de su belleza y femenino atractivo, consiguió la amistad de grandes escritores, alguno tan sobresaliente como el poeta Quintana, y una lectura de sus versos, efectuada por José Zorrilla en el Liceo de Madrid, la incorporó sorpresiva y victoriosamente a este círculo literario ya famoso a pesar de lo reciente de su fundación. En todas partes, a sus dotes personales y artísticas, llegaba con lo peculiar y curioso de cierto exotismo, el de ser *la bella cubana*.[1]

Emilio Cotarelo y Mori, su erudito biógrafo, la proclama «no solamente la primera poetisa de España, sino una de las más grandes, acaso la más, entre las que han sobresalido en todo el mundo, en los géneros lírico y dramático».[2] Y al

1. Raimundo Lazo, *Gertrudis Gómez de Avellaneda, la mujer y la poetisa lírica* (México: Ed. Porrúa, 1972), p. 7.
2. Emilio Cotarelo y Mori, *La Avellaneda y sus obras* (Madrid: Tip. de Archivos, 1930), p. 5.

propio tiempo E. Allison Peers abunda en esta afirmación exponiendo que «cuando Gertrudis Gómez de Avellaneda... que había de convertirse en una de las más grandes escritoras españolas, hizo su primera presentación... la hizo como sencilla adepta a las nuevas modas literarias... antes de que en 1841 apareciera su primera colección de versos, ya había contraído todas las características del arte romántico».[3] Este famoso investigador señala seguidamente que la criolla fue influida por Byron, Hugo y Lamartine, entre otros, opinión sostenida también por Enrique Piñeyro en su obra sobre el romanticismo español.[4] El profesor Raimundo Lazo reitera los anteriores influjos, a los que añade la ascendencia en la cubana de dos figuras femeninas: «Dos mujeres escritoras ejercieron entonces las más poderosas influencias en la católica hija de Cuba: Madame Staël y Jorge Sand».[5] Valimiento este que ha subrayado en diversas ocasiones el profesor Alberto J. Carlos, extendiéndose en otros casos a novelistas como Walter Scott.[6]

Si nuestra estudiada captó en su extensa obra tantos soplos de inspiración romántica, vale la pena examinar el desarrollo que esta escuela tuvo en el Viejo Continente para ser antecedente orgánico y reflejo profundo que dejó marcada huella en la apasionada creación de la Avellaneda. A muchos vaivenes ha estado sometida la actitud romántica, innumerables han sido las definiciones que han tratado de abarcar el contenido y alcance del vocablo en cuestión, dando lugar a diferentes controversias: «El término *romanticismo*, por circunstancias que ya se verán, concluyó finalmente por no significar nada y ha sido el responsable de las ambigüedades con que todavía se distingue esta escuela. Cuando Víctor Hugo dijo de él en 1869, 'mot vide de sens, imposé par

3. Edgar Allison Peers, *Historia del movimiento romántico español* (Madrid: Ed. Gredos, 1954), II, 228.

4. Enrique Piñeyro, *El romanticismo en España*, trans. and rev. E. Allison Peers (Liverpool: Institute of Hispanic Studies, 1934), pp. 162, 164.

5. R. Lazo, *Gertrudis Gómez de Avellaneda*, p. 89.

6. Ver los numerosos artículos del profesor Alberto J. Carlos, especialista en la Avellaneda. Entre otros los relacionados en: *MLA International Bibliography* (1970-1972), el leído en la Convención de MLA: «Gertrudis Gómez de Avellaneda, la incomprendida y 'La ondina del lago azul'», PMLA, 88 (1973), 1255, y el discurso de clausura del Symposium Gertrudis Gómez de Avellaneda, SUNY, New Paltz, Oct. 28, 1973. La influencia de Scott la menciona Emilio Carilla, *El romanticismo en la América Hispánica*, 2a. ed. (Madrid: Gredos, 1967), I, 88-89.

nos ennemis et dédaigneusement accepté par nous', exagera según su sistema, pero también acierta, puesto que, en puridad, románticos debieran serlo cuantos practican las lenguas romances, o bien, peyorativamente los noveleros, como así se entendió a partir del siglo XVI por 'romanesques', término entonces sinónimo del carácter español».[7]

El movimiento que nos ocupa ha eludido la persecución de los autores deseosos de precisarlo, contentándose éstos con exponer características generales que abarquen el mayor grado de factores y elementos comunes posibles. Arthur O. Lovejoy, luego de dar copiosos ejemplos de los diversos conceptos y acepciones de «romántico» concluye que «the result is a confusion of terms and of ideas, beside which, that of a hundred years ago... seems pure lucidity. The world 'romantic' has come to mean so many things that, by itself, it means nothing. It has ceased to perform the fuction of a verbal sign».[8] Dejando a un lado los afanes definitorios, la tendencia romántica se establece para nuestro propósito, y en el campo literario, entre mediados del siglo XVII, si se tienen en cuenta ciertas influencias pre-románticas, y mediados del siglo XIX, atendiendo a los últimos destellos o rezagos de la escuela. Así la sitúa Paul Van Tieghem reduciéndola más tarde al apuntar: «Mais le romantisme proprement dit, celui auquel est consacrée la majeure part de ce volume, n'eclot que sur quelques points a l'extreme fin du XVIIIme siécle, et a donné a peu pres tous ses fruits vers 1850».[9]

Al fenómeno literario romántico se le suman factores his-

7. F. Garrıdo Pallardó, *Los orígenes del romanticismo* (Barcelona: Ed. Labor, 1968), p. 7. También Paul Van Tieghem, *Le Romantisme dans la litterature europeenne*, 2me. ed. (París: A. Michel, 1969), pp. 10-12, da testimonio de estas disparidades de criterio.

8. Arthur O. Lovejoy, «On the Discriminations of Romanticisms», in *English Romantic Poets: Modern Essays in Criticism*, ed. M. H. Abrams (New York: Oxford University Press, 1971), p. 6. Expresaba Menéndez Pelayo: «El nombre de romanticismo tiene en Francia, en Italia y en España una significación muy alta. Dícese romántico en oposición a clásico, y bajo ese nombre se confunden todas las tentativas de insurrección literaria que con tanta gloria estallaron en la primera mitad de nuestro siglo». Ver Marcelino Menéndez Pelayo, *Historia de las ideas estéticas* (Santander: Ed. Nacional, 1948) IV, 133.

9. Paul Van Tieghem, *Le Romantisme dans la litterature europeenne*, 2me. ed. (París: A. Michel, 1969), p. 12. Ver también: Jacques Barzun, *Classic, Romantic and Modern* (New York: Doubleday & Co., 1961), pp. 7-8, 155-168. Northrop Frye, «The Drunken Boat: the Revolutionary Element in Romanticism», in *Romanticism Reconsidered*, ed. N. Frye, 2nd. ed. (New York: Columbia University Press, 1964), p. 1.; Henri Peyre, *Les Générations Littéraires* (Paris: Boivin, 1948), pp. 18, 21; René Wellek and Austin Warren, *Theory of Literature*, 3rd. ed. (New York: Harcourt, Brace & World, 1962), p. 264.

tóricos, sociopolíticos y económicos que lo complican y os-
curecen. La ausencia, señalada por los estudiosos, de un romanticismo europeo general, simultáneo en tiempo y espacio,
uniforme en sus manifestaciones y campos trillados, es hoy
en día aceptada. Arnold Hauser aclara en su *Historia social
del arte* las fases de un desarrollo romántico abarcador, sucesivo, con diversas altibajas, dispares fuentes y motivaciones: «It was ascertained that the development followed different directions in Germany and Western Europe... This acco-
unt of the situation was intrinsically correct». [10] Alegando
seguidamente que el romanticismo «was not merely a universal European movement, seizing one nation after another
and creating a universal literary language... it also proved
to be one of those trends which... have remained a lasting
factor in the development of art». [11]

El profesor Abrams en su notable libro *El espejo y la
lámpara,* nos ha proporcionado las constantes entre la teoría
literaria neoclásica o pseudoclásica y la romántica. Otros in-
vestigadores han puntualizado las características del romanticismo como propulsor de la fantasía y el sentimiento, de
la subjetividad, y los temas cristianos nacionales y medievales, enfatizando la originalidad y haciendo hincapié en el
enfrentamiento con la naturaleza, en oposición a la imitación
de imitaciones que supuso el neoclasicismo. Decididos cultivadores de la expresión de lo imperfecto e irracional, la he-
terogeneidad del arte grotesco, la amplia libertad creadora y
la variación y exuberancia, trataron los románticos europeos
de desquiciar el rigor preceptivo pleno de serenidad y sobrie-
dad, de perfección y racionalismo propio de la escuela dieciochesca. Finalmente, ante el arte erudito, el espíritu crítico,
las unidades dramáticas selladas a cal y canto, el didactismo
y los cánones, la nueva tendencia se manifestó en rebeldía:
el arte era popular, la voluntad del pueblo creadora, el his-
toricismo dinámico, el individualismo desbordado y pasio-

10. Arnold Hauser, *The Social History of Art*, trans. Stanley Godman (New York:
Vintage Books, 1970), III, 163-164.

11. *Ibid.*, pp. 165-166. Consúltese también: Henry H. Remak, «West European Romanticism, Definition and Scope», in *Comparative Literature: Method and Perspective,*
ed. Newton P. Stallknectn and Horst Frenz (Carbondale: Southern Illinois University
Press, 1961), p. 223; y René Wellek, «Romanticism Re-examined», in *Romanticism Reconsidered*, ed. N. Frye, 2nd. ed. (New York: Columbia University Press, 1964), pp. 119-121.

nal, propenso siempre a la aventura, al desorden sentimental y el desapego a las normas. La evasión, las quimeras, las confesiones íntimas llenas de debilidades, impotencia y angustias, éstos eran los mensajes difundidos por los últimos artífices de las letras, por aquéllos que un día harían impacto en el alma receptiva de «Tula», inflamando su numen.

Como en una rayuela de contrapunto saltan de un país a otro las influencias. El renacer pre-romántico europeo comienza en Inglaterra después de 1750. Sus poetas son Edward Young, Thomas Gray y MacPherson (el falso Ossián), y sus pautas, la melancolía personal, el culto funerario, lo sombrío, la soledad, el tema rústico unido al de ultratumba, la elevación del genio primitivo y espontáneo, los paisajes lúgubres. Estos y otros bardos, como los de la «escuela escocesa»: Blake, Burns, Collins, Cowper en Gran Bretaña, Rousseau, que durante esta época inicia la nueva sensibilidad lírica de los sentimientos en Francia, influyen en los germanos Herder y Lessing, quienes inician el «Sturm und Drang» desarrollando en Alemania entre 1765 y 1780 contra la Ilustración y sus maneras. Goethe y Schiller participan en este movimiento. El primero lo dirige entre 1772 y 1775 con sus trabajos de juventud, y ambos lo impulsan hacia el romanticismo literario alemán en la postrera década del siglo XVIII. [12]

Con los precedentes indicados florece el romanticismo en Alemania, muy influido al propio tiempo por el idealismo y los continuadores de Kant: Fichte, Schelling y Hegel. Enfatizan el sentimiento los secuaces de la escuela, y a la vez el predominio de la intuición, lo evolutivo, la expresión alusiva que se aficiona al folklore nativo y al de otros pueblos. Así Herder busca al Cid, los hermanos Schlegel reviven a los maestros ingleses y españoles (Shakespeare, Calderón), como antes había hecho Lessing; Tieck redescubre a Cervantes. Con paso firme y una conciencia nacionalista e histórica se agrupa la escuela en Jena a principios de la centuria decimonona bajo la revista *Athenaüm*. Se le unen talentosos miembros,

12. Véanse: C. Vaughan, *The Influence of English Poetry upon the Romantic Revival on the Continent* (London: British Academy, 1960), pp. 1-18; Lilian R. Furst, *Romanticism in Perspective* (New York: Humanites Press, 1970), pp. 28-33; y para un paralelo entre lo romántico y lo clásico: Meyer Howard Abrams, *The Mirror and the Lamp* (New York: W. W. Norton, 1958), pp. 110-122, 312-320; y Raúl H. Castagnino, *El análisis literario*, 5a. ed. (Buenos Aires: Ed. Nova, 1967), pp. 104-110.

como Wackenröder, Novalis, Schelling, Schleiermacher. Esta pléyade aporta un profundo misticismo de subjetiva imaginación, una poesía ansiosa del infinito, y un delicado sentimiento amoroso, a la par que una trascendente proyección religiosa. Cuando finalmente desemboca este fluir en la «Joven Alemania» y Heine, hacia 1830, el genio teutónico ha alcanzado sus más altas cumbres reforzado por el grupo de Heidelberg (1805-1815), cultivador de lo fantástico, lírico, irracional y patriótico, cuya membresía incluye a Unland, Körner, Brentano, Arnim, Hoffmann, Chamisso, Fouqué y los polifacéticos hermanos Grimm.

Inglaterra se hace romántica tras haber iniciado estas corrientes, con un desarrollo gradual, sin luchas violentas contra lo establecido. Las «canciones» de Blake, el viaje de Wordsworth y Coleridge a Alemania en 1798 y la recepción de lo tudesco (*Los Bandidos* de Schiller, las narraciones terroríficas que influyen en Walpole y Mrs. Radcliffe) junto con el personalismo de Sterne completan la evolución. Los poetas «lakistas» primero y luego los tres grandes líricos ingleses, Shelley, Keats y Byron, desplazan la órbita del fenómeno estudiado hacia Albión. Estos vates alaban la imaginación y el sentimiento, un uso nuevo de las imágenes, la preferencia por lo campestre, el subjetivismo, la melancolía, el recuerdo. Sus colegas de los lagos (Wordsworth, Coleridge, Southey) ensalzan la meditación y lo onírico, la referencia a lo sobrenatural y lo exótico, la leyenda y el color local, respectivamente.

Esa segunda trilogía de gran celebridad que se ha mencionado arriba cierra, con románticas muertes prematuras, esta etapa en Inglaterra. Keats desaparece en 1821, y en sucesión perecen Shelley en 1822 y Byron en 1824. Es preciso recordar que algunos de estos portaliras gozan en su tiempo de gran predicamento, y que el exaltado y soberbio cultivo del yo, el exagerado heroísmo que evade la sociedad, el intenso lirismo, desesperado egoísmo, ironía, remordimiento y desarraigo que exhibe Byron, lo convierten en paradigma de la época, admirado en Europa y América: «La imagen de Byron y Shelley predomina, con su perfil rebelde y libertario. Comprimido por siglos de teología y racionalismo, el yo hace volcánica irrupción cuando se resquebrajan las estructuras religiosas, económicas y sociales de la Europa moderna. Las chispas llegan pronto a nuestras playas, en el momento en que Sudamérica, desgarrada de España, se enfrenta con su propio caos, y Cuba despierta a la agitación revolucionaria». [13]

Sabemos de la admiración que sentía «Tula» por su compatriota Heredia, a tal punto que, según Piñeyro «for her first master and model she chose a great Cuban poet, José María de Heredia, cousin of that other poet of the same name who wrote in French and has become justly famous for his sonnet-collection *Les Trophées*». [14]

Conocemos también que el «primogénito del romanticismo hispano» como llamó a Heredia, Manuel Pedro González, fue el que primero asimiló al bardo inglés remedándolo quizás en fecha tan temprana como 1819; pues bien, la Avellaneda participa doblemente de este discipulado poético y lo hace patente en su producción: Así, en 1858 compuso *Baltasar*, inspirada... por el Libro de Daniel, por el *Sardanapalus* de Byron y por su propia imaginación... Cabría defender el punto de vista de que ésta es la más romántica de sus obras de teatro... tiene grandeza suficiente para desafiar al analista y asegurar a su autora un lugar en la literatura española». [15] He aquí un caso de la notable ascendencia que el transfondo romántico continental ejerció en doña Gertrudis, corroborado por la aseveración: «As la Avellaneda was well acquainted with the works of Byron, had translated some of his poems and had made use of the plot of his *Werner*, it was only natural that some similarity should be suspected between her *Baltasar* and Byron's *Sardanapalus*. The resemblance between them is unmistakable». [16]

La activa participación y los poderosos efluvios que Walter Scott, dedicado a la prosa narrativa y a la novela histórica hacia 1815, tras haber cultivado el romance, los temas de la naturaleza y el colorido exótico medievalista que posteriormente transmite a sus obras, tuvo en el Viejo Mundo, es innegable. En la Península todos se rinden a sus relatos románticos y es de nuevo el precursor Heredia quien emite la primera crítica sobre la prosa de Scott. «Tula» da al mundo

13. Cintio Vitier, *Los grandes románticos cubanos* (La Habana: Ed. Lex, 1960), p. 5.
14. Piñeyro, *El romanticismo en España*, trans, and rev. E. A. Peers (Liverpool: I.H.S., 1934), p. 160.
15. C. A. Peers, *Historia*, II, 231-232.
16. Piñeyro, *El romanticismo*, p. 171.

literario en 1846 su novela histórica de tema americano indígena *Guatimozín,* dejando en esta ocasión correr su pluma por los pintorescos campos de lo romancesco en los tiempos de la Conquista. Un estudio minucioso entre esta obra y las del escocés daría a conocer hasta qué punto fue éste antecedente romántico en la cubana.

Francia completa el cuadro de las etapas del nuevo movimiento en Europa que más tarde incidiría en el mundo hispánico y en nuestra autora. El gran prestigio y arraigo del neoclasicismo en la nación de la Enciclopedia dieciochesca, impidió el desarrollo de las novedosas ideas. Después, la revolución francesa y el imperio napoleónico impusieron, no sin grandes contradicciones, un valladar a los brotes románticos, fenómeno que hoy día se discute. [17] El pensamiento de la época estuvo dominado por ideas políticas y sociales apartadas de la literatura, o por una censura externa y un espíritu militarista que ahogaban constantemente la inspiración humanística. Aunque los contrastes violentos, los cambios súbitos y la rápida acción dramática en los acontecimientos de aquel tiempo crearon nuevos gustos, preparando al público para el romanticismo, éste ganó terreno sólo con gran esfuerzo.

Rousseau, con el aspecto lírico y personal de sus obras, su acercamiento sincero a la naturaleza así como su vocabulario variado, emotivo y sentimental, y sus discípulos Saint-Pierre y Chateaubriand, desenvolviendo la ingenua confianza en el hombre y en la virtud natural, la rehabilitación de la religión cristiana y la Biblia, el análisis introspectivo y la melancolía ante el paisaje, fueron obliterando la muralla clásica. Las influencias inglesas y alemanas de Goethe, Schiller, Byron, Scott, Shakespeare y los hermanos Schlegel se van haciendo sentir, al mismo tiempo que Mme. de Stäel, que había conocido a muchos de los anteriores y viajado extensamente, divulga hacia 1813 las recientes tendencias. En su obra sobre la literatura alemana contrasta las manifestaciones innovadoras que ya hemos relacionado más arriba, sobre todo las de los miembros del «Sturm und Drang», con el anquilosado ambiente galo.

17. Ver: A. Hauser, *The Social History of Art,* III, 163; y recientemente: Howard M. Jones, *Revolution and Romanticism* (Boston: Harvard University Press, 1974).

Sentados estos conocimientos, los escritores franceses continúan, a partir de 1820 y en el campo de la poesía lírica, el transcurrir ya iniciado en la prosa para terminar finalmente en la próxima década, con la batalla definitiva al antiguo orden allí donde las normas eran más rígidas: en el teatro. Una serie de grupos románticos van formándose alrededor de revistas literarias (*Muse française*, 1823-1824, *Le Globe*, 1824-1832) y de los tradicionales «salones», culminando en el Cénacle de Víctor Hugo y Sainte-Beuve, en 1827. La poesía de Lamartine, Hugo, Vigny y Musset es una creación de gran poder expresivo de los sentimientos personales y profundos con una nueva musicalidad que apela a los sentidos, desdeñando la razón. Lamartine, que al igual que el autor de *Los miserables* se proyectaría luego en la Avellaneda, desarrolla la vivencia amorosa fuente de regocijo y dolor, de inspiración creadora e inquietante angustia. Su confianza en la divinidad consuela al individuo, su visión de la naturaleza la convierte en testigo de las penas humanas y la muerte, en término misterioso de calamidades y glorias. La combinación que hace Víctor Hugo de aspectos tradicionales y religiosos, dotándolos de una subida variedad expresiva que se manifiesta en su excelente dominio del lenguaje, va acompañada de una brillante imaginación y una inusual riqueza de sensaciones y toques afectivos que trasladaría en su momento de la poesía a la novela y al teatro.

En cuanto a Vigny y Musset, el tono confesional e íntimo que en lenguaje espontáneo y grato expresa éste, contrarresta su trágico sentir que exaltando el amor con pasión intensa, exhibe en su ironía rebelde una dramática desesperanza. Aquél por su parte, pesimista angustiado, se aparta del mundo desconfiando de Dios y la naturaleza, emitiendo lastimeros quejidos que se orientan hacia un repudio de la voluble crueldad femenina y ansían una fraternidad humana plena de bondad y ternura. Otros partícipes y portaestandartes de la escuela, algunos de los cuales tomaron posteriormente dispares rumbos son Marimée, Balzac, Stendhal, Sainte-Beuve, Michelet, Tierry, Quinet, Dumas, Gautier, George Sand, Renan, Taine, Baudelaire y Leconte de Lisle. Muchos de éstos serán tenidos en cuenta por los románticos españoles que trabaron amistad con ellos o los asimilaron a través de lecturas mostrando más tarde en sus obras sus influencias, como sucedió con «La Peregrina». Así acontece con Hugo y Lamartine, al decir de Raimundo Lazo:

Lo que es de más destacable significación es su acercamiento a textos de Lamartine y de Víctor Hugo, precisamente los más significativos, típicos representantes de las dos corrientes opuestas, de levedad sentimental y de grandilocuencia, de la escuela romántica que de Francia pasa a España y a sus dominios culturalmente coloniales en Hispanoamérica. La síntesis de lo grandioso de las imágenes y lo tumultuosamente sentimental y combativo del contenido poemático acerca preferentemente a la Avellaneda, a Lamartine... En su producción hay la poesía de la levedad sentimental simbolizable por el ave arrulladora del amor, o del lago tranquilo, de Lamartine, al mismo tiempo que resuenan los versos apropiados para seguir la inspiración de Víctor Hugo, con sus magnificencias y con sus lujos, la poesía del águila y de las tempestades, de aliento y proporciones cósmicas. [18]

Conmovida más por el autor de las *Meditaciones poéticas*, «for Lamartine she had a great predilection and she translated him as skilfully as did Andrés Bello, though in quite a different style. Lamartine's meditation entitled *Bonaparte* might almost be considered to have been improved by its translation into Spanish», [19] la Avellaneda se acerca al Hugo que confía en la religión a pesar de sus tribulaciones y desencanto. Así puede afirmar Peers de «Tula» que «contaba treinta y cuatro años cuando anunció que rompía su lira, con el 'corazón cansado por la desventura'. Es prolija y variada en sus lamentaciones, pero es un Lamartine, no un Musset, es decir, es siempre creyente resignada y sufrida». [20] Y herida, busca refugio en la divina providencia con el vigor y la exuberancia del creador de la *Leyenda de los siglos*.

En cuanto a las escritoras románticas, la hija del banquero Nécker era plenamente conocida por la poetisa cubana quien tiene para ella un respetuoso tratamiento. Bien expone Carilla que «Mme. de Stäel, por su parte, tuvo lectores para

18. Lazo, *Gertrudis Gómez de Avellaneda*, pp. 57-59. El romanticismo francés lo puntualiza: George R. Havens, «Romanticism in France», in *Romanticism: A Symposium*, PMLA, 55 (1940), 10-15, 17-19; consultar también: Marcel Raymond, *De Baudelaire al surrealismo* (México: F. C. E., 1960), pp. 12-32; y Albert Béguin, *L'Ame Romantique et le Rêve*, 2me. ed. (Paris: J. Corti, 1963).

19. Piñeyro, *El romanticismo*, p. 164.

20. E. A. Peers, *Historia*, II, 473.

sus novelas (*Corina, Delfina*), pero quizás más debió su prestigio a su difundida obra *De la Alemania,* de la cual sacaron los americanos noticias e ideas 'románticas'... 'Mma. Staël' —la llama—, Gómez de Avellaneda».[21]

Y la que supo acercarse a genios selectos como Musset y Chopin otorga también su legado literario a la notable antillana:

> Lo social romántico se da... en consonancia con su espíritu: ideales de fraternidad e igualdad... Hay un romanticismo social que en Europa llega a novelas de George Sand. (Es, casi siempre, el triunfo de la humildad noble, que vence diferencias sociales, contraposición de capas, prejuicios. Algo así como «la virtud recompensada» proyectada hacia una realidad más amplia que aquélla en que se movía *Pamela*.)... A Gertrudis Gómez de Avellaneda la atrajo —entre otras escritoras— la inquieta francesa. Sin embargo, no eran tantas las afinidades para que los contemporáneos la llamaran, en algún momento de su vida, «La George Sand de Madrid».[22]

La anterior afirmación de Carilla es válidamente aclarada por Lazo, cuando expresa de la criolla:

> Fue aclamada por la crítica al publicar su primera colección de *Poesías;* pero abordó también la narración imaginativa, e imitando a Jorge Sand, tanto en las ideas como en el estilo, se dedicó a la novela y en *Dos mujeres,* coincidiendo con la autora francesa dejó deslizar ideas revolucionarias contra la institución matrimonial, tradicionalmente respetada en España. Incorporada a la vida literaria española, canta sucesos como la declaración de mayor de edad hecha a favor de la reina Isabel II. Molesta su ambición de gloria de modo que, como tiempos después la condesa de Pardo Bazán, se la tiene por *la inevitable,* femenino personaje con talento y ambiciones de hombre presente en toda actividad literaria.[23]

Y cuando en 1830 el antiguo régimen de las unidades y las reglas recibe el golpe final con la representación de *Hernani* de Víctor Hugo, drama de tema español precedido tres años antes por el *Prefacio a Cromwell* del propio autor, cruza el romanticismo los Pirineos y junto con los emigrados del ré-

21. Emilio Carilla, *El romanticismo en la América Hispánica,* 2a. ed. (Madrid: Ed. Gredos, 1967), I, 77.

22. *Ibid.,* II, 70-71.

23. Lazo, *Gertrudis Gómez de Avellaneda,* p. 7.

gimen de Fernando VII que retornan a España tras la muerte del rey «de cabeza de mulo y corazón de tigre» se difunde y prende en la Península con Rivas, Espronceda, Larra y Zorrilla, decide este vuelco la obertura, el preludio hispánico que culminaría con sublimes notas en Gertrudis Gómez de Avellaneda. Ya por esa época Alemania e Inglaterra buscaban otros caminos humanísticos. Sólo Heine, y alguno que otro lírico continental perpetuaban estas tendencias arraigadas ahora en la tierra de Cervantes y en su inmenso imperio americano que se emancipaba de ella.

La inquieta «Tula» recogió entusiasmada la tradición francesa, como se ha indicado, absorbiendo asimismo las creaciones de los antecesores, precursores y corifeos principales del romanticismo hispano, declarándolo manifiestamente:

> La Avellaneda tuvo sus autores preferidos, que señala en una de sus cartas a Cepeda —la novena de la colección publicada por Lorenzo Cruz de Fuentes—. Menciona a autores románticos extranjeros y españoles: Walter Scott, Madame Staël, Chateaubriand, el neoclásico maestro de románticos, Alberto Lista; Manuel José Quintana y el cubano José María Heredia. El examen de la obra lírica de la Avellaneda muestra la cercana presencia de otros modelos, clásicos, neoclásicos, prerrománticos y románticos, también extranjeros o españoles, entre aquéllos, preferentemente franceses, y entre los españoles románticos contemporáneos, como Espronceda y Zorrilla... Hay en sus obras líricas traducciones o versiones del francés reconocidas como tales, de Parny, Lamartine, Chateaubriand, Víctor Hugo, y quizá a través del francés..., de Byron. [24]

Y consumando este triunfo de la imaginación y el sentimiento que ha perdurado hasta nuestros días, coronó magistralmente Gertrudis Gómez de Avellaneda el movimiento romántico europeo, marejada arrolladora, acabada sinfonía cuyo inicio y evolución hemos detallado en el presente estudio, y cuya múltiple variación es a la par que evasiva, categórica en el transcurrir literario.

24. *Ibid.*, p. 82. Para la trayectoria e influencias de José María Heredia, el ilustre predecesor y compatriota de la Avellaneda, véase: Angel Aparicio Laurencio, *José María Heredia: Poesías completas* (Miami: Ediciones Universal, 1970), pp. 11-70.

INFLUENCIAS INGLESAS EN LA OBRA
DE GERTRUDIS GOMEZ DE AVELLANEDA

CARLOS M. RAGGI
Russell Sage College, Troy, N.Y.

Notada ha sido por los críticos de la obra literaria en general de Gertrudis Gómez de Avellaneda la influencia de notables poetas y novelistas ingleses de fines del siglo XVIII y principios del siglo XIX. Los nombres de Byron, Walter Scott y Fielding ha sido mencionados y, en ocasiones, se ha considerado mera traducción de poesías de autores ingleses poemas de la Avellaneda —entre otros «Al sol, en un día de diciembre» publicado en su colección «Poesías» publicada en Madrid en 1841—; en otras ocasiones la poetisa reconoció que imitaba a algún autor inglés o a algún autor francés. Pero lo que no se ha estudiado suficientemente es hasta qué punto la influencia inglesa es notable en su obra literaria y cuáles son los hechos más sobresalientes de dicha influencia. Sin pretender realizar un estudio exhaustivo del tema y sí sólo dar algunas ideas sobre este hecho es que nos atrevemos a tratar este tema con motivo del centenario de su muerte en este año.

Los primeros años de creación

Aunque se sabe que la Avellaneda ya componía poesías en los días que se pasó de visita en la ciudad de Santiago de Cuba, pues ella así lo contó, no hay seguridad de si alguna de esas poesías fue conservada y publicada luego en alguna revista o en sus colecciones poéticas. Hay pues que considerar su poesía «Al partir» como la primera de fecha identificable en el día de su partida de Cuba si bien se comprueba en ella que le había precedido una larga etapa de producción siempre insatisfecha con sus resultados según le contara a Nicomedes Pastor Díaz y este recogiera en la publicación de la «Autobiografía». Sabemos también, por propia confidencia de la autora, que en esos años iniciales de su formación, leía a Víctor Hugo junto con los autores franceses (Chateaubriand, Lamartine, Víctor Hugo, Jorge Sand, etc.). Sin embargo, Cotarelo recoge de su «Autobiografía» que:

> «leía... todas las historias de Walter Scott, autor a quien siempre tuvo gran admiración, y los poemas y dramas de Lord Byron, que tanto ruido había hecho en el mundo y a quien su romántica muerte había ceñido la aureola del mártir de la poesía y la belleza. Pero tanto éste como el anterior, los gozaba en las traducciones francesas, puesto que ni entonces ni nunca logró entender a Byron en su idioma» (Cotarelo, 1930, pp. 15).

No tenemos a la vista la Autobiografía que Cotarelo glosa para poder discutir esta afirmación sobre el total desconocimiento de la Avellaneda del idioma inglés, pero aunque aceptemos que la Avellaneda no dominaba el inglés en forma pareja a su dominio del francés no creemos que estuviera tan totalmente desprovista de la habilidad de leerlo y de traducirlo de fuentes directas y no sólo a través del francés. Es discutible lo que Cotarelo dice sobre haber abandonado a Cuba por querer ser una escritora y sólo poder alcanzarlo en España. Se sabe cuáles fueron las reales razones del viaje de su familia a España y lo poco que tuvo que ver con la voluntad de Gertrudis.

Todo induce a creer que la novela *Sab* comenzó a germinar cuando la autora todavía estaba en Cuba. Todo hace también pensar que «Al partir» recoge influencias de lord Byron. en «Memorias inéditas» lo demuestra:

> «La navegación fue para mí un manantial de nuevas emociones. 'Cuando navegamos sobre los mares azulados —ha dicho Lord Byron— nuestros pensamientos son tan libres como el Océano'. Su alma sublime y poética debió de sentirlo así: la mía lo experimentó también.»

38

¿De dónde recoge esta cita de lord Byron? Está claramente tomada de «The Corsair» canto primero: 2,5

> O'er the glad waters of the dark blue sea,
> Our thoughts as boundless, and our souls are free.
> Far as the breeze can bear, the billows foam,
> Survey our empire, and behold our home

(Byron, 1878, pp. 91)

No conocemos la edición francesa de «El Corsario» pero parece como si la Avellaneda hubiera traducido directamente del inglés este pensamiento que recoge cuando está en el barco saliendo de Cuba como dice en sus «Memorias inéditas».

¿Cuándo lee los versos de William Cowper relacionados con una tempestad en tierra que parecen inspirar el fragmento correspondiente en *Sab*? Si revisamos detenidamente el poema «A thunder Storm» de Cowper veremos que las referencias diversas sobre la tormenta que tan agudamente describe la Avellaneda en ese capítulo, debe bastante a Cowper y menos a Heredia de lo que se ha pensado. Recojamos algunos fragmentos del poema para confirmarlo: 3

> The sky begins to lower and thick'ning Clouds
> Portend a speedy storn, the vocal tribes
> no longer Sonnets sing; all, all are mute...
>
> A dark despondence reigns, and hark ¡it comes;
> I heard the sudden roar...
>
> How hard it rains! the Atmosphere's on fire
> Chaos presides! Confusion quite surrounds me!

(Cowper, 1913, p. 626)

Pero no es sólo en este poema de la tempestad que observamos posibles influencias de Cowper en la Avellaneda y, sobre todo, en Sab. Veamos, por ejemplo, «The negro's complaint» que escrito en febrero de 1788 y publicado en «The

39

Gentleman's Magazine» en diciembre de 1793 y después en 1800 puede ser considerado como uno de los primeros poemas de los ingleses en relación con la esclavitud y con la trata negrera. El tono de este poema se acerca tanto a la exposición del carácter de *Sab* que nos atrevemos a sostener que la Avellaneda fue influida por el mismo. Pero primero dilucidemos un extremo: ¿Pudo llegar a manos de la Avellaneda un ejemplar de «The Gentleman's Magazine»? Es muy posible. No se olvide que el padre de la Avellaneda es un marino y está a cargo de uno de los sectores de tráfico de buques de transporte internacional: Puerto Príncipe que internada la ciudad en el territorio seguía teniendo por Cubitas el puerto de llegada de todos los barcos que salían de Jacksonville, New York, Boston, etc. Aunque otra cosa se crea, los capitanes de esos barcos eran en muchos casos hombres cultos, o si no algunos de sus oficiales. Los intereses por la cultura de Puerto Príncipe han sido desconocidos por los españoles pensando que se trataba de una población pobre e inculta y era todo lo contrario. No se olvide que era en esa época la sede de la Real Audiencia. Con la fiebre de cultura de la Avellaneda nada tiene de raro que obtuviera toda clase de material de lectura —inclusive en inglés que no dominaba como el francés pero que es dudoso que le fuera tan ajeno como apunta Cotarelo.

No he encontrado en la literatura francesa —con la excepción del *Bug Jargal* de Víctor Hugo que ya señalé en otro trabajo como la fuente más directa de inspiración de *Sab*— elementos que se relacionen tan íntimamente con los tormentos de ese protagonista como observo en el poema de Cowper. Veamos esto:

> *Forc'd from home, and all its pleasures,*
> *Afric's coast I left forlorn;*
> *To increase a stranger's treasures...*

> *Still in thoughts as free as ever,*

> *Fleecy locks, and black complexion*
> *Cannot forfeit nature's claim;*

Skins may differ, but affection
Dwells in white and black the same.

(Cowper, 1913, p. 371)

Observemos algunas de las reflexiones de Sab:

«Pertenezco —prosiguió con sonrisa amarga—, a aquella raza desventurada sin derechos de hombres... soy mulato y esclavo» (Avellaneda, 1963, pp. 19).

«...no sospecharon nunca que el pobre esclavo tuviera un corazón de hombre...» (Idem, pp. 131).

«Pero la sociedad de los hombres no ha imitado la equidad de la madre común, que en vano les ha dicho: ¡Sois hermanos! Imbécil sociedad, que nos ha reducido a la necesidad de aborrecerla, y fundar nuestra dicha en su total ruina» (Idem, pp. 133).

«He pensado también en armar contra nuestros opresores, los brazos encadenados de sus víctimas; arrojar en medio de ellos el terrible grito de libertad y venganza; bañarme en sangre de blanco; hollar con mis pies sus cadáveres y sus leyes y perecer yo mismo entre sus ruinas...4 (Idem., pp. 136).

Veamos the Cowper «Pity for poor Africans» publicado también en 1800.

«When I hear of their hardships, their tortures, and groans Is almost enough to draw pity from stones» (Cowper, ob. ct.).

Se me podrá decir que no muestran estos versos que hemos transcrito una semejanza absoluta con los lamentos de Sab pero estamos hablando de «influencias» no de calcos o de plagio. Tómese la literatura española de la época y dígase si hay algo en Quintana, en Meléndez, en cualquier escritor español de la época que haya podido «influir» con ideas de piedad hacia el esclavo, con noticias sobre su rebeldía, sobre sus aflicciones y se advertirá que nada de esto pudo venirle a Gertrudis Gómez de Avellaneda de fuentes españolas. Poco le vino de fuentes francesas —ya dijimos que es con *Bug Jargal.*

Hablando de Meléndez es de notar que en éste la influencia inglesa fue también notable. En una oportunidad se refirió a la influencia de Pope y dijo: «Pope en este verano me ha llenado de deseos de imitarle, y me ha puesto casi a punto

41

de quemar todas mis poesías» (Colford, 1942, p. 191); sin embargo, no se siente la influencia de Pope en la Avellaneda —salvo quizás un cierto interés por la naturaleza que no es sólo lo advertible en Pope y sí en todo el Romanticismo inglés que influye, a nuestro juicio, en la Avellaneda tanto o más que el Romanticismo francés— por lo que la afinidad de la Avellaneda con Meléndez se diluye un tanto.

Ha dicho Pedro Henríquez Ureña que «El romanticismo fue en Europa la literatura de la rebelión: rebelión contra la opresión política y en favor de la libertad...; en ocasiones, también, rebelión contra la sociedad misma» (Henríquez Ureña, 1949, p. 131). Para añadir luego que «Nuestros románticos, en la América Hispana, hablaron alguna que otra vez como desterrados; pero no hacían entonces más que imitar diligentemente a sus dechados europeos» y que: «En esto se hallaban más próximos a los primeros románticos europeos que a los últimos, más cerca de Wordsworth, o de Shelley, o del Byron campeón de Grecia, más cerca de Víctor Hugo, que conservó a lo largo de toda su vida su fe en el papel profético del poeta, y que, en parte por esta razón, ejerció poderosa influencia en la América Hispana» (Idem). Pues bien la Avellaneda nos presenta ese sentimiento de los poderes del poeta en su poema «El genio poético» y en «A la poesía», a la que llama «Alma del orbe» y proclama que «espacios no hay que tu poder no enlace» con tonos que se acercan a los de Thomas Gray en su obra «The progress of Poesy»:

> Awake, Aeolian lyre, awake,
> And give to rapture all thy trembling strings.

> Oh! Sovereign of the willing soul,
> Parent of sweet and solemn-breathing airs,
> Enchanting shell! the sullen Cares
> And frantic Passions hear thy soft control.

(Aldington, 1958, p. 566)

O esta otra estrofa del mismo poema de Gray:

Oh! Lyre divine, what daring Spirit
Wakes thee now?

que tanto nos recuerda a nuestro Heredia.

Cita la Avellaneda, en varias ocasiones, a Shakespeare y, sin embargo, esa influencia es más bien lejana por lo mismo que está lejos en el tiempo y en las preocupaciones. La referencia es más bien culta que apasionada aunque es posible que se vean huellas en su obra dramática.

Hablando de su obra dramática es interesante consignar que los personajes bíblicos trabajados con tanta intensidad por la Avellaneda en un siglo en que se habían alejado bastante los dramaturgos de los personajes del Antiguo Testamento fueron motivo de atención por George Noel Gordon (1788-1824) más conocido como Lord Byron.

Dos poemas dedicados a Saúl nos llaman la atención junto a otro dedicado a Baltazar (o Belshazzar como escribirá Byron). El que lleva simplemente el título de «Saul» incluye una apelación al profeta Samuel para que «levante su cabeza sepultada: y, con ello, advierta al Rey de sus desvíos religiosos. Es curioso que la Avellaneda siga la línea de Byron en cuanto a las prevenciones de Samuel por los actos contrarios a la ortodoxia que realiza Saúl y es también significativo que, como dice Cotarelo,

«...no cabe duda que el personaje de Saúl es verdaderamente grande y simbólico. Es la encarnación del libre albedrío llevado al último extremo; de la absoluta independencia moral del individuo; de la rebeldía contra todo poder exterior, y todo ello con cierta verosimilitud, cierta realidad, que lo hace perfectamente admisible en el terreno del arte» (Cotarelo, 1930, p. 178).

porque esa visión se acerca a la presentada por Byron en sus dos poemas dedicados a Saúl. Veamos:

Thou whose spell can raise the dead,
Bid the prophet's form appear.
Samuel, raise thy buried head!
King, behold the phantom seer

(Byron, 1878, p. 462)

Song of Saul before his last battle
«Warriors and chiefs! should the shaft or the sword
Pierce me in leading the host of the Lord,
Heed not the corse, though a king's, in your path,
Bury your steel in the bosoms of Gath!

Thou who art bearing my buckler and bow
Should the soldiers of Saul look away from the fos
Stretch me that moment in blood at thy feet!
Mine be the doom which they dared not to meet.

Farewell to others, but never we part,
Heir to my royalty, son of my heart!
Bright is the diadem, boundless the sway,
Or kingly the death, which awaits us to-day!»

(Idem, p. 462)

Si examinamos las escenas finales del Saúl; de la Avellaneda se observarán acentos hermanos en cuanto a la figura
de Samuel y de Saúl. No se trata de semejanzas estrechas ni
en los hechos ni en los tonos con que Byron y la Avellaneda
trataron el tema pero si una afinidad en cuanto a la presentación de los caracteres. Insistimos en que es significativo el
hecho y ello nos hace sospechar que la Avellaneda conoció
estos versos de Byron y que algo de ellos hay en su Saúl.

En cuanto a Baltazar vamos simplemente a señalar algunos aspectos en el poema de Byron: «Visión of Belshazzar»

In that same hour and hall,
The fingers of a hand
Came forth against the wall,
And wrote as if on sand:
The fingers of a man:
A solitary hand
Along the letters ran,
And traced them like a wand.

A captive in the land.
A stranger and a youth,
He heard the king's command,
He saw that writing's truth,

44

The lamps around were bright,
The prophecy in view;
He read it on that night,
The morrow proved it true.

(Byron, 1879, p. 463)

Se ha dicho que la Avellaneda tomó ideas del Sardanápalo de Byron y ello supone una mayor influencia de Byron en la obra de nuestra insigne dramaturga. En realidad ciertas escenas de Sardanapalus nos parecen familiares al leer su Baltazar.

Aunque la Avellaneda hizo una referencia a uno de los protagonistas de la novela de Richardson, nos referimos a Charles Grandison, lo cierto es que ese carácter se aparta bastante de los por ella llevados a la novela. Richardson describió el carácter de Grandison como el de «un hombre de verdadero honor» y añadirá que «todas sus acciones serán reguladas por un principio constante: un hombre de religión y virtud, de vitalidad y espíritu, cumplido y agradable; alegre en si mismo, y una bendición para otros» (Richardson, 1931, p. 276).

Si observamos los caracteres masculinos trazados por la Avellaneda nos daremos cuenta que ninguno se le asemeja; pero es que las influencias en la Avellaneda son algo más sutiles que la copia o la similitud al calco de episodios y personajes. La Avellaneda no intenta, en ningún momento, repetir los caracteres creados por otros autores si bien podrá tomar uno u otro rasgo. Es posible atibuir a influencias de Richardson el que usara en algunas de sus novelas la técnica epistolar tan utilizada por Richardson; con ello simplemente se ajustaba a una tendencia seguida también por otros románticos de la época.

En cuanto a Walter Schott se ha insistido en que en Guatimozín se advierte la influencia de iniciador de la novela histórica. ¿Habrá conocido la Avellaneda el *Jicotencal,* esa novela publicada en Filadelfia en 1826 de autor anónimo? ¿No será mayor esta influencia que la de Walter Scott en cuanto a *Guatimozín?* Sabemos que la Avellaneda conocía ampliamente la obra de Scott y en su carta a Cepeda le dice:

45

«...quiero que conozcas al primer prosista de Europa, el novelista más distinguido de la época. Tengo en lista *El Pirata, Los privados rivales, El Wawerly,* y *El anticuario,* obras del célebre Walter Scott» (Avellaneda, s/f. p. 85).

Pero volvamos a las influencias de Lord Byron en la Avellaneda. Sabido es que la mayor parte de los críticos sostienen que la Avellaneda tradujo —así literalmente: tradujo— de Lord Byron su poema «Sun of the Sleepless». Nada más falso. Es posible anotar ciertas relaciones entre el poema de Byron y el que nuestra autora escribió con el título de «Al sol, en un día de diciembre» y que apareció en su colección de poesías de 1841, pero de ahí a decir que se trata de una «traducción» hay un gran abismo. Transcribamos un fragmento de ambos para ilustrar nuestro aserto de que no se trata de una traducción, ni siquiera de una versión libre.

SUN OF THE SLEEPLESS

Sun of the sleepless! melancholy star!
Whose tearful beam glows tremulously far,
that show'st the darkness thou canst not dispel
How like art thou joy remember'd well
So pleams the past, the light of other days,
Which shines, but warms not with its powerless rays.
A night-beam Sorrow watcheth to behold,
Distinct, but distant —clear— but oh, how cold.

AL SOL, EN UN DIA DEL MES DE DICIEMBRE

Reina en el cielo, Sol, reina e inflama
con tu almo fuego mi cansado pecho;
sin luz, sin brío, comprimido, estrecho,
un rayo anhela de tu ardiente llama.

A tu influjo feliz brote la grama,
el hielo caiga a tu furor deshecho;
¡Sal! del invierno rígido a despecho,
rey de la esfera; ¡sal! mi voz te llama.

De los dichosos campos, do mi cuna
recibió de tus rayos el tesoro,
alejóme por siempre la fortuna.

Bajo otro cielo en otra tierra lloro...
esta nieva luciente me importuna.
¡El invierno me mata!... yo te imploro.

(1839)

No hay siquiera un verso similar. Lord Byron habla de un sol que no calienta y la Avellaneda le pide al sol que caliente. Esa es toda la similitud en el verso que se dice: traducido.

Hay un pequeño hecho que muestra lo familiarizada que estaba la Avellaneda con los poetas ingleses: en *Sab* le da al protagonista Enrique Otway el apellido, bastante poco común, del poeta inglés Thomas Otway (1652-1685) autor de un poema antológico titulado: «The enchantment» (Aldington, 1958, p. 506). Ese protagonista es, por cierto, la estampa de lo que los cubanos han pensado de los ingleses: tachados casi siempre de materialistas e incapaces de una pasión altruista.

¿Hasta que punto queda haber influido la poesía de Fielding en la Avellaneda? Estimo que en lo que se advierte alguna influencia es en el interés de dicho autor por la naturaleza según se aprecia de sus poemas «Spring», «Winter» y otros. En cuanto a la posibilidad de influencia en el poema de la Avellaneda. «El cazador» y su relación con «A hunting we will go» de Henry Fielding no creo que se advierta. Pienso que ese poema «El cazador» pueda tener alguna relación con algún «lied» alemán (Aldington, 1958, p. 551).

Hemos ya indicado la influencia de la novela de Richardson y de Walter Scott en la obra de la Avellaneda, falta por señalar algo de mucha importancia: la construcción de caracteres con profundidad psicológica que se inicia en la novela inglesa a fines del siglo XVIII. No comprendemos por qué la crítica no advierte la fuerza que tiene el *Sab* de la Avellaneda como carácter con una complejidad psicológica que no aparece en la novela hispánica en general. En la época sólo anteceden a *Sab* las novelas históricas de Ramón Ló-

47

pez Soler: *Los bandos de Castilla* en 1830 y que, como dice Angel del Río, es «la primera novela histórica de tipo romántico en castellano con un prólogo que es ya un manifiesto del nuevo credo estético» y en 1834 «*El doncel de don Enrique El Doliente*» de Mariano José de Larra, pero ninguna de las dos presenta las características psicológicas de los personajes de *Sab*; ninguna de ellas, tampoco, desarrolla el análisis de los males sociales, uno de los rasgos más característicos del romanticismo inglés de Byron y su escuela. Incidentalmente, insistimos en sostener que «*Cecilia Valdés*» cuando se publica su primer capítulo, nada tiene de anti-esclavista ni de crítica social y que ello se produce muchos años después cuando en realidad se escribe dicha novela que sólo se publica en 1880. Como bien dice Percas Ponsetti:

> «De todo el libro se desprende la injusticia del sistema social y la nobleza como patrimonio del alma. Todo él tiene por tema recurrente el del esclavo de alma libre, y el blanco de alma de esclavo por estar sujeto a sentimientos innobles» (Ponseti, 350.)

Ahora bien, esos rasgos en una novela del siglo XIX —en sus principios no se halla en la novelística hispana ni en la misma novelística francesa— corresponden más bien a las inquietudes inglesas del principio de la llamada Era Victoriana iniciada con el poema «The cry of the children» en 1843 por Elizabeth Barrett pero ya se anticipaban en estudios como «The Deserted Village» de Oliver Goldsmith, en 1770 y en todas las polémicas sostenidas en el Parlamento Inglés y en los periódicos (Norton Anthology, 1962, p. 903), pero no aparecerán en la novela hasta mucho después siendo *Sab* la primera novela que plantea conflictos psicológicos unidos a situaciones de crítica a una organización social (en este caso la esclavitud). Consideramos, pues, que en los movimientos de ideas de Inglaterra es que se halla un antecedente en cuanto a la creación novelística de la Avellaneda.

Ya dijimos al principio que nos proponíamos tan sólo iniciar la investigación sobre las influencias inglesas en la obra de la Avellaneda. Mucho queda por analizar, por comparar. Es una obra la suya tan cargada de pensamientos que con sólo decir que es grandiosa no se llega al establecimiento de un juicio concreto sobre la misma.

Terminemos pues sosteniendo que es poderosa la influencia inglesa en la Avellaneda y que es discutible que ella no leyera un idioma que estaba tan enlazado con las corrientes cultas de Cuba. Que no lo manejara con la fluencia con que manejaba el francés en la conversación es distinto a esa supuesta total ignorancia del inglés y sostener que todo lo que leía de autores ingleses era por medio de traducciones al francés o al español.

El interés por la naturaleza, la preocupación por las injusticias de la esclavitud, su afición a temas y personajes del Antiguo Testamento son los tres rasgos más notables que afirman la influencia del pensamiento y los autores ingleses en Gertrudis Gómez de Avellaneda.

En Troy, mayo, 31 de 1973.

BIBLIOGRAFÍA

Aldington, Richard: The Viking Book of Poetry of the English-Speaking World. Viking Press, New York, 1958, 2 vols.

Anderson Imbert, Enrique: Historia de la Literatura Hispanoamericana. Fondo de Cultura Económica, México, 1954, 2 vols.

Avellaneda, Gertrudis Gómez de: Diario de Amor. Edit. Aguilar, Madrid, s/f. Antología (Poesías y Cartas amorosas). Prólogo y Edición de Ramón Gómez de la Serna. Col. Austral. Buenos Aires, 1945. Teatro. Edit. Consejo Nac. de Cultura, La Habana, 1965. Sab. Consejo Nac. de Cultura, La Habana, 1963.

Byron, Lord: The Poetical Works of Lord Byron. With Explanatory Notes and a Comprehensive Life of the Author by Thomas Moore, Philadelphia, 1978.

Carilla, Emilio: El Romanticismo en la América Hispana. Edit. Gredos. Madrid, 1958.

Colford, William E.: Juan Meléndez Valdés. A Study in the transition from Neo-Classicism to Romanticism in Spanish Poetry. Hispanic Institute, Lancaster, 1942.

Cotarelo y Mori, Emilio: La Avellaneda y sus obras. Madrid, 1930.

Cowper, William: The Complete Poetical Works of William Cowper. Edited by H. S. Milford. Oxford University, Oxford, 1913.

Henríquez Ureña, Pedro: Las corrientes literarias en la América Hispana, Fondo de Cultura Económica, México, 1949.

Henríquez Ureña, Max: Panorama histórico de la literatura cubana. Las Américas, New York, 1963, 2 vols.

50

Leonard, William Ellery: Byron and Byronism in America. Haskell House, New York, 1964.

Menéndez y Pelayo, Marcelino: Historia de la poesía hispanoamericana. Madrid, 1911, 2 vols.

Norton: The Norton Anthology of English Literature. M. H. Abrams, General Editor. W. Norton & Company, New York, 1962.

Ponsete, Helena Percas: «Sobre la Avellaneda y su novela Sab» (en Rev. Iberoamericana, México, vol. XXVIII, núm. 54, 1962, 347-257).

Richardson, Samuel: The history of Sir Charles Grandison. Oxford, MDCCCXXXI, 6, vols.

Río, Angel del: Historia de la Literatura Española. Holt, Rinehart, Winston, New York, 1963, 2 vols.

GERTRUDIS GOMEZ DE AVELLANEDA Y EL PENSAMIENTO HISPANOAMERICANO EN SU TIEMPO

BEATRIZ RUIZ-GAYTÁN DE SAN VICENTE

UNAM

El enunciado de la presente comunicación es vasto y pretencioso si no lo encuadramos en sus objetivos reales. No pretendo esquematizar en su sistema cronológico y filosófico el pensamiento hispanoamericano del siglo XIX y colocar en sus casillas o excluirlo anatematizando, el pensamiento de la Avellaneda.

Existe el vicio —lo llamo así porque del hecho más se abusa que se usa— de estudiar el pensamiento historiándolo, analizándolo en el campo estricto de la filosofía, pero el pensamiento tiene por fondo objetos humanos circunstanciales y se expresa en múltiples formas orales y no orales; así pues por definición un pensador es todo el que piensa y traduce su pensamiento en formas concretas de comunicación (arte, religión, política, economía, etc.).

El «objeto histórico América Latina» —según expresión de José Gaos—[1] aparece en el suceder de la cultura occidental a fines del siglo XV y principios del XVI, desde ese momento se empieza a fraguar una realidad americana peculiar; el mencionado objeto histórico poco a poco asume sus propias actitudes ante la vida; actitudes y expresiones determinan su pensamiento. ¿Esta actitud y esta expresión en Gertrudis Gómez de Avellaneda presentan rasgos privativos del modo de

---

1. *El pensamiento hispanoamericano* (México: El Colegio de México, Jornadas 12, 1946).

ser hispanoamericanos [2] del siglo XIX? ¿Su forma de encarar la vida tiene sitio en ese capítulo característico?

Por supuesto que habrá quien ponga el grito en el cielo por el atrevimiento de unir siquiera a la escritora estudiada con el pensamiento hispanoamericano; ¿cómo hablar de éste y referirlo a una obra literaria romántica, lírica, escrita en España por una mujer que de acuerdo a las apariencias vivió sólo para sí misma, desligada de todo lo que era su nativo solar, una mujer que pasó la mitad de su vida desgarrada por pasiones personales y que ocupó muchas páginas con el tema de sus fallidos amores?

Nuestra autora no participó en forma militante en ninguno de los asuntos socio-político-económicos que determinaban la problemática cubana en particular y americana en general de su tiempo; se mantuvo también al margen de lo folklórico, de lo regional. Indudablemente por esto, a primera vista, el pensamiento de la camagüeyana parece totalmente desligado de América y este ha sido, sin duda también, el grave pecado que aún la tiene vagando como alma en pena sin sitio en la historia de la cultura hispanoamericana, es más, se sigue poniendo en entredicho su condición intelectual y emocional de cubana. [3]

Ha sido común en Hispanoamérica que a quien no se define públicamente como odiador de lo extranjero se le tilde de antinacional. Nuestra xenofobia antigua y persistente aparece en todas partes, lo mismo por ejemplo en el teatro sudamericano del siglo XVIII que en actitudes mexicanas del XX.

Erminio Neglia nos hace notar como en las obras del 700 argentino las «caratteristiche buffe e desprezzabili dello straniero si ripeteranno molte volte nei sainetes brevi e comiche...» [4]

O sea, que en la literatura se empequeñece despectivamente la figura del extranjero y se exalta —en el caso concreto de Argentina— como testimonio legendario de autenticidad

2. Aclaro que siempre usaré el término hispanoamericano en este ensayo porque es sin duda el que responde más adecuadamente a los intereses del mismo; de igual manera al decir América sólo me refiero a la que ahora nos interesa, la hispana.

3. Es muy interesante al respecto —y en él nos hemos de apoyar a menudo— el brillante, serio y acucioso estudio de Raymundo Lazo, *Gertrudis Gómez de Avellaneda*; *la mujer y la poetisa* (México: Ed. Porrúa, 1972).

4. «L'evoluzione della figura del gringo nel teatro argentino» en *Quaderni Iberamericani*, fascicolo 41, Torino, 1942, p. 26.

al muy criollo tipo del gaucho; y Daniel Cosío Villegas —ilustre y punzante historiador— explica el proceder político mexicano como resultado de xenofobia y exaltado nacionalismo.[5]

Esta hipersensibilidad nacionalista nunca estuvo más a flor de piel que en el siglo XIX; al dejar de ser políticamente dependientes, pero todavía imberbes, los hispanoamericanos se dieron con explicable y singular dedicación a hablar y hablar de nacionalidad.

Era imperativo formar —aunque por lo pronto sólo se hiciera a través del verbo— conceptos que definieran el carácter mexicano de México, el peruano del Perú o el venezolano de Venezuela; a ello se encaminó vertiginosa y masivamente el ánimo de todos —o casi todos— los que pensaban: periodistas, escritores, políticos, maestros, estudiantes; se hizo obsesiva «la exploración cuidadosa de los nimios detalles propios de cada desarrollo regional y además la sobreestimación de un patrimonio legendario y heroico que se trataba de exaltar envolviéndolo en una atmósfera carismática».[6]

Hacer pública profesión de nacionalismo era tan importante como lo había sido en los siglos precedentes hacerla de fe.

No es pues extraño que a una mujer que jamás hizo alarde de antiextranjerismo y sí demostró su amor a la madre patria se le haya catalogado como poco cubana, mala cubana o nada cubana.

El asunto llegó hasta campos sólo explicables en Hispanoamérica; alguna vez se formaron grupos femeninos antiavellanedistas y el comentarista Rafael Soto Paz en *Prensa Libre*, denunció «la españolidad de la Avellaneda influido en cierta medida por el Consejo Provincial de Camagüey y de la Asociación de veteranos de la independencia de Cuba».[7]

Esta preocupación por la autoctonía ha tenido y tiene múltiples y vigentes manifestaciones en Hispanomérica; Fray Servando Teresa de Mier pregonaba la absoluta autoctonía, la mexicanidad de la Virgen de Guadalupe y fue perseguido

---

5. «México» en *Excelsior*, diario matutino, México D. F., julio 28 de 1973, pág. editorial.

6. José Luis Romero, *Latino América; situaciones e ideologías* (Buenos Aires: Ed. del Candil, 1967), p. 16.

7. Cit., por Antonio Martínez Bello en *Dos musas cubanas: Gertrudis Gómez de Avellaneda, Luisa Pérez de Zambrana* (La Habana: P. Fdez. y Cía. S. en C., 1954), p. 4.

porque era inadmisible y políticamente peligroso dudar de la españolidad de un culto mariano; es *slogan* de la vida cotidiana en mi país el «soy puro mexicano» y a Raymundo Lazo también le preocupa la cubanía de nuestra Gertrudis.

Se explica pues la lucha que se entabló entre los intelectuales cubanos rechazando a la poetisa y ésta doliéndose y clamando orgullosamente por su autenticidad antillana:

«...peregrinos señores que, dándose ellos mismos con singular modestia el gran título de areópago han decidido que yo no pertenezco a la literatura cubana... disculpo un tanto la soberana ridiculez de tal areópago...»[8]

«...se me cree hija desnaturalizada del país a quien tanto debo... gozándome en dar nueva y pública manifestación de que amo con toda mi alma la hermosa Patria que me dio el cielo...»[9]

En la isla antillana, en toda Hispanoamérica, en todo el mundo hispánico, a los fenómenos históricos (personas, épocas, instituciones) a los productos culturales (ciencia, arte, técnica) se les dota siempre de cariz político y así se enjuician; este juicio a más de ligero es falso porque es excluyente y deja fuera del cerco de los pensadores a muchos que pensaron ¡y en grande! pero que fueron apolíticos.

Sin tomar partido, sin enarbolar bandera el pensamiento puede estar imbuído de caracteres que lo definen como pertenecientes a un lugar y a una época.

En la personalidad que evidente o escondida yace en los escritos de la Avellaneda podemos descubrir sin duda datos que deben considerarse patrimonio común del SER de América hispana.

Señalamos ya uno en la reiterada preocupación respecto a la verdad de su cubanía ante los ojos de los demás.

La vida de la bella Tula se desenvuelve en el centro, en el meollo del XIX (1814-1873); los años decisivos de su formación corren también en el centro, en el corazón mismo de la gran Antilla (Camagüey); la envuelve pues plenamente por todos lados el ambiente del siglo y el aire de Cuba. Libera-

8. Carta a Don Luis Pichardo de Puerto Príncipe fechada en Sevilla el 13 de nov. de 1867, cit. por Martínez Bello, op. cit., p. 18.

9. Carta al Conde de Pozos Dulces director de *El siglo*, cit. por Martínez Bello, op. cit., p. 23.

lismo y trópico, romanticismo y vehemente exuberancia isleña. Pero pedir conciencia política a la antillana quizá sea mucho pedir, conviene recordar algo al respecto. Cuba es el lugar de más abolengo americano, pero geográficamente despegada del continente los acontecimientos de su historia no siempre han sido equidistantes a los de éste. La economía azucarera del siglo XIX dio a Cuba una muy distinta fisonomía; Félix Varela, el ilustre exiliado cubano, en *El Habanero* «papel político, científico y literario» que publicaba en Filadelfia allá por 1824 señalaba: «es preciso no perder de vista que en la isla de Cuba no hay opinión política, no hay otra opinión que la mercantil... Hasta ahora el pecado político casi universal en aquella isla ha sido el de la indiferencia».[10] Esta acusación se enderazaba primordialmente hacia cierto sector de la sociedad cuya posición hacía explicable su indiferencia, sector del que formaba parte la familia de nuestra escritora no de estirpe campirana, sino perteneciente más bien a la burocracia, al «grupo blanco peninsular integrado por familias patriarcales, por sus empleados, aparceros y arrendatarios, por los servidores de la administración colonial y de las compañías privilegiadas».[11] Desde luego esto determinó que Gertrudis no se codeara con el concreto problema nacional de Cuba, pero de ninguna manera la hizo impermeable al renovador aire del nuevo mundo.

En el XIX hispanoamericano todo el que piensa es más que un liberal un libertario, uno que lucha por libertades personales o nacionales; «alas no halla el pensamiento donde no hay libertad» expresó una vez la Avellaneda,[12] esto la une a aquellos compañeros de hemisferio que resistentes a las tutelas, siempre que les fue posible fueron por el ancho mundo buscando la posible respuesta a la grave interrogante que planteaba el futuro ¿no es esto lo que hizo que la cubana dejara su tierra? ¿cuántos pensadores hispanoamericanos desde Miranda hasta Martí se autollamaron peregrinos como la misma Tula en alguna ocasión?

10. *Ideario cubano*, selección de Emilio Roig, La Habana. Oficina del historiador de la ciudad, 1953, p. 17 y 18.
11. Raimundo Menocal y Cueto, *Origen y desarrollo del pensamiento cubano* (La Habana: Ed. Lex, 1945), p. 534.
12. Cit. por Martínez Bello, op. cit., p. 9.

Su sublevado ánimo la hacía coincidente con el chileno de enorme talla rebelde, Francisco Bilbao (1823-1865) quien afirmaba que «la teoría histórica de América es la omnipresencia de la libertad»[13] y quien al analizar la sociedad de Hispanoamérica decía:

«...la mujer está sometida al marido, esclavitud de la esposa... el hijo irremediablemente sujeto al padre, esclavitud del hijo... pensamiento encadenado al texto, inteligencia atada al dogma, esclavitud del pensamiento».[14]

De esta oposición a lo establecido también dejó testimonio la criolla isleña:

«...el matrimonio es un mal necesario... yo lo considero a mi modo... lo abrazaré con la bendición del cura o sin ella... Hallar un corazón bastante grande... y un corazón bastante elevado para considerar las cosas y los hombres como yo los considero...».[15]

Eso también para muchos es síntoma de arreligiosidad, no creo que lo sea en ninguno de los dos casos; dígase lo que se diga todos o casi todos los liberalísimos pensadores del xix hispanoamericano fueron hombres de peculiar religiosidad, hombres de fe; son los «santos laicos» de la reforma mexicana, es la «epístola» de Melchor Ocampo que sin dejar de ser en el fondo la misma de San Pablo hacía en mi país del matrimonio-sacramento un contrato civil (julio de 1859); situada en la misma línea la poetisa afirmaba:

«Para mí es santo todo vínculo contraído con recíproca confianza y buena fe...»[16]

Esta rebeldía ante institución tan sacralizada como el matrimonio no fue suficiente para borrar otras huellas dogmáticas que dejara en su educación la hispánica sociedad cubana, ni para impedir que produjera una estimable literatura religiosa (Devocionario, poemas a Jesús, a María, a la Cruz); en la que no está ausente el patetismo de la religiosidad hispanoamericana —crujir de huesos, labios ensangrentados, ca-

13. *Antología del pensamiento social y político de América Latina*, selección y notas de Abelardo Villegas, Washington D. C., Unión Panamericana, 1964, p. 425.

14. *Socialidad chilena* en *Obras completas*, Santiago, 1865, p. 10 y 11, cit. por Crawford W. Rex en *A century of Latin American thought*, Harvard, Univ., Press, 1945.

15. Lazo Raimundo, op. cit., p. 90.

16. Ibidem.

dáver sangriento, trono sangriento— [17] muy visible en la ima ginería popular de todas calidades que se produce y reproduce en los siglos coloniales y aún en la época independiente hasta el presente.

Veíamos cómo son paradójicos Gertrudis y el pensamiento hispanoamericano, tienden hacia un libertarismo laico, rechazan tradiciones pero viven en invocación constante de lo sobrenatural. Ahora bien, la paradoja es elemento omnipresente en nuestra geografía y en nuestra historia y se refleja en los hombres de estas regiones cuya personalidad oscila vertical y horizontalmente de extremo a extremo; el siguiente verso escrito por la de Camagüey «En el Album de una señorita cubana» [18] nos ilustra al respecto:

Y si allá nacida fuiste,
Por aquel astro animada,
Entre huracanes y brisas,
Entre ceibas y entre cañas,

¿Qué mucho que en tí se vean
Combinaciones tan raras
De pasión y de dulzura,
De languidez y pujanza?

¿Qué mucho que en tí se asocien
La fortaleza y la gracia?

....

¿Qué mucho que en tu voz pura
Ya vigorosa ya blanda,
Alcance los varios tonos
De cien pasiones contrarias?

¡Hija del trópico ardiente!
¡Digna imagen de la patria!
¡Virgen, joven como ella,
Como ella fuerte y lozana!

17. Ibidem, poemas: «La Cruz», «Las siete palabras», «María al pie de la Cruz», p. 47 y 100.
18. Ibidem, cap. 27.

Tenemos que admitir que el verso suena a autorretrato ya que la autora es un buen ejemplo de esos varios tonos de cien pasiones contrarias, además hay en lo escrito una innegable conciencia de esencial diferencia entre Europa y América, los cuatro últimos calificativos —virgen, joven, fuerte, lozana— tienen sentido en cuanto a una zona nueva, diferente, prometedora, no en cuanto a una decrépita, secular y bien conocida posesión española.

En el examen estilístico que de las letras de la hermosa caribeña hace el tantas veces mencionado Raimundo Lazo [19] habla del abuso del adjetivo, de las frases hechas, del léxico convencional, complejo, lleno de reiterados elementos, de redundancia y tantas cosas más; ésta es precisamente otra nota que coloca a la recordada mujer excepcional en los terrenos del SER propios de nuestro hemisferio; recuerdo como uno entre tantos ejemplos el párrafo de anónimo articulista de *El Fígaro* [19] quien al referirse a la poesía cubana decía:

«Si la moderna poesía cubana... fiel a la tradición de sus más egregios cultivadores aspira a ser el verbo de nuestro pueblo... no debe invocar a otra musa que a la religión del tiempo heroico: debe ser himno y elegía, hossana de gloria y trono de apoteosis».

Al igual que estas líneas todo el abigarrado mundo de lo escrito y lo verbal allá por el XIX es la negación de lo conciso; oratoria, discusiones parlamentarias, periodismo, novelística, todo es generalmente extenso, ambiguo, reiterado y redundante; ésta, insisto, es una característica muy americana lograda sin duda por la conjunción desproporcionada de lirismo, romanticismo y el especial gusto que por el ornato y la pompa tiene el hispanoamericano y que lo ha dotado de una sensibilidad que encuentra su mejor expresión en el barroco.

Lo que en Europa es estilo, en América es esencia; hablar del barroco como estilo en un momento dado cabe en el viejo mundo, pero en el nuevo hay que hablar de lo barroco como toda una conducta conformada en la reacción permanente —consciente o subconsciente— contra las tiranías, en

19. Número 45, diciembre de 1888, La Habana, cit. por Otto Olivera, «Indice de la cubanidad pragmática siglo XIX» en *Revista Iberoamericana*, México, 1953-54, V. 19, p. 124.

la angustia, la rebeldía y la búsqueda; conducta miedosa ante el vacío, ante la nada; por eso el criollo fue esencialmente barroco, desmesurado en esa angustia y en esa búsqueda se desbordó —se desborda todavía— en fantasiosa liberación de todo lo que supo y supuso le era ajeno por preestablecido; había que intentarlo todo, había que agotarlo todo.

Tan barroca como cualquier hispanoamericano fue la Avellaneda lo mismo en lo literario que en lo sentimental, temía al vacío y trató incansablemente de llenar su vida con relaciones humanas y con infinidad de páginas donde campean profusamente coloridas vivencias emocionales. Viene a mi memoria aquel parrafito maestro deliciosamente barroco que escribe en una carta a Cepeda [20] en el que juega con todas las gamas de la emoción —alegría, resignación, esperanza, desesperación, disgusto, tormento— en el que hay preguntas y respuestas, súplicas y órdenes; la lectura de esas líneas nos hace la misma impresión que la vista de una portada de piedra labrada que nos asalta en el paisaje de un pueblecito ignorado.

Como a toda alma barroca, a la peregrina le preocupa la brillantez de lo externo, ya habíamos hablado del gusto por el adorno y la pompa, pero en este punto se llega lejos y se convierte en muy importante el demostrar de lo que se es capaz, sólo por demostrarlo, para que se vea, para que se sepa. Esta actitud es paralela a la economía de prestigio que ha formado por mucho tiempo las vidas nacionales e internacionales de los países de este continente. Dar tono estridente capaz de llamar al atención ha sido en verdad serio motor de muchos de nuestros actos.

Esto es bastante más evidente en el siglo XIX, el ensalzamiento fue pose adecuada al exaltado ánimo de entonces. ¿Por qué no iba a ser esto lo que motivó la residencia de la poetisa en Madrid? Liceos, intelectuales, agasajos, cosmopolitismo, salones; más dorado el marco que aquel que podía ofrecer una pequeña provincia antillana, más ajustado al personalismo ostentoso del momento.

El hispanoamericano pone en todo lo que hace gran énfasis en lo personal; la anarquía reinante se explica en parte porque las luchas que se emprenden más que nacionales son

20. Gertrudis Gómez de Avellaneda, *Antología; poesías y cartas amorosas*, Buenos Aires, Espasa Calpe, Austral 498, 1940, pp. 103-104.

personales, se habla de pueblos y a pueblos en sentido continental masivo, pero el concepto general y abstracto desaparece en el individuo y da una tónica de preponderante individualismo; del panamericanismo de Bolívar queda Bolívar; el heroísmo llanero de Venezuela se mueve en función de una persona, Páez; la autoglorificación de Iturbide casi deshace la independencia de México.

Literariamente sucede lo mismo en las obras de la Avellaneda; allí está ella individualista, hundida en su temática, ella autor, personaje, móvil y objetivo, debatiéndose en lo suyo como cualquier compañero de continente.

Ahora bien, la diferencia casi dilectiva entre unos y otra es que por lo que a ésta se refiere, lo suyo era SU amor, su pasión; José María Chacón y Calvo, el gran crítico de las letras cubanas encontraba en «el legítimo arte de la Avellaneda... la pasión, la honda pasión humana, individualísima, avasalladora, sin término». [21] A confirmar que esto no era patrimonio particular nos ayuda Hostos y Bonilla (1839-1903) uno de los grandes paisanos libertarios de la mujer rememorada y que entendió el amor también como «instinto, pasión, virtud...». [22]

Esta vehemencia ha puesto en conflicto no pocas veces al hombre de Hispanoamérica, a Hispanoamérica toda, ya que no es fácil encontrar resoluciones justas a problemas graves cuando siempre hay la posibilidad de que a la reflexión se anteponga la emoción, cuando frente a la escueta realidad sólo abordable mediante frío raciocinio se coloca un cristal romántico e idealizador. Somos poco objetivos en nuestras tierras; democracia, ciencia, constitución política, republicanismo, industria, federación, todo ha sido planteado con emotivo y romántico lirismo.

El pensador hispanoamericano ha idealizado a escala nacional o continental (Bolívar, Rodó, Vasconcelos) realidades y posibilidades; en más modestos niveles Gertrudis hace lo mismo, idealiza subjetivamente y desde luego con romántico lirismo, idealiza al amado Cepeda y se idealiza a sí misma.

21. Conferencia dada en 1914, cit. por Medardo Vitier en *Las ideas en Cuba; proceso del pensamiento político, filosófico y crítico en Cuba principalmente en el siglo XIX* (La Habana: Ed. Trópico, 1938), p. 212.

22. Cit. por Crawford, op. cit., p. 59.

Ideal y frustración es la singular secuencia de lo hispano-americano.

Hay otro punto en el que Gertrudis Gómez de Avellaneda coincide con sus contemporáneos de América; la mirada de nuestras jóvenes naciones tenía que detenerse ante la prosperidad y eficacia evidentes con que se desenvolvía el mocetón gigante del norte. Esto no invalida lo dicho al principio del presente trabajo acerca de nuestra xenofobia porque al fin y al cabo los Estados Unidos eran en mucho como nosotros, estaban de este mismo lado, eran también nuevos en el mundo y eran además tangibles fanáticos de la y de las libertades. Así se explica que atrajeran no sólo el interés nacional de los países al sur, sino que en un campo más personal motivaran una sana —no vergonzosa y vergonzante como algunos pretenden— reacción de admiración en varios intelectuales hispanoamericanos: el cubano José Antonio Saco serenamente pensaba —sin desearla— en la conveniencia de una anexión a los Estados Unidos; el chileno Lastarria bautizaba a su hijo con el nombre de Washington porque el «nombre era un himno de libertad» [23] y nuestra Tula dedicaba versos al héroe norteamericano y lo calificaba como «genio del bien». [24]

Creo que hay pues elementos sólidos que nos apoyan en la consideración de que la escritora pensó y sintió a la hispanoamericana; por otro lado en sus letras quedaron muchos testimonios de su ser particularmente cubano.

Otto Olivera [25] señala entre varios, como elementos característicos de la poesía isleña sobre todo en el pasado siglo: «el culto a la esperanza», recordemos que este tema no es desdeñado por Gertrudis quien lo aborda directamente en poemas como «A la esperanza» y «La esperanza tenaz» [26] o lo vive en el cotidiano acaecer esperando siempre algo; «naturaleza idílica y agonía psíquica, contraste que se advierte entre la descripción de una naturaleza exuberante y benigna y

23. Ibidem, p. 242.
24. Gómez de Avellaneda, op. cit., p. 100.
25. Vid. *Cuba en su poesía*, México, Ed. De Andrea, 1965.
26. Vid. Gómez de Avellaneda, Gertrudis, *Obras completas*, Madrid, Imp. Rivadeneyra, 1864, T.I.

los conflictos espirituales…»; esto es también muy claro en los versos de Avellaneda:

> Mas volverá con Mayo,
> La alegre Primavera
> Y tu beldad primera
> Tornará a darte el sol.
>
> (Nat. idílica)

> ¿Qué sol habrá que venza
> Al desengaño esquivo
> Y su calor nativo
> A su alma yerta de? [27]
>
> (Conflicto espiritual)

«…lirismo romántico (que ya hemos señalado como carácter general en Hispanoamérica) cuyas formas más usuales son la confesión sentimental y la exclamación heroica teñida de suave melancolía…».

> Yo, temblando de emoción,
> escuché concento tal,
> y en cada palpitación
> comprendí que el corazón
> llamaba a un ser ideal.
>
> (Confesión sentimental)

> ¡Poder que me arrastras! ¿Serás tú mi llama?
> ¿Serás mi océano? ¿Mi sierpe serás?
> ¿Qué importa? Mi pecho te acepta y te ama,
> ya vida, ya muerte, le aguarde detrás. [28]
>
> (Suave melancolía)

En la cadena sin fin de inexplicables reproches a su bien pasar en España se ha especulado también mucho acerca de si la voluntaria expatriada había olvidado o añoraba sinceramente la tierra lejana; creo que pocas veces podríamos en-

27. Poema «A una acacia», en Lazo, op. cit., p. 25 y 26.
28. Poema «A él», en Avellaneda, Antología, p. 45.

contrar yacentes en el fondo de un alma y una mente las llo-
rosas saudades de la Avellaneda. No es Cuba el nombre concreto siempre invocado pero si es el sol, el calor, la luz y los
murmullos del Caribe; ¿quién suspiró nunca más por esto? [29]

> Bajo otro cielo, en otra tierra lloro,
> Donde la bruma abrúmame importuna
> ¡Sal rompiéndola Sol; que yo te imploro!
>
> Dila que mi mente enfrían
> Los soplos del Guadarrama,
>
> Que si el poder de Dios, y su hermosura,
> Revela el Sol en su fecunda llama,
>
> Huyó el invierno sañudo
> Y luce brillante el Sol
>
> Sus hojas perfumadas,
> Del Sol al rayo puro
> Se entreabren cuando el astro
> Va a comenzar su curso.
>
> De España en el noble suelo
> Descanse rota mi lira
>
> Más el astro que te inspira
> Dile tú, que alumbre un cielo
> Por el que mi alma suspira.
>
> ¡Ay! paréceme que aspiro
> En esos blandos cantares
> Auras de los patrios lares
> Y hasta que escucho el suspiro
> Con que mecen los palmares.
>
> Por esos campos felices
> Que nunca el cierzo maltrata,

29. Vid. Gómez de Avellaneda, op. cit.

Y cuya pompa perenne
Melifluos sinsontes cantan

A qué seguir, Cuba está implícita en cada suspiro, en cada recuerdo, otras veces la evocación es explícita:

«Dedico esta colección completa de mis obras, en pequeña demostración de grande afecto a mi isla natal, a la hermosa Cuba».[30] Y el poema que compuso Tula por el nacimiento de la primogénita del general Serrano duque de la Torre, es un canto a Cuba más que a la niña; a lo largo de sus líneas se lee Almenderos, Táyaba, Tínima, Macaguanigua, Sagua, ceibas, cafetos y piñas.

Hispanoamericanismo y cubanía son innegables ingredientes de la personalidad avellanediana; podríamos seguir hurgando en todos los vericuetos de ésta y siempre habríamos de encontrar rasgos que encajan en el ser y el acontecer de nuestro continente y rasgos que responden al calificativo de antillanos.[31]

Como dije páginas atrás habrá quien rasgue sus vestiduras ante la osadía de unir a Gertrudis Gómez de Avellaneda y el pensamiento hispanoamericano; tal parece que éste sólo puede ser observado y descubierto a la luz de activas luchas en pro de liberaciones económicas, políticas y sociales con nombre concreto (insurgentes, liberales, revolucionarios, guerrilleros, agraristas) o la luz de posturas académicas también de concreto calificativo (ilustrado, positivista, marxista).

Por supuesto que no podemos incluir a nuestra homenajeada en la lista de Morelos, Bolívar, del Valle, Sarmiento, Mora, Montalvo, Bello, Barreda o Martí, pero a despecho de todo es una mujer que piensa y que en la expresión de su pensamiento manifiesta su hispanoamericanía.

Estamos de acuerdo una vez más con Raimundo Lazo en que «ese pensar suyo no fue nunca motivo de configuración y sistematización...»[32]

Para concluir yo me pregunto: ¿es Hispanoamérica como

---

30. Ibidem.
31. Aunque no hay referencia concreta a la autora estudiada es muy ilustrativo respecto a estas ideas el breve y sustancioso estudio de Emilio Carilla *Hispanoamérica y su expresión literaria* (Buenos Aires: Eudeba, 1963).
32. Op. cit., p. 89.

5

conjunto de pueblos, como conjunto de ideas y de ideales, como realidad hoy mismo, susceptible —en estricto sentido— de clasificación esquemática y sistematizada al estilo de la llamada cultura occidental?

En el otoño de 1973.

LIBROS CONSULTADOS

Aguilar León Luis, *Pasado y ambiente en el proceso cubano*, La Habana, Ed. Insula, 1957.

Alecia Valdivieso Valentín, *El criollismo en La Plata*, La Paz, Difusión, 1970.

Antología del pensamiento social y político de América Latina, Selección y notas Abelardo Villegas, Washington D.C., Unión Panamericana, 1964.

Avellaneda, Gertrudis Gómez de, *Antología, poesías y cartas amorosas*, Prol. y selección Ramón Gómez de la Serna, Buenos Aires, Espasa Calpe, 1948.

Avellaneda, Gertrudis Gómez de, *Obras completas*, Madrid, Imp. Rivadeneyra, 1864, 5 V.

Bosch, Juan, *Cuba la isla fascinante*, Santiago de Chile, Ed. universitaria, 1955.

Carilla, Emilio, *Hispanoamérica y su expresión literaria*, Buenos Aires, Eudeba, 1963.

Crawford, William Rex, *A century of latin american thought*, Harvard, University Press, 1945.

Chacón y Calvo, José María, *Ensayos de literatura cubana*, Madrid, Ed. S. Calleja, S. A., 1922,

Chain Soler, Carlos, *Formación de la nación cubana*, La Habana, Ed. Granma, 1968.

Entralgo Elías, José, *Períoca sociográfica de la cubanidad*, La Habana, J. Montero, 1947.

Excelsior, Diario matutino, México D.F., julio, 28 de 1973.

Frontaura, Carlos, *Avellaneda, Salgas y otros, Cuadros biográficos*, Barcelona, Juan y Antonio Bastinos Ed., 1885.

Frugoni, Emilio, *La sensibilidad americana*, Montevideo, Ed. M. García, 1924.

Lazo, Raimundo, *Gertrudis Gómez de Avellaneda, la mujer y la poetisa lírica*, México, Editorial Porrúa, S. A., 1972.

Lazo, Raimundo, *Historia de la literatura hispanoamericana*, 2 V. México, Editorial Porrúa, S. A., 1970.

Levene, Ricardo, *El mundo de las ideas y la revolución hispanoamericana de 1810*, Santiago, Ed. Jurídica de Chile, 1956.

Levene, Ricardo, *Historia de América* (dirigida por) Buenos Aires, Jackson Ed., T. VII, 1940.

Literatura cubana, Madrid, Ed. Iberoamericana, s/f.

Lizaso, Félix, *Panorama de la cultura cubana*, México, Fondo de Cultura Económica, 1949.

Luaces Joaquín, Lorenzo, *Cuba, poema mitológico*, La Habana, UNESCO, 19.

Martínez Bello, Antonio, *Dos musas cubanas: Gertrudis Gómez de Avellaneda, Luisa Pérez de Zambrana*, La Habana, P. Fdez. y Cía. S. en C., 1954.

Menocal y Cueto, Raimundo, *Origen y desarrollo del pensamiento cubano*, La Habana, Ed. Lex, 1945.

Neglia, Erminio, «L'evoluzione della fugira del gringo nel teatro argentino» en *Quaderni Iberoamericani*, fas. 41. Torino, 1972.

Olivera, Otto, *Cuba en su poesía*, México, Ed. de Andrea, 1965.

Olivera, Otto, «Indice de la cubanidad pragmática siglo xix», en *Revista Iberoamericana*, México, 1953-54, V. 19.

Romero, José Luis, *Latinoamérica; situaciones e ideología*, Buenos Aires, E. del Candil, 1967.

Varela y Morales, Félix, *Ideario cubano*, Selección Emilio Roig, Oficina del historiador ed la ciudad, 1953.

Vitier, Cynthio, *Lo cubano en la poesía*, La Habana, Univ, Central de las Villas, 1958.

Vitier, Medardo, *Las ideas en Cuba; proceso del pensamiento político, filosófico y crítico en Cuba principalmente en el siglo xix*, La Habana, Ed. Trópico, 1938.

SESION I-A: FEMINISMO

LA MUJER EN LA MUJER AVELLANEDA

JOSEFINA INCLÁN

En una mañana que el sol castiga con rigor, la del primero de abril de 1814, traen a la Iglesia de la Soledad, en Camagüey, a una niña que había nacido hacía sólo siete días y con óleo y crisma la bautizan. Por nombres le dan los de María Gertrudis de los Dolores.

Es el primer fruto de una cubana de clase principal: doña Francisca de Arteaga y Betancourt, y de un español de tierras andaluzas: el oficial de marina don Manuel Gómez de Avellaneda y Gil de Taboada.

La infante, indiferente al alborozo de padres y padrinos, cuando paladea la sal no hace mohín de desagrado; más bien se diría que la regusta, ni tampoco se inquieta cuando quiebran los aires el revuelo de las campanas, como si pudiera saber que va a crecer oyéndolas tañer, porque Camagüey es tierra de iglesias y campanarios, de rezos y de frailes, de procesiones y beatas. Por ese acto de cristiandad que acaba de protagonizar, cuando pasen los años será famoso el templo y su pila bautismal. Ella, sin saberlo, asiste como personaje a la primera representación de su vida. Después tendrá ocasión de ser protagonista muchas veces, con la dichosa conciencia de serlo o el dolor de no poder dejar de ser. Ha nacido dotada con el don de la hermosura y de la sensibilidad, de la bondad y el talento, y con una gracia mayor que otorgan a muy pocos elegidos: la de la poesía.

Cuando pasen los años dirán de ella que su voz es dulce y suave; que sus movimientos lánguidos y mesurados; que la acción de sus manos es delicada y flexible; que sus ojos ne-

71

grísimos y de extraño fulgor son de mirada firme y altanera; que es alta y majestuosa; que en sus afectos es sincera y es tierna; que es generosa, expansiva, benévola y noble; que cuando habla usa un lenguaje siempre poético y elevado hasta el heroísmo y muchas veces fogoso y sublime; es además temerariamente apasionada. Observarán que en ella no hay nada de áspero ni anguloso, que su cuerpo es de mujer muy atractiva, pero sorprende hasta desconcertar la singularidad de su talento, de su ingenio, de sus versos de música y vigor, de su carácter firme y su orgullo imponente. Como no pueden comprender tanto talento en tanta hermosura de espíritu y de cuerpo acabarán diciendo que: «es mucho hombre esta mujer», porque no pueden aceptar que sea sólo ejemplarmente mujer.

A la miopía de los hombres o a la miopía del siglo le rectifica el juicio, años más tarde, un amigo de talento, observador sagaz: «La Avellaneda era mujer y muy mujer, así en las efusiones del amor humano como en las del amor divino. Lo que la hace inmortal, no sólo en la poesía lírica española, sino en la de cualquier otro país y tiempo, es la expresión ya indómita y soberbia, ya mansa y resignada, ya ardiente e impetuosa, ya mística y profunda, de todos los anhelos, tristezas, pasiones, desencantos y naufragios del alma femenina».

Enfrentándose a la fama y a los juicios que escucha de su obra, al parecer de todos los que en el fondo tratan de definir su personalidad poética que los confunde, no silencia su opinión y se deja escuchar: —«Don Juan Nicasio Gallego ha dicho de mis poesías que nada indicaba en ellas la blandura de una fibra femenil y la languidez de una hija de los trópicos; que sus cualidades sobresalientes eran la altura y energía de los pensamientos y el varonil vigor de la expresión...». «Otros han dicho que yo no era poetisa, sino poeta, que mi talento era eminentemente varonil.» «Yo creo que no es exactamente verdad; que ningún hombre ve ciertas cosas como yo las veo, ni las comprende como yo las comprendo; pero no niego por esto que siento que hay vigor en mi alma, y que nunca descollé por cualidades femeninas.»

Comprende la poetisa que en su época, mostrar fuerza en el pensamiento o en la expresión poética, no era lo que se esperaba de una mujer aunque esta fuera una mujer creadora. Les ha dicho que no hay una forma poética para el hombre y otra para la mujer, les ha dicho que la poesía no tiene sexo. Ha expresado su desacuerdo sin darle tiempo al tiempo para hablar. En la vida y en el arte siempre mostrará una bien acusada individualidad, que subraya su sinceridad y un apasionamiento nada común. Cuando sufra no será plañidera, sino que conmoverá desde lo hondo su fina sensibilidad, sin caer nunca en sensiblerías de mal gusto.

Es mujer que aspira con mente y corazón. Quiere ser reina en el arte de la poesía y el teatro; quiere también, llegar a conquistar el reinado de un corazón. Su vida será un suceder de aspiraciones, un querer ser. Es una permanente insatisfecha y es una esperanzada. El mundo estrecho de su tierra natal le queda chico a la inmensidad de su mundo interior y una comezón de inquietud la invade. Otros parajes le irán quedando chicos a su mundo. Como mariposa de isla, va a recorrer muchos caminos, a habitar muchas casas. Cree que variando de climas y de objetos va a compensar el vacío de su alma y a aquietar su pensamiento que no la deja en paz.

Vivirá escapando de su impotencia para ser feliz, y si su alma es peregrina, los contratiempos de su fortuna la llevarán a un peregrinaje que no da soluciones a los afanes de su gran inquietud. Sólo en la creación artística hallará compensación y triunfos.

Desde niña se mantiene esencialmente apartada de los demás, se aísla en su mundo interior, lo cual no impide que busque el ámbito social para moverse —el escenario—, ya sea el simple y provinciano de Camagüey, la plaza sevillana, la corte madrileña, o los balnearios de lujo. Por un sitio y por otro va peregrinando, va persiguiendo sueños, va ambicionando, insatisfecha.

De enorme vitalidad no pueden ni aún los más aptos acoplarse al ritmo de su espíritu y de su incesante quehacer literario. La que quiere ser heroína real, es heroína de su imaginación que se hace presente en todas sus creaciones de novela y teatro, hasta hacer decir a hombres de sus obras lo que ella hubiera querido oír decir a los hombres que amó. La humana es actriz como todo ser es actor de una vida: la propia.

Muy niña supo lo que era sufrir, pues en los tiernos años de su infancia padeció merma grande de amor. Se le muere el padre, eje de su cariño y protección y a esta pérdida unirá muy pronto la que cree pérdida también del cariño materno, porque su madre, poco después de enviudar, vuelve a casarse. No comprende que la autora de sus días comparta el amor que le debe a ella y a su hermano con un intruso. Desde entonces vivirá padeciendo orfandad. Tan vivo es este sentimiento de abandono, que la llevará a declarar cuando sea mujer: «Soy soltera, huérfana, pues perdí a mi padre siendo muy niña y mi madre pertenece a un segundo marido. Soy sola en el mundo». La niña sigue llorando orfandad en la mujer. Tula es absorbente cuando ama. En su desgracia anida rencor contra la vida que ve injusta y la idealiza y rehace en la literatura. El teatro será el escape de sus emociones.

Para su fortuna, una circunstancia inesperada le da oportunidad de ser la actriz ocasional de una tragedia. Entonces actúa y recrea. Por primera vez entre sus penas de esos días, se siente feliz y lo que es más, prueba el sabor del éxito y la gloria. Ya no quiere aprender, sino crear, pero en su ciudad natal no son vistas con buenos ojos las obras teatrales que parecen a los sacerdotes cosas diabólicas que inquietan el espíritu y el placer de Tula era representar esas tragedias, diabólicas o no, con otras muchachas de su edad.

Su inclinación es evidente; hay que poner freno a su imaginación que se desboca inventándole pasiones a los hombres, y la madre le prohíbe la lectura de toda obra dramática. La niña rebelde no entiende de prohibiciones y recuerda: «No habiendo tragedias que leer, comencé a crearlas», no en vano la «naturaleza me había dotado de energía de carácter». Aquellas obras hijas de su imaginación adolescente, anunciaban a la autora que daría tanta gloria al teatro español. En su tiempo, por ella, no tendría España que envidiarle en altura y creación a las grandes obras del teatro del mundo.

Ese carácter que bien temprano impuso, es el que exhibe y mantiene como rasgo acentuado a lo largo de su vida, aunque a ratos parece no existir a causa de ese gran drama en que se debatirá su talento y su corazón, su razón y su pasión.

Si casi niña decide hacer tragedias cuando no las tuvo a

mano para representar, la joven de dieciocho años decide que debe partir a la tierra de su padre, aquel buen hombre que con los recuerdos de su nostalgia le había contado qué hermosa y grande era. Tula en su favor abraza como suya la causa del padrastro que también quería partir y decide influir en el ánimo de la madre, remisa a la partida. Su decisión es inquebrantable; es la oportunidad de dejar atrás la infidelidad de la amistad que había conocido, la hostil incomprensión familiar que hacia ella mostraban los que no habían intentado conocerla y no podían entender repudiara ella un matrimonio que la haría infeliz. Donde estaba podía esperar bien poco. Precisaba dar nuevos rumbos a su vida antes que la soledad acabara por adueñarse de su estado de ánimo y sus sueños de gloria terminaron de fijar la partida.

Fue una decisión feliz: de haberse quedado hubiera perecido por asfixia del medio.

Su voz entregó el canto que pedía su destino:

> *¡Ensancha!, ensancha, ¡oh vida!*
> *¡Para mi tu camino!*
> *Brote a raudales de placer divino,*
> *De amor, de gloria y vivas emociones*
> *Que en devorante sed mi alma encendida*
> *Pide grandes pasiones.*

Y alcanzó la cima. Avanzó victoriosa por todos los frentes de la literatura: poesía, drama, comedia, tragedia, novela, tradiciones, ensayos; se lanzó en todos los campos y en todos impuso la marca de su personal y potente inspiración; segura de sí, recorrió el camino de triunfos que presintió en su juventud. Va a tratar de hacer compatible lo que la vida le haría incompatible: su vida amorosa y su vida de artista y caerá en contradicciones por los tormentos de su corazón. La superioridad de su intelecto la hizo sospechar lo que más tarde fue certeza: «que no había nacido para ser dichosa». El amor y las pasiones que encontró no supieron responder a las soñadas por su imaginación y a las que exigía su espíritu profundo.

En el ocaso de su vida, comprende por qué su alma ha padecido una sed devorante y al decirlo nos comenta una de las elegías que escribió en la soledad de su viudez:

«que cuanto el hombre en su locura estima
es humo y polvo que dispersa el viento».

«¡Humo y polvo... humo y polvo y nada más! Así vemos ir desapareciendo unos tras otros nuestros ídolos de un día. A veces ellos propios se hunden por su flaqueza; a veces nosotros los pisoteamos en la rabia de la decepción; a veces, y esto es lo menos malo, Dios nos los arrebata ofendido de nuestro profano culto. De todos modos, llega un día en el cual comprendemos, por qué no hallamos nada en torno nuestro; por qué el abismo inmenso de nuestra alma está siempre sediento y vacío; por qué todo ha pasado menos nuestro anhelo inmortal; entonces es preciso creer en Dios y buscamos a Dios.»

¡Tú eres, Señor, amor y poesía!
¡tú eres la dicha, la verdad, la ·gloria!
¡todo es mirado en ti, luz y armonía!
¡todo es fuera de ti, sombra y escoria!

Y cuando da la cara a la muerte el 1 de febrero de 1873, su sed infinita de amor, de poesía, de gloria, es inmortal: la padece ahora en Dios.

Su obra, alto personaje del sentimiento en prosa o poesía, está saturada de su vida y ya en verso o en prosa, en personajes de una y otra especie vive Gertrudis Gómez de Avellaneda.

Para comprender a la mujer, para no juzgarla indebidamente que sería caer en pecado de injusticia, la dejaremos decir, bien cuando sea ella la que diga o cuando hablen los seres de su creación, que es otra forma que tiene de decir. Tomaremos de cualquier página suya, un latido de su sentimiento o una expresión de su talento, y así, trataremos de acercarnos a su yo y tal vez conocerla, si es posible conocer a un alma tan singular en sus características y en sus proyecciones, tan emocionalmente extrovertida y por orgullo y temple de carácter tan dada a erguir la cabeza aún cuando esconda el dolor o silencie una afrenta.

La de airada soberbia o sumiso rendimiento, la que fue niña difícil y mujer excepcional, porque fue diferente no se avino a reglas que su juicio con disgusto consideró retorcidas o estrechas; no puede acatarlas, las aparta de sí o las quiebra, para darle el cetro conductor al sentimiento y a la pasión en su avance por la vida. Se le ha dicho mucho y se le ha escuchado poco. Vamos a oírla esta vez, para encontrar en la Avellaneda a la mujer.

Es tan original, tan independiente y tan distinta, tan ella, que cuando padece fatiga de esperanza, cuando se convence no ha de encontrar paz en la vida y en los hombres, cuando la inquietud, el recuerdo del pasado, la conciencia de pecado la encuentran en soledad, acude a Dios. Necesita entonces dialogar con él rezando, pero no encuentra las oraciones que otros han hecho propias para ella pedir o implorar. No son las suyas, no ha nacido para decir con palabras de otros. Para acercarse a Dios será mejor, más elocuente lo que ella le diga y entonces, compone en horas de soledad y pesadumbre un devocionario para su propio uso, sincero y apasionado en su humildad. Hay en él la biografía de un alma. Frente a la pasión la mujer clama: «...no os alejéis de mi: estad pronto Señor a socorredme». Conoce su avasalladora pasión, su fuerza de amor mundano y al pedir, confiesa su gran debilidad: «No tardes, Señor, porque apenas tengo ya la voluntad de resistir».

Y para aquella persistencia de su orgullo, de su soberbia, de su pronta violencia no cesa de pedir: «Mi corazón se impacienta y mi orgullo se irrita por el menor obstáculo que se presenta a mis deseos y cada esperanza frustrada, cada oposición imprevista a mi voluntad...». «Penetrada de dolor al ver mi flaqueza vengo a veros para rogaros me perdonéis... domad señor mi orgullo... Poned freno a mi ira. Dirigid mi ambición.» Con versos reza.

Sabe de las mordidas de sus calumniadores y le cuesta trabajo olvidarlas. Entonces, pide asistencia la mujer de alma noble: «...que alcance la generosidad de perdonar de todo corazón a mis enemigos y calumniadores...».

Uno de sus personajes dirá por ella: «Dios es tan piadoso

que no puede ensordecer a los gemidos de un corazón contrito». Así se le oye en su devocionario, con el corazón creyente, contrito, en confesión.

Su fe y su moral son cristianas. Carmen Bravo y Villasante enjuiciándola, ha acertado: «Una cosa es faltar a la moral y ser pecadora a sabiendas y otra no creer en esa moral que se trasgrede. En apariencia es lo mismo, en el fondo es opuesto».[1] Ahí está la gran diferencia entre George Sand y la Avellaneda. Aquélla no tenía moral, no creía en la moral. Tula creía y se sentía pecadora, cuando debilitada por la pasión faltaba a sus códigos. Se estimaba moralmente, sabe que no es virtuosa, que no es más que una débil criatura, que ha cometido muchas faltas, pero proclama: «amo la virtud, la busco, la pido, la deseo. Preferiría morir cien veces a perder este noble instinto que me lleva al bien».

Después de todo es pecadora una y otra vez, porque su gran potencia pasional le debilita la entereza y porque bien lo dijo, «esa virtud que llaman prudencia no predomina en mi carácter».

Su opinión frente al pecado es elocuente. Lo consideró, hablando de los de otra mujer, «miserias reveladoras de la imperfección humana». La mujer Avellaneda fue imperfecta porque fue humana, no pudo escapar a las miserias del pecado.

En los varios artículos que tituló «La mujer», confiere gran rango al vocativo que la define. Insiste que se llame mujer a María y a Magdalena. Mujer, lo mismo la virgen sin mancha que «la pecadora absuelta porque amó mucho»; es ella la que nos dice que la madre de Dios representa a la mujer, a la mujer rehabilitada, a la mujer santificada, a la mujer co-redentora. ¡Qué enorme trascendencia le confiere a su sexo!:

> «María y Magdalena, la pureza y la penitencia, se ciñen a la par, en la divina epopeya del cristianismo, la corona inmarcesible del sentimiento, sintetizando a su sexo grande siempre por el corazón.»

Es sumamente interesante ver cómo la Avellaneda, a través de cuatro artículos sobre la mujer, reveladores del cau-

---

1. Carmen Bravo-Villasante, *Una vida romántica - La Avellaneda* (Barcelona - Buenos Aires: D.H.A.S.A.), p. 158.

dal de sus cultas lecturas, raras en mujer de su época, despliega todo un alegato de razonamientos destinados a demostrar los méritos de su sexo, reclamando derechos de igualdad y partiendo del sentimiento que posee, y que ella considera el aspecto que más la distingue del hombre. Discute los fundamentos de la calificación del sexo débil y hace hincapié en dilucidar si la mayor delicadeza de la organización física femenina es obstáculo que le opone la naturaleza al vigor intelectual y al moral. Cree y proclama que la superioridad afectiva, lejos de excluir o debilitar la inteligencia y el carácter, es dinamo que los fortifica:

«El poder del corazón es origen y centro de otras muchas facultades. Si esa fuerza del corazón se emplea erradamente, es por fallas de educación y dirección como ocurre en el caso específico de la mujer.»

Ya tenemos a la Avellaneda pidiendo igualdad de educación para el hombre y la mujer, que es pedir igualdad de derechos. ¡Qué revuelo provocaría su aspiración! No cesa en su empeño y esgrime, convencida, argumentos que juzga convincentes:

«Siendo la potencia afectiva fuente y motora de otras, resalta la consecuencia de que la mujer —que privilegiadamente la posee— en vez de hallarse incapacitada de ejercer otro influjo que el exclusivo del amor, debe a ella y tiene en ella una fuente creadora asombrosa, cuya esfera de acción sería muy aventurado determinar.»

Cuando se le oye, hay que reconocer que era ella, ejemplo vivo de su argumentación. Mujer toda amor, viviendo en él, sufriendo en él, impuso la potencia de su creación.

A la historia acude, para demostrar con grandes hechos bélicos y heroicos que es injusto tildar a su sexo de débil y, «eso que en ningún país del mundo ha sido educada para padecer fatigas, darle la cara al peligro, defender intereses públicos y conquistar triunfos civiles». Insiste en medir las fuerzas morales e intelectuales de los dos sexos y con orgullo enumera los triunfos femeninos en las artes y en la literatura sin dejar de advertir cómo le han vetado el derecho de asistencia a los grandes centros de estudios de ciencias, a pesar de lo cual, no faltan ejemplos de talentos femeninos científicos, que ella da a conocer y consigna con orgullo. Subraya que no databa de muchos siglos su aceptación en el campo literario y artístico:

«...también ese terreno le ha sido disputado palmo a palmo por el exclusivismo varonil, y aun hoy en día, se le mira en él como intrusa y usurpadora, se echa de ver en el alejamiento en que se la mantiene de las academias barbudas...»

Ironiza al expresar su opinión: pensaría que no las necesitaba la mujer para emparejarse en talento y producción al sexo opuesto. Si lo sabría ella que había padecido la discriminación del sexo, cuando con méritos altísimos para ser aceptada en la Academia de la Lengua, la rechazaron sólo por ser mujer.

Muy propio de la entereza de su carácter, de la propia estimación de su valor como escritora, son las palabras que dirige a la Academia en su pretensión de ser aceptada. Consciente de su talento, no es modesta porque «no cede a ninguno en laboriosidad ni amor a las letras», y al defender sus derechos hace constar que, «hallará justo, debido y honroso para la Academia, que la compensen eligiéndola». Al pedir compensaciones para ella, está pidiendo compensaciones para su sexo y con su habitual franqueza añade: «que la Academia más que honrarla se honrará y hará acto de justicia compensándola de todas las gracias que por ser mujer le niegan».

Hay casi un reto en sus palabras al señalar que si la eligen, quedará demostrado que en España no es un anatema ser mujer de instrucción. Tula en su solicitud, pide reparaciones justas en la sociedad para la mujer.

Es de entender que ella, que no logró éxito en sus aspiraciones de entrar en la docta corporación, escribiera con tantas razones aquellas páginas; se sentía la víctima de unos códigos discriminadores que eran bien poco justicieros.

Esta mujer que en tantos aspectos se adelantó a su época, es implacable con las fallas de una sociedad educada, implacable con sus delitos despreciables:

«Los hijos de la selva llamaban infamia lo que entre gentes cultas se determina más decorosamente con el nombre de habilidad porque los delitos más atroces suelen ser frutos de pasiones no modificadas por la educación, y por eso abundan entre los hombres incultos; pero sólo en la sociedad se encuentra aclimatada la perfidia».

No pierde ocasión para decir lo que piensa y una vez más se le oye:

«Los legisladores humanos han buscado en la muerte del cuerpo criminal la destrucción del crimen; pero se han engañado; el crimen no puede destruirse sino regenerando al alma, inmortal y perfectible, y así está establecido, sin duda, en la legislación divina».

La única y verdadera justicia para ella es la divina; es evidente que le confiere una gran importancia a la educación y que no excusa el delito en hombres civilizados. Educada en el amor cristiano, habla de la ley de equidad y de clemencia, de regeneración del alma por amor.

Y cuando el hombre a quien amaba la acusa de inconstante, responde altiva:

«No lo he sido nunca con usted ni podré serlo en ninguno de los afectos, que justa y profundamente haya sentido mi corazón...».

La mujer que fue la Avellaneda da una y otra vez pruebas de su noble condición al definir la inconstancia:

«Porque la inconstancia no es un vicio ni un crimen, es solamente una debilidad del corazón o acaso una cualidad inherente a la naturaleza humana; pero la falsedad, el engaño, es un delito, una bajeza indigna de todo corazón noble. Nunca creo que tiene motivo de quejarse el amante, que cese de ser amado, sino es cuando cesa de serlo sin que se le diga».

Si en alguna ocasión su amor propio, su orgullo, su propia estimación, dan la nota más alta de arrogancia, fue cuando pensó tenía que someter sus obras a una junta censora de teatro, en la que privaban grupos y pandillajes y airada escribe:

«...que hasta yo tenga que proporcionarme críticos... y comprar éxitos. ¡Esto, da náuseas!... pero no me desdeño, porque antes moriría de hambre que degradar lo más mínimo la dignidad que en mi concepto alcanza la poesía, porque antes inutilizaría mi talento que rebajar mi carácter».

«No permita usted que se humille tanto a los pobres poetas que para tener el derecho de ser juzgados por el público hayan de someterse antes a ser juzgados por malos poetastros y ruines folletinistas».

Su justa indignación deja de ser personal para ser la indignación de la poesía en sí a quien personifica:

«Para mi nada pido, pero pido altamente para la dignidad de la poesía».

Tula lo ha dicho: su poesía es digna, su talento capaz, su carácter de una sola pieza. Es de talla olímpica cuando denuncia bajezas en la vida y cuando proclama la noble dignidad del poeta, que ella invistió. Tuvo conciencia de que en la literatura destinada a la escena, el público es el juez de importancia.

Y del hombre dijo al hombre:

«Yo temo a Dios; pero sólo a Dios. Los hombres pueden inspirarme compasión, si son débiles y sin justicia; afecto, si son rectos y capaces de dignas acciones; pero temor jamás.

Cuando yo obro bien, adoro la mano soberana que me ha sostenido; yo, por mí, soy como todos los hombres; frágil y culpable».

La llamaron la George Sand española y, aunque moralmente hay un abismo entre ambas, a pesar de la independencia y liberalidad de que las dos hicieron gala, si se comparan los juicios que estas mujeres dejaron sobre el matrimonio, se aprecia la gran diferencia que entre ellas fue marcada. La Sand dijo: «El matrimonio es el hito supremo de la vida. Cuando no hay amor, hay sacrificio. Supone una dosis de sacrificio nada corriente. La compensación no la proporciona un espíritu nada vulgar: la aprobación del mundo, la rutina del uso, una pequeña devoción tranquila y sensible, que no existe... y el dinero que suple muchas cosas...».[2]

Tula en una declaración personal y osada, aún para nuestros días, proclamó hace más de un siglo:

2. Kristyan Klin, *George Sand* (Barcelona: Ed. AHR, 1959), p. 92.

«El matrimonio es mucho o poco según se considere: es absurdo o racional según se motive»... «Creo que no temblaría por ligarme para toda la vida, si hallase un hombre capaz de inspirarme una estimación tal, que garantizase la duración de mi afecto... el matrimonio es un mal necesario del cual pueden sacarse muchos bienes. Yo lo considero a mi modo, y a mi modo lo abrazaría. Lo abrazaría con la bendición del cura o sin ella; poco me importaría; para mí el matrimonio garantizado por los hombres o garantizado por la recíproca fe de los contrayentes únicamente, no tiene más diferencia, sino que el uno es más público y el otro más solemne; el uno es más social y el otro más individual. Para mí es santo todo vínculo contraído con recíproca confianza y buena fe, y sólo veo deshonra donde hay mentira y codicia. Yo no tengo ni tendré un vínculo, porque lo respeto demasiado, porque el hombre a quien me uniese debía serme no solamente amable, sino digno de veneración; porque no he hallado, ni puedo hallar un corazón bastante grande para recibir el mío sin oprimirlo, y un carácter bastante elevado para considerar las cosas y los hombres como yo los considero».

Lo importante para ambas en el matrimonio es el amor; ambas contemplan la pérdida de la libertad, pero la poetisa nuestra, no ve en el dinero ninguna compensación. Aceptaría el matrimonio si un hombre le inspirara afecto tan hondo que le garantizara la permanencia de la unión y así lo hace constar cuando discurre sobre el vínculo que tanto rehuyó. No respeta en el matrimonio la forma, sino el fondo y en la pérdida de su yo, el temor de no hallar eco a su manera de sentir y pensar; lo rehuye porque no ha hallado un corazón bastante grande, dice, para recibir el suyo sin oprimirlo.

Esta mariposa puede quemarse las alas cuando ama, pero no permite se las recorten. Defiende el derecho a amar con libertad por encima de todos los prejuicios y convencionalismos sociales, y si amó libremente, cuando fue esposa, supo serlo con toda dignidad.

A pesar de ser pecadora se sabía virtuosa. En «El Artista Barquero», lo sentencia:

«...la virtud es la única riqueza que no pu den quitarnos los caprichos de la fortuna».

Y tal vez pensando en su fuerza y en su debilidad aconseja:

83

«Nunca os expongáis, por orgullo fundado en vuestra fuerza, o por condescendencia nacida de nuestra debilidad, a haceros vil esclavo de los sentidos o miserable juguete de pasiones ilícitas».

Es en esta obra donde expresa su conocimiento, por propia experiencia, del amor femenino y su imposibilidad de adaptarse a una realidad que mucho había pensado y más vivido:

«Hay en el amor de la mujer algo de tan místico e ideal que no la permite comprender y tasar en su verdadero valor los artículos que le oponen las convenciones del mundo positivo».

En su opinión bien femenina está la comprensión manifiesta de lo que no puede entender, precisamente porque es mujer y como tal siente el amor.

Gertrudis Gómez de Avellaneda fue una mujer que quiso ser y fue. De pasión tan intensa, que el fuego de ella cegó a los hombres que se le acercaron, sintiendo amor o sin sentirlo realmente, cegados por la luz del amor de ella. ¿La amó Tassara?, ¿la amó Cepeda?

Tassara, no estaba a su altura con todo y ser poeta. Su ego masculino hirió a la mujer de superior talento y estro excelso, hiriéndola con la única arma que podía someterla: la pasión. La hirió en su fina sensibilidad de mujer, más vibrante que en ninguna otra, porque era además de mujer, artista. Llegó más lejos, la hirió cuando la hizo madre y no acudió a su reclamo de mater dolorosa. La Avellaneda, personaje agónico, personaje del drama de su propia vida, se rebela entonces, se tortura, se siente castigada por el Poder Divino y, suplicando a ratos, exigiendo instantes después, de rodillas o alzada en su impotencia y desesperación se nos entrega, en la página más dolorosa de su vida.

Es mujer toda pasión, arrebato lírico que grita con su hacer:

...yo necesito amar y ser amada.

Cepeda, el timorato asustadizo, ante ella, ciclón de mujer tropical, en pleno vigor de su juventud, con la avasalladora fuerza amorosa que la conformaba y poseía, no tuvo la altura de la cubana, para olvidarse, si la quiso, de convencionalismos y seguridades. Con ella había que vivir, dejándose arrastrar por esa fuerza vital que alimentaba su amor, por ese desbordamiento poético y romántico, humano, que no conoció diques ni represas.

Este hombre habla de olvido y paz, y ella piensa qué diferente hablaría un hombre que supiera amar:

> *...me pediría amor, amor y tanto amor*
> *que todo este que guardo en mi alma,*
> *no me ahogaría.*

Sabater fue el caballero romántico que le tendió en la mano enguantada el corazón. Le enseñó que todos los hombres no eran como Tassara.

Verdugo fue el otro caballero que por no envidiarla y admirarla mucho, le ofrece su vida y comparte la de ella, lo que dudamos es que pudiera compartir su pasión, lo más el regalo de su ternura y el agradecimiento por su apoyo. Ahí estaba su debilidad de mujer: necesitaba de un amor impetuoso, arrebatado hasta el delirio, pero necesitaba también apoyarse en un hombre. Tal vez le fue infiel como sólo puede serlo una mujer de su integridad y de su orgullo: con la infidelidad del recuerdo, de la añoranza, del sentimiento herido.

Los pronunciamientos que definen su personalidad y su pensamiento no cesan de aparecer en las páginas de su obra. La mujer precursora dirá que sólo pertenece a la aristocracia del talento, adelantándose a las ideas que traerían los años.

Por razones de inteligencia y sentimiento, de un salto se sitúa a la par de los tiempos niveladores de clases en su novela «Sab», donde predominan la pasión y el sentimiento, razones con las que nivelará también diferencias de razas, porque ella a principios del siglo XIX, tratará la aún conflictiva situación del amor entre personas de distinta raza, por lo que Gastón Baquero ve en esta novela, uno de los primeros estudios psicológicos serios de la integración racial en el amor. De ella ha dicho:

«La Avellaneda fue en la sociedad española e hispanoamericana de su tiempo, en nombre y en favor de la mujer, uno de esos seres que se sacrifican por los otros, y asumen en ellos dolores, críticas, incomprensiones, por hacer anticipadamente aquello que cincuenta o cien años después constituirá lo normal y corriente en las vidas comunes. Correr el riesgo de no ser considerada "una señora" en una sociedad cerrada, llena de prejuicios y de códigos estrictos, es un acto de valor semejante al de los más aguerridos combatientes. Tiene que estar movida la mujer de que se trate por una pasión intensa, por una vocación irresistible, para no ceder ante las asechanzas, las burlas, las persecuciones, la envidia, la difamación. Situándonos en el escenario en que se movió la Avellaneda, y examinando sus obras y su actuación personal, tenemos que admitir que estamos ante una de las grandes figuras de las letras y del desarrollo social y cultural de España y de la América Hispana».[3]

Encuentra Baquero, que hay en su obra antecedentes de muchas revoluciones, incluso en la métrica y en lo que traería Ruben Darío después —recordemos «Los Reales Sitios»—, y que en algún momento se siente a Ibsen.

Carmen Bravo de Villasante, por su parte observa que, en diálogos de sus piezas teatrales, hay un anticipo de los dramas de Echegaray.[4] Y en sus ensayos sobre la mujer, ¿no se adelanta en mucho a Simmel, el pensador alemán, cuando declara que la mujer daría tan altas pruebas de capacidad como el hombre, si los patrones culturales de la sociedad no hubiesen sido trazados por él? Bien enumera las desventajas en que la sitúa el hombre para desarrollar sus facultades en campos que le están vedados.

Hay que pensar en el valor que significa plantear en la sociedad de su época, lo que ella expone en «Sab»:

«¿Por qué establecen grandezas y prerrogativas hereditarias? ¿Tienen ellos, el poder de hacer hereditaria las virtudes y los talentos?»

Y no titubea en manifestarse frente al espectáculo de la esclavitud:

«Es un cruel espectáculo la vista de la humanidad degradada, de hombres convertidos en brutos, que llevan en su frente la marca de la esclavitud y en su alma la desesperación del infierno».

3. Gastón Baquero, *Plana* 169 (Enero-Febrero, 1973), p. 8.
4. Carmen Bravo Villasante, op. cit., p. 190.

Para ella, el sentimiento, sólo la altura y nobleza de éstos, iguala a los hombres y lanza su pregunta-denuncia:

«¿El gran jefe de esta gran familia humana, habrá establecido diferentes leyes para los que nacen con la tez negra, y la tez blanca? ¿Por qué pues, tendrán los unos el derecho de esclavizar y los otros la obligación de obedecer?»

Y es en esta novela donde compara el matrimonio como lazo indisoluble con la esclavitud, cuando en la unión la mujer no encuentra felicidad, sino martirio. Se rebela Tula contra la ley de los hombres, franca, abierta, valientemente. Utiliza la unión infortunada de Carlota y se vale de la voz de la moribunda Teresa para decir:

«Es ella, es Carlota, con su anillo nupcial y su corona de virgen... ¡Pero la sigue una tropa escuálida y odiosa!... Son el desengaño, el tedio, el arrepentimiento... y más atrás ese monstruo de voz sepulcral y cabeza de hierro... ¡lo irremediable! ¡Oh!, ¡las mujeres! ¡Pobres y ciegas víctimas! Como los esclavos, ellas arrastran pacientemente su cadena y bajan la cabeza bajo el yugo de las leyes humanas. Sin otra guía que su corazón ignorante y crédulo, eligen un dueño para toda la vida. El esclavo, al menos, puede cambiar de amo, puede esperar que, juntando oro, comprará algún día su libertad, pero la mujer, cuando levanta sus manos enflaquecidas y su frente ultrajada para pedir libertad, oye el monstruo de voz sepulcral que le grita: "En la tumba"».

No se detiene ahí la rebelde:

«¿No oís una voz...? Es la de los fuertes que dice a los débiles: "Obediencia, humildad, resignación... ésta es la virtud". Tu destino es triste... pero no te vuelvas nunca contra Dios, ni equivoques con sus santas leyes, las leyes de los hombres. Dios no cierra jamás las puertas al arrepentimiento. Dios no acepta los votos imposibles. Dios es el Dios de los débiles como de los fuertes, jamás pide al hombre más de lo que le ha dado».

Al oír a Tula, educada en el culto católico, se comprende el estremecimiento de su voz, cuando en *Dos mujeres* al referirse al acto matrimonial dice:

«Ceremonia solemne y patética en el culto católico y que jamás he presenciado sin un estremecimiento profundo mezclado de terror».

87

Y hay que admirar la elocuencia de su yo y la gran osadía de su pensamiento.

Ambicionó mucho y alcanzó mucho, aunque sintiera el regusto de la infelicidad, «disgustada de mí misma por mi impotencia para ser feliz», diría. Hasta la soledad tan temida, se la dieron para dejarle tiempo a meditar, comprender, arrepentirse y perdonar. Vivió toda la gama del sentimiento femenino y en toda impuso su nobleza.

No quiso delimitar su vida literaria de su vida íntima y sentimental. Protagonizó su drama vital. Por eso, en toda su obra ya en prosa, ya en verso, hablando en primera persona o dejándose oír, se encuentra y sale a cada paso la mujer: abandonada en «Leoncia»; en la pastora Elmira, de la poesía «El cazador», víctima ella como la paloma de aquel. ¿Y la Carlota de *Sab*, no es acaso Tula, esperando en Sevilla por Cepeda? Y, en la misma novela, ¿no se caracteriza cuando dice de otra mujer «con aquel exceso de sensibilidad que tanto la hacía sufrir»? Y en «La hija de las flores», ¿no hay una hija sin padre que recuerda a su Brunilde? ¿Y la Matilde de «Tres amores» que habla de gloria y ambición, no es una estampa de la joven Tula, que pide la corona del genio?: «Yo también quiero esa corona». ¿Y no es ella la que por enfrentar difamaciones, calumnias y venganzas confiesa: «...el corazón de la mujer no fue hecho para tan rudas luchas, para tan terribles victorias»?

Es la agonista de su vida que recuerda cuán rudas fueron sus luchas y qué inmensa la terrible soledad a que la condenaron sus victorias. Es a ella misma a quien dice: «¿Ignoráis acaso, hermosa mía, que celebridad no se adquiere impunemente? ¿Y esa insistente relación entre padres e hijos, éstos víctimas de sus padres, no es autobiográfica, o es que acaso «La hija de las flores» y Brunilde no son frutos de la Avellaneda? ¿Y la voz de Sancho, en Alfonso Munio no es la de ella?: «Yo sólo escucho el grito que levanta mi ardiente corazón». ¿Y no es la romántica mujer la que en «Egilona» se viste de varón y toma el papel de Caleb para decir: «la sangre siento cual hirviente lava, por mis venas correr? ¿Y ya sea Tula o «Egilona», no es parte de su vida, causar disgustos a aquellos que la adoran?

La poeta que no abandona la escena cuando le canta en

versos sonoros a su amigo Zorrilla, se adelanta al proscenio
y exclama:

> *¡Dime! ¿tu genio alcanzará el secreto*
> *De hacer cambiar la condición de un alma,*
> *Que —activa siempre— en su cansancio inquieto*
> *Quiere en la agitación hallar la calma?*
>
> *¿De un alma al par incomprensible y loca,*
> *Que siempre en pos de una ilusión delira;*
> . . . .
> *De flaqueza y poder conjunto extraño,*
> *Ama lo eterno y de mudanzas vive;*
> *El mal acoge cuando el bien concibe;*
> *Y ansiando la verdad, sigue al engaño.*
> . . . .
> *¿Dónde tendrá reposo el ansia interna,*
> *Que no halla objeto ni solaz consiente?*
> . . . .
> *Siempre anhelando está, siempre esperando*
> *Y su misma esperanza la fatiga.*

Es una mujer que no puede prescindir de la autoescenifica-
ción, que se enseña, que en la novela *Espatolino* se presenta en una de sus múltiples mujeres, que ahora es Anun-
ziata y grita y rechaza: «¡La traición!, ¡no la quiero! ¡Dios
tampoco quiere la traición!»

Tula se ha sentido siempre víctima de sus pasiones, pero
también del destino y lo anota:

«Cruel el destino hasta cuando halaga, avaro hasta cuando
dispensa favores, no renuncia al derecho de cobrarse con usura;
no nos permite salir del mundo cargados con la deuda del reconocimiento. Mucho le deberíamos si hiciese la vida tan breve
como la felicidad, ya que no es posible hacer la felicidad tan
larga como la vida».

La sedienta que no encuentra en el mundo dónde calmar
su sed de amor y vida, vuelve sus ojos a Dios y aún pide
cuando le dedica su lira: «¡Préstale alas de fuego a mi esperanza!»

Así, en toda su obra y en su vida, es un «perenne deseo»

89

es «una inquieta esperanza», para al final, humana y pecadora, aferrarse en su soledad con «su inquieto cansancio», al consuelo divino.

Sus sentimientos son fibra de emoción y dolor, fibra al desnudo como un tendón herido que muestra su alta calidad. Superior como madre abandonada, tierna como hija, creyente fervorosa, pecadora contrita, devota en la memoria al padre íntegro, protectora como hermana, fiel como amiga, precursora osada, pensadora profunda, diosa en el parnaso y como amante, polifacéticamente mujer, con el espíritu siempre sobre la carne; con la carne rendida en lo que creía comunión de espíritus. Vulgar nunca. Sus quilates humanos son tan altos, que cuando cae hambrienta de amor, no roza el fango porque a la debilidad de la carne le opone la grandeza de sus sentimientos. Era toda amor y orgullo y su amor era inmenso como su poesía.

Al reconocerse singular hace su retrato. Precisa conocerlo:

«Yo misma soy juzgada mal: muchos, que creen conocerme dicen que... tengo más espíritu que corazón; se engañan torpemente, pero jamás les acuso de que me agravian: me desconocen, esto es todo.

»Dices, además, que te parezco singular, y creo que lo soy por mi mal. No pretendo que mis singularidades sean virtudes; sé, si, que nacen de origen elevado. Impetuosa y sincera, puedo parecer inconsecuente, pero lo que hallarán siempre en el fondo es verdad.

»Ni quiero pasar por mejor de lo que soy, ni siendo lo que soy me hallo descontenta de mi suerte. Sé que hay en mí mucho bueno y mucho malo; que todo el que me conozca debe forzosamente estimarme como yo me estimo, y no más, ni menos. Estimarme, no como a ser perfecto, no lo soy ni quiero parecerlo, pero sí como alma elevada, incapaz de bajezas; capaz de extravíos y de grandes virtudes. No sé si soy siempre prudente; temo alguna vez que no lo seré nunca; pero desafío que se me pruebe que he sido falsa, o mezquina. Mis defectos tienen la talla de mis cualidades».

Y complementando la fisonomía de su carácter, en la novela *Dos mujeres* se identifica con uno de los personajes.

«...analizaba como filósofo y pintaba como poeta; tenían sus pensamientos el vigor y la independencia de un hombre, y expresábalos con todo el encanto de la fantasía de una mujer, y aún con un poco de su amable versatilidad.

»Era en fin, un compuesto singular, una amalgama difícil de analizar, mas cualquiera que fuese el fondo del carácter que resultase de aquella combinación de cualidades opuestas, había indudablemente una picante originalidad y un atractivo siempre nuevo en sus exterioridades, o por decirlo así, en su fisonomía; porque también hay fisonomía en los caracteres, y a veces más engañosa que la que presenta el rostro.

»Hay en algunas naturalezas tempestuosas y contradictorias, una especie de influencia amenazante. Ciertas organizaciones son de una complicación tan dificultosa, que no podemos analizarlas por temor a descomponerlas».

Así, el todo de su compleja personalidad femenina no puede descomponerse por temor a romper las finas aristas de su ser. Es Tula toda cuando dice:

«Yo soy indulgente como Dios cuando me siento superior... Yo sólo pudiera odiar a la persona con quien hubiese sido yo misma mala o falsa, porque esa persona tendría en ese caso la superioridad única que me irrita, la de obrar mejor que yo».

Y es toda ella impulsiva, la que escribe con su herida sensibilidad:

«Escucha: tú no me has conocido sino por una de mis fases; por la de mi corazón: ignoras completamente cuál es la de mi cabeza: ignoras que si yo quisiera consultar solamente mi talento y mi conocimiento del corazón humano; si dejase obrar a mi vanidad de mujer y a mi experiencia de filósofo... nada te salvaría... Sí, yo te dominaría con mi cabeza fría; te subyugaría a mi placer; te volvería loco si se me antojase. Oh ¡guárdate de enfriar mi corazón y de excitar mi orgullo!

»Guárdate de despertar en mi voluntad un deseo que nadie ha resistido hasta hoy; porque yo puedo cuanto quiero; mi voluntad es de aquellas pocas, que hallan en su fuerza una omnipotencia terrestre».

Para en seguida, desde la superioridad de su orgullo al desnudo, advertir:

«Pero no tienes necesidad de guardarte, no. Al decir esto que acabo de decirte, te he dado una prueba de que no aspiro a lo que creo poder, me desarmo ante ti con la conciencia de la bondad de mis armas».

91

Al escucharla pensamos que en ella el orgullo fue virtud y el enemigo de esa virtud su propio corazón. A la singularísima personalidad de la poetisa casi le han exigido no ser mujer y la poetisa fue, precisamente por ser esa mujer.

UNA PERSPECTIVA FEMINISTA SOBRE LA CONFESION DE AVELLANEDA

PHYLLIS ZATLIN BORING
Rutgers University

En julio de 1839, cuando tenía 25 años, Gertrudis Gómez de Avellaneda escribió su confesión, dirigiéndola a un amigo sin la intención de publicarla. Pero el manuscrito se conservó y por eso tenemos la oportunidad de analizar su íntima autobiografía en busca de la explicación de esta mujer fenomenal. ¿Por qué escogió la joven Tula una carrera literaria? Las escritoras importantes de la España del siglo XIX son pocas, y seguramente Avellaneda participó más activamente en el mundo literario de su época que Fernán Caballero o Rosalía de Castro. Avellaneda, natural de Cuba, y Pardo Bazán son casi las únicas mujeres de letras en el siglo XIX en España. ¿Por qué se destacó Tula tanto de las mujeres típicas de su época?

El movimiento feminista del momento actual en los Estados Unidos da énfasis al conocimiento personal. Las mujeres se están animado a conocerse a sí mismas y a entender cuánto la sociedad discrimina contra las mujeres en general. De resultas las jóvenes escritoras e intelectuales feministas hoy en día están escribiendo confesiones introspectivas. Aunque se escribió hace 134 años, la autobiografía de Avellaneda se parece en algunos aspectos a los pensamientos y las experiencias de estas feministas actuales. Es muy probable que Avellaneda no se considerara una víctima de los estereotipos sexuales, pero Avellaneda seguramente no cabía en el patrón femenino tradicional que la sociedad le tendió y ella se daba cuenta de la gran diferencia entre lo que era de veras y lo

93

que toda mujer joven debía ser. Por consiguiente se rebeló. Quizás sea por este deseo de rechazar el papel estereotipado de la mujer que Donald L. Shaw piensa que Avellaneda es la antítesis de Fernán Caballero, aquella valiente defensora de *Old Spain*.[1] Sin duda es porque no cumplía con la imagen estereotipada que Bretón de los Herreros dijo de Avellaneda: «Es mucho hombre esta mujer».[2] Los autores y críticos varoniles en general no pueden fácilmente aceptar la idea de que escritoras fuertes sean mujeres. Carolina Coronado no les plantea ningún problema; es débil y delicada —es decir—, «femenina». Pero crítico tras crítico ha dicho de Santa Teresa y Pardo Bazán que son «varoniles». Mientras tales comentarios reflejan el antifeminismo de los que hablan, es un homenaje a la Avellaneda misma que pertenece a la media docena de escritoras españolas que son «mucho hombre».

Nos cuenta Avellaneda en su autobiografía que sólo tenía nueve años cuando murió su padre. Parece que quería mucho a su padre y le echaba de menos. Se puede imaginar, sin embargo, que la ausencia del padre permitió que Avellaneda desarrollara una personalidad más dominante. Se descubre que un porcentaje sorprendente de las grandes escritoras hispánicas se criaban sin padre: Sor Juana y Rosalía de Castro eran hijas ilegítimas; el padre de Gabriela Mistral abandonó a su mujer y a la niña cuando ésta era muy pequeña; Fernán Caballero y su madre vivieron separadas del padre gran parte del tiempo, y su presencia sólo suprimió las habilidades de la hija. Fue él quien le convenció a la joven Cecilia que las mujeres no pudieran ni debieran escribir; Cecilia escribió a pesar de esto, pero escondió los manuscritos durante muchos años sin publicarlos y más tarde trató de justificar sus esfuerzos literarios al pretender que no eran más que ejercicios de lengua, un pasatiempo inocente que no se debía tomar muy en serio. Es significativo que cuando al fin los publicó lo hiciera bajo un seudónimo masculino. Es posible entonces que Avellaneda pudiera desarrollar un ca-

1. *A Literary History of Spain - The Nineteenth Century.* (Londres: Ernest Benn, 1972), p. 30.

2. Pedro Romero Mendoza, *Siete ensayos sobre el romanticismo español*, Tomo I. (Cáceres: Servicios culturales de la Excma. Diputación Provincial de Cáceres), 1960, p. 308.

rácter fuerte porque la familia no incluía padre y madre con la tradicional distinción entre los dos papeles.

Lo que Avellaneda sí estaba consciente de desarrollar fue su miedo al matrimonio. Aunque quería a ambos padres, concluye en la confesión que su matrimonio no era feliz. Aca- so, dice ella: «porque no puede haber dicha en una unión forzosa, acaso porque siendo (mi madre) demasiado joven y mi padre más maduro, no pudieron tener simpatía».[3] Clara- mente la joven Tula tiene dudas con respecto al matrimonio forzado, sobre todo en el que hay gran diferencia de edad. Su desconfianza del matrimonio se ahonda a raíz del segundo matrimonio de su madre. Dice Avellaneda que seguían vi- viendo contentas porque Escalada, un hombre militar, casi nunca estaba en casa. Más tarde, cuando la familia se mudó a España en 1836, le acusa de hacer muy infeliz a su madre (p. 56). Piensa que su madre tiene «un carácter tan débil, que la constituye juguete de las personas que la cercan (p. 41)».

Aún de niña Avellaneda no aceptó la idea que el matrimo- nio es la única salida para una mujer, pero la sociedad en que vivía insistía en que una muchacha se casara y que se casara jovencita. De resultas la joven Tula estaba comprome- tida a los 13 años. Al principio estaba de acuerdo pero poco a poco decidió que la querían vender (p. 38) y que no se halló «con fuerza para consumar el sacrificio» (p. 42). Se refugió en casa de su abuelo e hizo lo increíble. A los 16 años rompió todas las reglas de su sociedad al rehusar el matrimonio con su novio rico. Y la sociedad la criticó. Dijeron los parientes que su comportamiento inaguantable se debía a la «excesiva indulgencia y la libertad» que le había permitido su madre (p. 45). Al fin y al cabo el abuelo la desheredó y el padrastro le echó la culpa a Tula y su negación del casamiento. La joven había luchado por su libertad y la cubrieron de recri- minaciones. Nueve años más tarde, al rememorar aquel tiem- po tan difícil, Avellaneda recuerda que quería morirse, o por lo menos, quería parecerse a «esas mujeres que no sienten ni piensan: que comen, duermen, vegetan, y a las cuales el mun- do llama muchas veces mujeres sensatas» (p. 47). Avellaneda

3. *Diario de amor*, ed. Alberto Ghiraldo. (Madrid: Aguilar, 1928), p. 20. Referencias subsiguientes a la «Confesión» se indican por números de páginas dentro del texto.

sabe que no es como ellas, que es una mujer superior, pero que esta superioridad la condena a la infelicidad.

Aun en su niñez Avellaneda ya se sentía aislada de los miembros tradicionalistas de su sexo. Tula estaba interesada en los estudios, no en los juegos infantiles, y «no hallaba simpatías en las niñas de su edad» (p. 24). Con las pocas amigas que sí tenía, representaba comedias, hacía cuentos, dibujaba flores y pajaritos. Mientras crecía, con sus amigas leía novelas, poesía y dramas. En la adolescencia ella y cuatro amigas eran «las señoritas de moda en Puerto Príncipe» por ser bonitas y gozar reputación de talento (pp. 29-30).

Una de estas amigas, su prima Rosa, era la compañera más íntima de Avellaneda. Tenían personalidades semejantes, dice la autora, porque Rosa, como Tula, «reunía la debilidad de mujer y la frivolidad de niña con la elevación y profundidad de sentimientos, que sólo son propios de los caracteres fuertes y varoniles» (p. 29). Avellaneda no rechaza la idea de su época que la debilidad es femenina y la profundidad, masculina, pero por lo menos se da cuenta de que no todas las mujeres son necesariamente superficiales.

La confesión de Avellaneda está llena de desengaños y conflictos y casi todos estos se pueden atribuir a la condición femenina. Se hace amiga de un joven en Cuba y todos creen que la amistad es un amor romántico porque no pueden imaginar una amistad entre hombre y mujer. En España casi se casa con un hombre sólo para escaparse de su situación doméstica; pero Ricafort se sentía humillado por la superioridad de Tula y no quería que ella escribiera ni que se dedicara a actividades intelectuales (p. 58). Tula se da cuenta de que este casamiento es imposible. Muchos años después Gabriela Mistral también iba a romper con un hombre que no quería que ella continuara su carrera literaria. El matrimonio no era compatible con las ambiciones literarias de la mayoría de las autoras. En la España del siglo XIX solamente Rosalía de Castro tenía un marido que apoyaba su trabajo. Pardo Bazán tuvo que abandonar al marido para continuar su carrera. El primer matrimonio de Fernán Caballero fue un desastre y durante el segundo, más feliz, sólo escribió para su satisfacción personal. Avellaneda que vivía en una época en que las mozas se casaban en su adolescencia, iba a esperar hasta los 32 años antes de casarse por primera vez. Cuando se casó, ya había publicado sus *Poesías,* había ganado premios por sus poemas, había escrito sus primeras novelas y piezas. Ya no se trataba de escoger entre el matrimonio y la carrera literaria; al contrario, como muchas mujeres profesionales de nuestro siglo, Tula lograba combinar los dos papeles.

En su confesión Avellaneda habla de otros amoríos de su juventud en España. Aunque ya sabía que para ella el matrimonio sería una pérdida de libertad que no podría aceptar, un tío y su hermano menor ejercieron presión sobre Tula para que se casara con pretendientes que ellos habían escogido para ella. Tula entabló algunos amoríos pasajeros no por amor, según ella, sino por «empeños de sociedad» (página 67). Cuando un pretendiente descubrió que ella no le quería la llamó fría, la atacó en público y de resultas la sociedad la criticó (p. 76). No se puede menos que pensar en la Marcela de Cervantes que de la misma manera rechazó el matrimonio y fue censurada por su comportamiento desnaturalizado.

Avellaneda dejó de conformarse al papel tradicional de la mujer y por eso se convirtió en objeto de ridículo. Los parientes del padrastro en Galicia consideraron que ella «no era buena para nada porque no sabía planchar, ni cocinar, ni calcetar; porque no lavaba los cristales, ni hacía las camas, ni barría (el) cuarto» (p. 63). Burlándose de ella la llamaron «*la Doctora*» (p. 64).

Pero es posible que por no lavar cristales ni hacer camas Tula pudiera dedicarse a la poesía. Gabriela Mistral también rechazó todo quehacer doméstico. «En cuanto me vean útil para la casa, estoy perdida», explicó. [4]

Al leer la autobiografía de Avellaneda, el lector se encuentra con una joven en lucha —en lucha con la sociedad, con los parientes, consigo misma—. Una persona reñida con su ambiente, Avellaneda no puede esperar que la entiendan los que piensan que todas las mujeres deben llevar vidas iguales. Tula es incapaz de ser una buena gallega casera como las parientes de su padrastro. Sabe que tiene talentos y habili-

4. Carmen Conde, *Gabriela Mistral.* (Madrid: EPESA, 1970), p. 16.

7

dades que morirían en tal ambiente. Pero ni aún su madre ni su hermano se dan cuenta de esto. De ser hombre, Avellaneda se habría librado de la presión ejercida sobre ella. Hubiera podido viajar, estudiar y escribir sin ofender las sensibilidades de nadie; hubiera podido aplazar el matrimonio sin que la llamaran fría. Pero Avellaneda no analiza su situación de esta manera. Más bien sufre de conflictos internos. Anhela una clase de amor y comprensión que teme no poder encontrar en ningún hombre. Jura no casarse pero, sin embargo, entre líneas se siente que de veras no quiere rechazar tal posibilidad. Parece preguntar si puede ser ella misma y una mujer a la vez y todavía no sabe la respuesta. ¿Cabe una mujer intelectual dentro de la sociedad o, por su sexo y su inteligencia se condena a una vida triste y frustrada? «Créame usted», le dice al amigo cerca del final de la confesión, «para ser dichoso modere la elevación de su alma y procure nivelar su existencia a la sociedad en que debe vivir» (p. 78). En otras palabras: confórmese.

Pero Avellaneda no podía conformarse y no se conformó. Dentro de dos años después de la confesión empezó a escribir en serio. Considerando sus experiencias y su lucha personal por la libertad, no nos sorprende que en sus obras atacara la esclavitud, criticara el matrimonio, elogiara a los bandoleros que se rebelaron contra la sociedad. Avellaneda también fue rebelde y se negó a caer en la trampa del papel femenino estereotipado de su época.

98

SOR JUANA INES DE LA CRUZ
Y GERTRUDIS GOMEZ DE AVELLANEDA:
DOS VOCES AMERICANAS EN DEFENSA DE LA MUJER

GEORGINA SABAT DE RIVERS
Western Maryland College

«Inmortal poetisa»; «la más insigne poetisa española»; «honra imperecedera de América»; «no tiene ni tuvo nunca rival en España, y sería menester, fuera de España, retroceder hasta la edad gloriosa de Grecia, para hallarle rivales en Safo y Corina, si no brillase en Italia, en la primera mitad del siglo XVI, la bella y enamorada Victoria Colonna»; «es no solamente la primera poetisa de España, sino una de las más grandes, acaso la más, entre las que han sobresalido en todo el mundo»; «mujer toda pasión, toda luz, toda amor humano». Estas alabanzas y otras parecidas dedicadas a Gertrudis Gómez de Avellaneda por personas tan ilustres como Cotarelo y Mori, Menéndez y Pelayo, Nicasio Gallego, Valera, Quintana, Zorrilla, Carolina Coronado... podrían aplicarse igualmente a otra mujer nacida también en América antes que ella: sor Juana Inés de la Cruz. Efectivamente, a las dos, por sus características personales de origen, y al ritmo de los cambios de gusto literario que nos lleva del Barroco al Romanticismo, se les han aplicado los mismos epítetos honrosos: mujeres extraordinarias en las que sobresalían la belleza, el carácter y el ingenio; exotismo; talento excepcional reconocido dentro y fuera del mundo hispánico, que las rodeó del halago y envidia de sus contemporáneos; niñas prodigio con enorme facilidad de versificación; ansia de aprender desde temprana edad que dio paso a la erudición de la

99

mujer adulta; desenvolvimiento en un círculo escogido, social e intelectualmente; amor a la tierra que las vio nacer aunque se mantuvieran fieles a la madre patria; carácter personal de lo religioso aunque dentro de una ortodoxia aceptada; una gran humanidad traducida en sus escritos en ideas avanzadas para su tiempo y, sobre todo, dentro de ese mismo humanismo, conciencia de la injusticia contra su propio sexo.

Sor Juana Inés de la Cruz y Gertrudis Gómez de Avellaneda [1] fueron, sin duda, casos excepcionales y, como dice Manuel Durán: «A base de un individuo excepcional no se puede establecer ninguna constante social o histórica, simplemente porque el individuo excepcional es, por el solo hecho de existir, una excepción a las reglas». [2] ¿Cuáles son las causas que explican la gran escasez de la mujer intelectual en el mundo hispánico, especialmente? Para explicar esas causas tendríamos seguramente que remontarnos primero a la antigua Grecia, pionera del mundo occidental. Como decía M.ª Rosa Lida en su artículo: «Free Opportunity for Intellectual Pursuits»: [3] «Si yo hubiera nacido en Atenas en tiempos de Pericles, ¿cuáles hubieran sido las probabilidades de haber yo nacido libre y no esclava? Y, si por concatenación de felices coincidencias hubiera nacido dentro de una familia de ciudadanos, siendo mujer, hubiera sido educada bajo la condición expresa, según lo dice Jenofonte, de ver, oír y decir lo menos posible. Yo me hubiera convertido en esa criatura subhumana con relación a la cual Sócrates le preguntaba a un amigo: '¿Hay, por ventura, alguien con quien hables menos que con tu esposa?' Si hubiera sido increíblemente afortunada, me hubiera casado con un hombre de ideas avanzadas en cuanto a la educación femenina, como el que Jenofon-

1. Se utilizan para sor Juana la edición de Méndez Plancarte, México, 1951-1957; y para la Avellaneda las ediciones de: Rivadeneyra, Madrid, 1869-1871 (5 volúmenes); la edición del Centenario, La Habana, 1914 (4 volúmenes). Para las cartas de la Avellaneda y otros detalles de su vida se han consultado, principalmente: *Autobiografía y cartas de Gertrudis Gómez de Avellaneda*, de Lorenzo Cruz de Fuentes, Madrid, 1914; *La Avellaneda y sus obras*, de Cotarelo y Mori, Madrid, 1915; *Memorias inéditas*, anotadas por Figarola-Caneda, La Habana, 1914; *Vida de la Avellaneda*, por Mercedes Ballesteros de Gaibrois, Madrid, 1949; *Epistolario inédito de doña Gertrudis Gómez de Avellaneda*, por A. Rodríguez-Moñino, y *Una vida romántica*, por C. Bravo-Villasante, Barcelona, 1967.

2. «El drama intelectual de sor Juana y el antiintelectualismo hispánico», *Cuadernos Americanos*, Julio-agosto de 1963, p. 242.

3. *Journal of American Assotiation of University Women*. October, 1958, pp. 5-8.

te retrata en su *Oeconomicus;* éste me hubiera, gentilmente, enseñado a guardar en perfecto orden cazos y cazuelas, ropa y zapatos; a no usar cosméticos ni tacones altos, sino más bien a mejorar mi cutis y figura ocupándome en los quehaceres domésticos; en suma, me hubiera preparado para cuidar de la casa de un modo tan competente que le permitiera a *él* dedicar todo su tiempo fuera de ella enfrascado en discursos racionales con sus amigos». Y continúa preguntándose la conocida crítica argentina, al igual que Virginia Woolf lo hace sobre la vida de la hermana de Shakespeare, qué sería de las hermanas de Virgilio y Dante; de la de Lope de Vega, que ni siquiera podía firmar su nombre; de las pobres hermanas costureras de Cervantes... Porque añade: «Hasta el genio se mostrará frustrado, en su conjunto, bajo la presión de tales condiciones sociales y, en un sentido mucho más profundo, bajo las limitaciones y prejuicios intelectuales». Obviamente de lo que se quejaba M.ª Rosa Lida, y con ella podemos lamentarnos todos, es de la cantidad de talentos femeninos perdidos o sofocados que yacen en la noche de los siglos. Dos causas principales explican esa escasez de la mujer intelectual en la tradición hispánica: el sistema social que acentúa la sumisión de la mujer con respecto al hombre, y el rechazo de lo científico o intelectual.

En el libro colectivo *Honour and Shame,*[4] el profesor Pitt-Rivers nos presenta la división de papeles dentro de la familia española: el «status» social y el apellido son, generalmente, transmitidos por el padre, quien a su vez lo recibió del suyo, de modo patrilineal; también es responsabilidad suya lo relacionado con el aspecto económico de la familia, es decir, mantener y aumentar, honestamente, el patrimonio familiar. Conseguir distinciones y cargos derivados de su competencia en un campo determinado, y al mismo tiempo mejorar el arca de la familia, constituirá lo que llamamos el «honor» de una familia, al cual todos sus miembros son acreedores, pero por el que tendrán que seguir luchando para mantenerlo y aumentarlo. Así que el carácter del «honor» es activo, no pasivo. El papel de la mujer, por otra parte, es

4. The University of Chicago Press (Second Edition), Chicago, 1970. El capítulo correspondiente a Pitt-Rivers se llama: «Honour and Social Status». La traducción del inglés ha sido hecha por la autora de este artículo.

eminentemente pasivo: conservar la «vergüenza» de la familia es evitar conductas que lleven a la destrucción de esa vergüenza. Es decir, lo que se llama «honor» con respecto al hombre se llama «vergüenza» con respecto a la mujer. Esta división de papeles está basada en la diferencia de los sexos llamados el «fuerte» y el «débil», y comportan modos de conducta muy diferentes. De ahí que se ridiculice a un hombre que muestra timidez poniéndose rojo y se haga otro tanto con una mujer que yendo contra lo que se llama «la naturaleza», adopte posturas activas, que se suponen sólo masculinas. Las cualidades consideradas «naturales» serán pues: la timidez o comedimiento para la mujer, expresada en su pureza sexual; y para el hombre la potencia sexual, expresada en la acción. Una mujer pierde su «vergüenza», y por tanto su honor, con el empañamiento de su pureza sexual, mientras no sucede así con un hombre. (Es lo que llamamos en mi tierra «la ley del embudo»: la parte ancha para los hombres y la estrecha para las mujeres.) Por otra parte el «honor» de un hombre, por el hecho de adjudicársele un papel activo, prepotente, está relacionado con la pureza sexual de las mujeres de su casa: madre, esposa, hijas y hermanas. De ahí que inventara para evitarse problemas, como diríamos hoy, el refrán conocido: «La mujer honrada, la pierna quebrada y en casa». El código del honor no se deriva de regulaciones éticas o jurídicas, pues lo mismo la Iglesia Católica que el derecho civil sancionan, en principio, la mala acción en cualquier individuo, sino en las «obligaciones» que dentro de esa sociedad se han asignado al hombre y a la mujer. El hecho es que, por ejemplo, en el caso de un adulterio, el que pierde el honor no es el adúltero, sino muy al contrario y absurdamente, el familiar masculino más cercano de la mujer con la cual se cometió el adulterio, sin hablar de las terribles sanciones que la sociedad le impone a ella.

En cuanto al rechazo de lo científico e intelectual, se basa en los principios de «limpieza de sangre» impuestos en España a raíz de la preponderancia adquirida por los «cristianos viejos» frente a los «nuevos» o «conversos» (es decir, los judíos convertidos al cristianismo). En *De la edad conflicti-*

va de A. Castro, así como en los estudios de Caro Baroja[5] y en el artículo de M. Durán, mencionados antes, se nos habla de la riqueza y saber de los judíos durante los siglos XIV y XV pues según decía el viejo refrán: «Ni judío necio, ni liebre perezosa» y cómo, a raíz del establecimiento de la Inquisición, progresivamente, estas cualidades de riqueza y de erudición, especialmente, se fueron identificando con los judíos conversos al punto de ser la ignorancia el mejor timbre de orgullo de que se ufanaban los «cristianos viejos». Recuérdese a Sancho Panza llamarse en distintas ocasiones «cristiano viejo» que odiaba a los judíos, al mismo tiempo que alardeaba de no saber leer ni escribir, y a otro personaje de Cervantes que rechazaba el saber leer porque llevaba: «...a los hombres al brasero, y a las mujeres a la casa llana».[6] Este desprecio de lo intelectual no hizo sino reforzarse a medida que pasaban los años con la lucha de la Contrarreforma contra el protestantismo y la ciencia moderna. Recuérdese a este respecto lo mucho que se ha escrito sobre la apatía del español y la conocida frase de Unamuno, refiriéndose a los países sometidos a esa influencia del protestantismo: «¡Que inventen ellos!»

Dadas estas circunstancias tan poco propicias al cultivo de la mente, ¿cómo podemos explicar, entonces, el desarrollo feliz de personalidades como las de sor Juana y la Avellaneda, quienes pertenecen a una cultura que, tradicionalmente, ha visto con malos ojos el interés y la ocupación de la persona en menesteres cultos, muchísimo más siendo mujer?

Al estudiar la vida de las dos poetisas notamos algunas coincidencias: una de ellas es lo que llamaremos «el padre ausente». El padre de sor Juana era un capitán español quien tuvo de la madre de la poetisa, una criolla de noble ascendencia, de posición económica desahogada y de padres casados, tres hijas ilegítimas. Así lo atestiguó la madre de sor Juana en su testamento, quien a la muerte del padre de la Décima Musa mantuvo relaciones con otro capitán también español con el que tuvo, también ilegítimamente, otros tres hijos, medio-hermanos de sor Juana y quienes mantuvieron,

5. El estudio de Julio Caro Baroja aparece en el libro *Honour and Shame* y tiene el mismo título.
6. En *La elección de los alcaldes de Daganzo*.

todos ellos entre sí, muy buenas relaciones. Este hecho, considerado «trágico enigma» por Méndez Plancarte, nos da una idea de la personalidad fuerte de la madre de la poetisa ya que, fueran cuales fuesen las circunstancias, supo enfrentarse, como lo hizo Gertrudis, a la sociedad de su tiempo. Es lo que llamaríamos hoy, mujeres emancipadas, pero hay que darse cuenta de la valentía de estas mujeres que tal hicieron en el siglo XVII y en el XIX. La pequeña Tula, como sabemos, perdió a su padre, comandante de la marina española, cuando era muy niña. Su madre, una criolla débil de carácter, según sus palabras, dio por una vez muestras de fortaleza al empeñarse en casarte antes del año con su segundo marido, el cual poco tiempo después se vio obligado a alejarse de la casa familiar y no volver sino esporádicamente. Es decir, estas dos niñas aficionadas al estudio desde los primeros años estaban exentas de la presencia masculina (no tenían hermanos mayores tampoco) que les impidiera dedicar su tiempo a leer encerradas en la biblioteca familiar. Las dos escribieron su primera obra a los ocho años y las dos, muy jóvenes, decepcionadas por actitudes varoniles que consideraban injustas y porque les interesaba tener tiempo para dedicarlo a estudiar y a escribir, decidieron no casarse.

Sor Juana escogió el convento a pesar de no tener vocación por «la total negación que tenía al matrimonio»; la Avellaneda, aunque decidió no casarse, no pudo substraerse, sin embargo, al «estúpido mundo», pues como ella dice en una de sus cartas a Ignacio Cepeda: «aunque no vea ni a la sociedad ni al mundo a través del encantado prisma de las ilusiones, aún conozco que necesito del uno y de la otra». Y en otras de sus cartas nos expresa, a pesar de sus deseos esporádicos de retirarse del mundo, su gran miedo de la soledad. Así vemos que muy temprano en la vida estas dos jovencitas conquistan un lugar en el mundo por su talento, al que se une la hermosura.

En cuanto a la crítica que encontraron al mismo tiempo que el halago entre sus contemporáneos, no era posible substraerse a ella, siendo como eran seres no comunes, y por tanto sujetos a envidia intensificada por el hecho de ser mujeres. Así nos dice sor Juana en su *Respuesta a sor Filotea*: «Aquella ley políticamente bárbara de Atenas, por la cual salía desterrado de su república el que se señalaba en prendas y virtudes porque no tiranizase con ellas la libertad pública, todavía dura, todavía se observa en nuestros tiempos, aunque no hay ya aquel motivo de los atenienses; pero hay otro, no menos eficaz aunque no tan bien fundado, pues parece máxima del impío Maquiavelo: que es aborrecer al que se señala porque desluce a otros. Así sucede y así sucedió siempre». Y luego: «Hombres, si es que así se os puede llamar, siendo tan brutos, ¿por qué es esa tan cruel determinación? No responden más sino que *multa signa facit...* ¡Válgame Dios, que el hacer cosas señaladas es causa para que uno muera!... ¿Por signo? ¡Pues muera! ¿Señalado? ¡Pues padezca, que eso es el premio de quien se señala!» Y en verso en aquel soneto tan conocido que empieza: «En perseguirme, mundo, ¿qué interesas?» En cuanto a la Avellaneda hay otros muchos ejemplos. Veamos algunos. En una carta a Cepeda, de 1845: «... adulada por un lado, destrozada por otro; lastimada de continuo por esas punzadas de alfiler con que se venga la envidiosa turba de mujeres envilecidas por la esclavitud social; tropezando sin cesar en mi camino con las bajezas, con las miserias humanas...» Y en otra: «Aunque no ofendo a nadie tengo enemigos, y aunque nada ambiciono se me acusa de pretensiones desmedidas».

Pero aunque aduladas por un lado y envidiadas por el otro, estas dos mujeres no cesaron de ser estandartes vivos de la defensa de su sexo, tanto en su vida privada como en su vida pública. A este aspecto humano de las dos poetisas dedicaremos la última parte de este trabajo.

El primer aspecto que resalta en la vida personal de las dos es la defensa al derecho de la mujer a conservar su libertad y a decidir sobre su propia vida. En su primera infancia, su madres, ni con regaños ni con castigos pudieron desviarlas de su inclinación a las letras. Y muy pronto la decisión de dedicarse a ellas fue un hecho irrevocable. Sor Juana en su *Respuesta* nos dice: «Entréme religiosa, porque aunque conocía que tenía el estado cosas... muchas repugnantes a mi genio, con todo, para la total negación que tenía al matrimonio, era lo menos desproporcionado y lo más decente que podía elegir en materia de la seguridad que deseaba de mi salvación». Y el «horror al matrimonio» que Gertrudis comentó tantas veces no arranca sino del temor a esa pérdida de libertad, al sometimiento al hombre. En una carta a Cepeda encontramos: «Conocí que el hombre abusa siempre de la bondad indefensa y que hay pocas almas bastante grandes y delicadas para no querer oprimir cuando se conocen más fuertes». Y en otra: «Soy libre y lo eres tú; libres debemos ser ambos siempre, y el hombre que adquiere un derecho para humillar a una mujer, el hombre que abusa de su poder, arranca a la mujer esa preciosa libertad; porque no es ya libre quien reconoce un dueño». Eso, el adquirir un dueño, se lo deja Tula a las mujeres del montón, como le dice a Cepeda en otra carta: «Una dice que le ama y no ama más que su colocación. Desea un marido, un estado, que es la ambición de las mujeres vulgares... que degradan la dignidad de su sexo...».

En este aspecto de la libertad para decidir sobre su persona y su vida fue la Peregrina más allá que sor Juana. Ambas son ejemplos de responsabilidad moral propia, libre y digna: la Décima Musa, por sus decisiones en cuanto a su propia vida y, al mismo tiempo, por representar la valiente decisión de su madre al ser el producto de una unión no consagrada por la moral de su tiempo; la Peregrina porque ella misma al dar a luz a una hija ilegítima, desgraciadamente malograda, se enfrentó a esa misma moral prevaleciente. Lo que ella le decía a Cepeda, hablando de sus ideas religiosas, se podría aplicar a este aspecto de su vida: «yo no temo jamás el ridículo; es un traje que no le viene a mi talla». Así vemos como los personajes de su obra haciendo uso de esa libertad personal llegan indirectamente a defender el divorcio, como en el caso de *Simpatía y antipatía*, e incluso a explicar el suicidio como libertad para disponer de la vida propia, como sucede con el personaje de Catalina en *Dos mujeres*. Hay en la obra de la Avellaneda incontables ejemplos de su gran preocupación por el estado social de la mujer. En *La Aventurera* se protesta «la mísera y desesperante condición de esas abandonadas criaturas para las cuales sólo hay dos caminos abiertos, el de la prostitución y el de la indigencia». [7]

7. Aparece en el Apéndice, Tomo 5 de la edición de Rivadeneyra. Es un juicio crítico de A. Romero Ortiz.

Donde a nuestro ver se expone más vigorosamente esta protesta de los abusos en contra del sexo femenino, es en *La Dama de Amboto* y en *La baronesa de Joux*. María Urraca, personaje de la primera de esas obras, era durante años la única heredera de los honores y riquezas de la familia hasta la llegada de un hermano varón que «anuló por completo los derechos de María; porque según las condiciones de los bienes vinculados en aquella familia, sólo por falta de sucesión masculina podían recaer aquéllos en una hembra. Tal era el espíritu de la época de que hablamos: el sexo menos fuerte era desheredado sin piedad, y muchas veces se la condenaba a la perpetua clausura de un monasterio, para que el varonil representante de la casa no tuviera ni aun el cuidado de proporcionarle aceptable colocación o módicos alimentos... María de Urraca se rebelaba en su interior contra la injusticia de los privilegios concedidos al sexo varonil, y que depender de un hermano menor, o de un marido vulgar, era para ella —llamada por el cielo a ser libre y poderosa— igualmente difícil y humillante». En *La baronesa de Joux* encontramos: «Entonces —cuando la mujer representaba tanto y tan poco; cuando era el numen invocado en los combates y la esclava despreciada en el hogar doméstico; cuando se rompían lanzas para sostener su hermosura y se inventaban cerrojos para asegurar su virtud...» Y luego hablando del personaje de la misma obra, Berta de Luneville: «Berta, dócil por carácter, y educada en la servil sumisión que constituía en aquella época la principal virtud de las mujeres...» Obviamente la Avellaneda se servía de sus personajes para protestar de la situación desventajosa de la mujer en todos los tiempos, incluyendo el suyo. Pero no sólo protestaba presentando aspectos negativos; sus personajes mostraban, también, aunque a veces fueran abatidos, aspectos positivos. Así sucede con Beda, la princesa independiente y orgullosa de *Recaredo* y con Elda, la espléndida y atrevida judía de *Baltasar*.

No faltan en las poetisas que tratamos, los ataques directos a los hombres. Todas recordarán las famosas redondillas de sor Juana que empiezan:

> *Hombres necios que acusáis*
> *a la mujer sin razón,*
> *sin ver que sois la ocasión*
> *de lo mismo que culpáis.*

Y quizás protestando contra alguna alusión a su carácter ilegítimo, la primera estrofa del siguiente epigrama menos conocido:

> *El no ser de padre honrado,*
> *fuera defecto, a mi ver,*
> *si como recibí el ser*
> *de él, se lo hubiera yo dado.*

Y de la Avellaneda, en un poemita que aparece en una de sus cartas a Cepeda:

> *Mas no los lazos de amistad me nombres,*
> *que en la amistad del mundo yo no creo,*
> *y en el lenguaje impuro de los hombres*
> *traiciones temo, si cariños veo.*

Y en prosa, en otra carta: «esa cáfila de aduladores que asedian nuestro sexo, me parecen poca cosa aun para divertirse una un rato con sus necios galanteos». En «El por qué de la inconstancia»:

> *Contra mi sexo te ensañas*
> *y de inconstante lo acusas,*
> *quizá porque así te excusas*
> *de recibir cargo igual.*

> *Proclamas que las mujeres*
> *(cual dijo no sé quién antes)*
> *piensan amar sus amantes*
> *cuando aman sólo al amor.*

> *¡Ay, amigo!, no te niego*
> *verdad que tan sólo prueba*
> *que son las hijas de Eva*
> *como los hijos de Adán.*

108

Así, sencillamente, proclama la Avellaneda la igualdad entre los dos sexos. Y que ambas poetisas creyeron firmemente en esa igualdad básica, lo prueba el hecho de haber realizado cada una en su tiempo, una increíble audacia a los ojos de los varones que se consideraron mermados en sus prerrogativas de tales. Para sor Juana, y de acuerdo con el hispanista alemán Vossler, lo fue el hecho de refutar en su *Carta atenagórica* un sermón pronunciado unos cuarenta años antes por el famoso jesuita portugués Antonio Vieyra. Pero la Décima Musa defendió tranquilamente en la *Respuesta* su derecho a disentir de la opinión del jesuita, quien a su vez, había disentido en su sermón de los puntos de vista sostenidos por San Juan Crisóstomo, Santo Tomás y San Agustín.

Para Gertrudis Gómez de Avellaneda esta audacia lo fue, sin duda, su legítima aspiración a un puesto en la Real Academia. En una carta que escribió con este motivo dice: «No podrá menos de desear que alcance alguna honrosa distinción la pobre mujer poeta que se ve privada por su sexo de aspirar a ninguna de las gracias que están alcanzando del Gobierno sus compañeros literarios, no cediendo a ninguno en laboriosidad y en amor a las letras, y que hallará justo y debido y honroso para la Academia al compensarme en cierto modo, mostrando que no es en España un anatema el ser mujer de alguna instrucción: que el sexo no priva del justo galardón al legítimo merecimiento». «Se acordó que las damas no podían entrar en la Academia», según comenta Cotarelo y Mori y así, sin más, quedó concluído el asunto. Es fácil imaginarse el desengaño de la poetisa.

Pero con todo lo que ya llevamos dicho, los escritos más importantes con respecto al tema de la defensa de la mujer son, para sor Juana, la *Respuesta a Sor Filotea,* llamada la «Magna Carta de la libertad intelectual de las mujeres de América», y para la Avellaneda su colección de artículos «La Mujer», en los cuales se analizan cualidades de carácter relacionadas con el papel femenino en la religión, en la patria, en la vida pública, en las artes.[8] Estos documentos, aunque

8. Véase el trabajo de Alberto J. Carlos: «La conciencia feminista en dos ensayos: sor Juana y la Avellaneda», en *El ensayo y la crítica literaria en Iberoamérica,* Universidad de Toronto, Toronto, Canadá, 1970, que hemos leído después de redactado este artículo. Para el análisis del aspecto amoroso en la poesía de las dos mujeres americanas, véase el corto capítulo «La Avellaneda y sor Juana Inés de la Cruz» en *Gertrudis Gómez de Avellaneda,* de Raimundo Lazo, México, 1972, pp. 54-56.

diferentes entre sí (el de sor Juana tiene carácter biográfico y de defensa propia al mismo tiempo que de su sexo) van encaminados hacia el mismo fin: ensalzar la persona femenina. No es extraño, pues, que guarden tantos puntos de contacto. En la *Respuesta* hallamos en uno de sus pasajes hablando sor Juana de su vocación por la poesía: «Si éstos, señora, fueran méritos (como los veo por tales celebrar en los hombres), no lo hubieran sido en mí porque obro necesariamente». Y la Peregrina al comienzo de su primer artículo, donde considera las cualidades de la mujer en cuanto a su papel en la religión, dice: «Y si aun queremos disputarle [al hombre] en este breve artículo la mayor potencia intelectual, que con poca modestia se adjudica».

En seguida pasa la Décima Musa en su *Respuesta* a decirnos que, aunque ella no necesitaba ningún ejemplo, la historia está llena de nombres de mujeres ilustradas en letras humanas y divinas: «Porque veo a una Débora dando leyes... Veo una sapientísima reina de Saba, tan docta que se atreve a tentar con enigmas la sabiduría del mayor de los sabios, sin ser por ello reprendida, antes por ello será juez de los incrédulos. Veo tantas y tan insignes mujeres...». Compárese ese largo catálogo de mujeres ilustres con el que nos da la Avellaneda en distintas partes de los artículos mencionados: «Mirad a Jahel descargando con firme mano el martillo que traspasa las sienes de Sisara; a Judit penetrando en la tienda de Holofernes... a la madre de los Macabeos... a las espartanas... No intentaremos descender a los tiempos modernos: la Europa sola nos abrumaría con el inmenso número de sus glorias femeniles; y la América —ese mundo tan nuevo en que he nacido— la América misma llovería sobre nosotras multitud de nombres de distinguidas hembras...» Y sigue incansablemente, al igual que sor Juana, dándonos nombres y más nombres de mujeres insignes.

Digamos para terminar que entre ellas, las mujeres insignes del mundo, son sor Juana Inés de la Cruz y Gertrudis Gómez de Avellaneda los más altos ejemplos que el mundo hispánico de las letras nos ha regalado, para alta gloria de América.

LA AVELLANEDA EN SU TIEMPO

ONDINA MONTOYA DE ZAYAS
Saint Elizabeth College

Si es cierto que «el papel del artista es insertar su obra dentro de su tiempo y dar forma a las pasiones», como ha dicho Albert Camus, también es cierto que el del crítico es el de considerarla atendiendo a cómo el autor refleja la época en que vive y cómo después de una etapa de tanteos, llega a la plenitud de sus facultades ofreciéndonos obras extraordinarias según la crítica de sus contemporáneos. No obstante, como los valores políticos, éticos y sociales cambian con cada generación, gran parte de los escritores que han brillado en el pasado suelen ser hoy severamente juzgados porque su forma de expresión o su filosofía no se adapta a la realidad de nuestro tiempo.

Uno de los períodos literarios que más sufren con esta revisión crítica —o lo que es peor, con el olvido— es el romanticismo, y dentro de él la figura de la ilustre poetisa cubana Gertrudis Gómez de Avellaneda y Arteaga, cuyo centenario este symposium se apresta a conmemorar.

Ni el espacio limitado de que disponemos ni el tipo de actividad que aquí estamos llevando a cabo permiten el desarrollo del tema «La Avellaneda en su tiempo» en toda su posible amplitud. Así pues, el modesto trabajo que hoy tenemos el privilegio de presentar ante esta distinguida audiencia, será sólo el testimonio de admiración que ofrecemos a nuestra coterránea, que tanta gloria dio a Cuba y a España durante más de veinte años de fecunda labor creadora. Pero dentro de ese marco esencial, nos ha parecido útil sugerir

111

algunos aspectos para futuros estudios y trabajos y señalar importantes fuentes disponibles para ello. Hecha esta aclaración, tendamos un puente imaginario en el tiempo y veamos pasar por él a la joven criolla que deja su hermosa isla del Caribe para convertirse en la gran dama de la poesía, asombro de la sociedad literaria en la Corte española. Veámosla avanzar segura de sí misma, sin temor a las aguas turbulentas de las pasiones humanas que arrastran en el mundo occidental la clásica concepción estética, política y filosófica fundada en los principios de la razón, la claridad y el orden para dar paso a un nuevo ideal basado en la «primacía» de la sensibilidad, de lo espontáneo, de lo que es privativo y específico de cada hombre. Veámosla buscar con tenacidad un lugar en el campo de las letras españolas, tan cerrado a la mujer durante aquellas décadas que, paradójicamente, comienzan bajo la regencia de la reina María Cristina de Borbón y terminan con la caída de su hija, la reina Isabel II.

Gertrudis Gómez de Avellaneda era natural de Puerto Príncipe, una de las primeras villas fundadas en Cuba en el siglo XVI. Fueron sus padres doña Francisca Arteaga y Betancourt, criolla de rica y distinguida familia, y don Manuel Gómez de Avellaneda, militar andaluz que ostentaba el cargo de Comandante de la Marina en la parte central de la Isla. El nacimiento de la poetisa tuvo lugar el 23 de marzo de 1814, fecha memorable por haber sido el día en que Fernando VII, «el Deseado», a su regreso del cautiverio en Francia, entró de nuevo en España cruzando el río Fluviá.[1] Por coincidencia, en ese mismo año apareció la tercera edición de la obra histórica de don Francisco de la Rosa —«*La Revolución actual de España. Epoca primera. Desde el principio de la insurrección hasta la instalación de la Primera Regencia»*[2]— y además comenzó a manifestarse la reacción absolutista del joven monarca al ordenar el arresto de la mayor parte de los diputados liberales. Entre los proscritos figuraban Martínez de la Rosa, Quintana y Gallego,[3] que fueron luego grandes amigos y admiradores de la Avellaneda.

1. Antonio Ballesteros, *Historia de España y su influencia en la historia universal* (Barcelona: Salvat Editores, S. A., 1936), Volumen X.

2. Ibid.

3. Ibid.

Contaba Tula, como la llamaba su familia, nueve años de edad cuando la muerte de su padre, en 1823, la deja sumida en honda tristeza. Como si esto no fuera bastante para su sensitiva personalidad, diez meses después sufre un profundo choque psicológico con las segundas nupcias de su madre cuya juventud encontró consuelo y apoyo en el amor de don Isidoro de Escalada, joven como ella, el cual, si bien parecía llenar de felicidad a doña Francisca, hacía a Tula aborrecer la estricta disciplina que quería imponerle. Esta desagradable situación no se prolongó mucho tiempo porque el señor de Escalada fue trasladado para la ciudad de Santiago de Cuba, por lo que sólo le fue dable vivir con su familia durante los dos o tres meses de vacaciones que le correspondían cada año.

La precoz y voluntariosa niña crecía mimada de todos y tenía como pasatiempo preferido el pasar las horas leyendo en el «cuarto de los libros». Así lo relata ella misma en el «cuadernillo»[4] de memorias que escribe en Sevilla, en 1839, para complacer la curiosidad de su amigo, el joven estudiante de Derecho don Ignacio Cepeda y Alcalde, bajo la condición de que después de leído fuese destruido por el fuego.

En Puerto Príncipe (hoy Camagüey) habían transcurrido los primeros veintidós años de la vida de Gertrudis. Había nacido en una bella y señorial casa situada en el centro de la ciudad, a unas pocas cuadras de distancia de la Plaza de Armas, de la Catedral y de la vieja iglesia de Nuestra Señora de la Soledad.

Según el censo de 1809, Puerto Príncipe tenía más de 30.000 habitantes, había obtenido ya el título y el escudo de la ciudad y era muy importante para la administración de la Isla porque allí había sido trasladada la Audiencia Real de Santo Domingo cuando en 1795 aquella colonia había dejado de pertenecer a la Corona de España como consecuencia de la paz de Basilea.[5] En Puerto Príncipe también radicaba el único tribunal de apelaciones de la isla de Cuba, por lo que era frecuentemente visitada por los abogados de las distintas ciudades cubanas, así como por aquellos jóvenes

4. Lorenzo Cruz Fuentes, *La Avellaneda. Autobiografía y cartas de la ilustre poetisa hasta ahora inéditas* (Huelva: Miguel Moreno, 1907).

5. A. Ubieta, J. Regla y J. M. Jover, *Introducción a la Historia de España* (Barcelona: Teide, S. A., 1963), p. 402.

que habiendo terminado los estudios de Derecho, iban a sufrir los exámenes correspondientes para obtener el título de
Licenciado. Por esta razón el gran poeta José María Heredia
pasa una temporada en la ciudad principeña donde tenía algunos parientes y cuando, ya en el destierro, publica en los
Estados Unidos, en 1825, la primera edición de sus poesías,
éstas no tardan en ser las favoritas para Gertrudis que las
toma como modelos para sus imitaciones. [6]

En aquellos tiempos la educación pública prácticamente
no existía en el interior de la Isla. Las primeras letras eran
enseñadas en «escuelitas particulares» y los jóvenes de familias pudientes asistían a colegios privados católicos. Las niñas eran educadas en sus casas en las disciplinas de gramá-
tica, aritmética, nociones de geografía e historia de España.
catecismo y reglas de urbanidad, así como en las labores ma-
nuales propias de su sexo. El curriculum era un poco más
amplio para las jovencitas distinguidas y de buena posición
económica, como Gertrudis, porque incluía música, pintura,
el estudio de un idioma —generalmente el francés— y la lectura de ciertas obras literarias cuidadosamente seleccionadas.

Gertrudis concentraba su atención en el estudio de lenguas y en leer cuanto libro le pareciera interesante, aun a
trueque de ser reprendida. Era aficionada, además, a la recitación de poemas clásicos y neoclásicos, ya que estaba dotada de un bello timbre de voz y una dicción perfecta, lo cual
la incitó más tarde a traducirlos o a imitarlos. Estas tendencias le iban creando una aureola de «niña prodigio» que le
hacía soñar con llegar a emular los grandes de la literatura
de aquellos tiempos. Por sus manos pasaron obras de viajes,
de historia y de filosofía; los versos de Herrera, Quintana y
Heredia y algunas traducciones de Byron, Scott, Chateaubriand
y Jorge Sand. Su mente se inflamaba de inspiración y escribía un cuento fantástico, como «El gigante de las cien ca-
bezas», un dramita histórico como su Hernán Cortés, o pequeñas comedias que luego dirigía y representaba en el por-
talón que rodeaba el hermoso patio de su casona. Ella, en su
pequeño mundo, mantenía precozmente una animada tertulia literaria.

6. Gertrudis Gómez de Avellaneda, «Apuntes biográficos», en *La Ilustración*, de Fernández de los Ríos (Madrid, 1850).

En cierta ocasión, con la finalidad de reunir fondos para la fundación de un colegio para huérfanos pobres, se organizó una serie de funciones en las que se representaron comedias de Moratín y la tragedia «Abufar» de Ducis. Esta había sido traducida muy libremente en versos endecasílabos por José María Heredia y su papel principal fue interpretado por Tula con resonante éxito y comentado elogiosamente en la prensa del país. Tan absorta vivía en sus actividades culturales que no se daba cuenta de la transformación que iba sufriendo la América hispana y cómo los primeros síntomas de las actividades para la liberación de Cuba y los severos castigos impuestos a los conspiradores, empezaban ya a intranquilizar a los cubanos.

Un día, sin desearlo ni proponérsela, le dan la noticia de que un distinguido y acaudalado caballero a quien le unían lazos de parentesco, solicita su mano en matrimonio y, dócil al reclamo de la madre y del abuelo, accede al compromiso, poniendo por condición un plazo de tres años para celebrar la boda. Ella sólo siente simpatía y respeto por el novio, pues su corazón se inclina a Loynaz, un joven miembro de su tertulia que al fin, sabiéndola comprometida, se determina a pedir la mano de su mejor amiga. Esto la hace meditar más sobre su futuro como esposa de un hombre a quien no ama y rompe sus relaciones cuando ya van a leerse en la iglesia las amonestaciones. Ni el escándalo familiar y social ni las ofertas del abuelo de mejorarla en un quinto de la herencia que le ha de corresponder, la hacen cambiar de idea. Ahora pone en práctica otro plan: apoyar a su padrastro en su proyecto de ir a residir a España. Allá, en Andalucía, están los hermanos de su padre, allá está la vida literaria de Sevilla y de la Corte, allá está un mundo diferente y menos provinciano que quiere conocer.

El viaje queda decidido y la familia va a residir a Santiago de Cuba por un año mientras llega el permiso de salida de Escalada. En la noche del 9 de abril de 1836 parten en la fragata francesa «Bellochan» rumbo a Burdeos. La emoción de la partida y la actividad en el buque cuando comienza a navegar, los vuelca Tula en el soneto «Al partir» con el cual encabeza luego su primer volumen de poesías que, prologado por don Nicasio Gallego, publicó en España en 1841.[7]

Hay indicios de que anteriormente ella había dado a la publicidad en Cuba algunas poesías, pues existe un soneto publicado en el «Diario de La Habana» de 18 de marzo de 1932 cuyo título es: «Soneto en la prematura muerte de mi amigo el Licenciado Don Manuel Gómez de Avellaneda».[8] Algunos críticos se preguntan quién es este «amigo» licenciado que lleva el mismo nombre que el padre de la poetisa. Analizando el hecho de que la Avellaneda da ciertas connotaciones que no son comunes hoy a algunas palabras, podemos suponer que se trata de un pariente al cual guardan afecto, ya que cuando ella escribe en 1838 las memorias de su primer viaje a España en el epistolario a su prima Heloysa Arteaga y Loynaz, a ésta la llama «querida prima y amiga».[9] Hecha esta digresión, volvamos a la narración de su viaje en el punto de su arribo a las costas de Francia, después de casi dos meses de navegación.

Noche en Pollax y viaje a la mañana siguiente hacia Burdeos en el «Burdeles», vapor alemán. Dieciocho gloriosos días en la hermosa ciudad donde su más querido recuerdo lo constituye la visita al castillo de los Bredas, que recorre presurosa, como alegre colegiala, hasta llegar a la misma habitación donde había escrito Montesquieu muchas de las brillantes páginas de su *Espíritu de las Leyes,* cuyo grueso volumen lleva Tula entre sus manos.

Salto a La Coruña. Veinte meses de emociones contradictorias: a la familia de Escalada no le gusta «la doctora», como irónicamente la llaman, haciendo crítica de su cultura y su poco deseo y habilidad para ayudar en los quehaceres domésticos. Y porque lee el *Contrato social* de Rosseau, le dicen «atea». Tanto a ella como a su hermano Manuel se les hace la vida insoportable y al fin éste consigue que su madre lo envíe por un tiempo al extranjero.

Por esta época conoce Gertrudis a un joven militar. Se

7. Gertrudis Gómez de Avellaneda, *Poesías* (Madrid: Est. Tip., Calle Sordo, No. 11, 1841).

8. Domingo Figarola Caneda, «Cartas inéditas de la Avellaneda», en *La Familia,* revista quincenal de artes, ciencias y literatura (La Habana, 1878-1979).

9. ———, *Memorias inéditas de la Avellaneda* —Epistolario a su prima Heloysa Arteaga y Loynaz— (La Habana: Imprenta de la Biblioteca Nacional, 1914).

llama Francisco y es hijo del teniente general don Mariano Ricafort, capitán general de Galicia, el cual había desempeñado también ese cargo en Cuba por los años de 1832 a 1834. Ambos jóvenes se enamoran y, conociendo él la incomprensión familiar de que ella es objeto, la pide en matrimonio; pero le manifiesta que no es de su agrado que continúe su vida literaria. Tula solicita entonces de la Corte el derecho de mayoría a fin de obtener su herencia paterna y mientras lo espera, entra en su apogeo la guerra Carlista en el Norte y la boda queda aplazada porque el novio es llamado al servicio activo.

Recelos y críticas se agudizan en la casa de los Escalada, donde si alguien sobra es la inadaptable y supermoderna criolla, y cuando Manuel regresa, al constatar tan desagradable situación la invita a marchar con él a Constantina, una villa cercana a Sevilla, para conocer la familia de su padre. Para evitar más fricciones, doña Francisca y su esposo deciden trasladar su residencia a Vigo y allí al fin obtiene Tula el permiso para hacer el viaje con su hermano. Embarcan vía Lisboa-Cádiz en el vapor inglés «Londonderry» en el cual la joven encuentra algunos compañeros de travesía con quienes puede comunicarse en francés. Atrás queda Ricafort en el frente de batalla —sin aviso alguno de la partida—... Atrás queda su madre querida y sus tres pequeños hermanos, y la sensitiva Gertrudis casi desea no haberse marchado jamás. Para consolarse comienza a escribir su novela *Sab*.

La patria chica de su padre y el encuentro con los parientes les ha decepcionado y tras una corta aunque amigable estancia junto a ellos, ambos hermanos deciden marcharse a Sevilla en junio de 1838. La madre y los otros hermanitos no tardan en reunírseles mientras terminan los deberes militares de Escalada, que había sido enviado a los frentes de la guerra carlista. Allí toman una espaciosa casa y comienzan a llevar de nuevo la vida social a que estaban acostumbrados. Adquieren nuevas amistades, asisten a teatros, paseos y otras diversiones y lo que es más grato para Tula, reciben a la juventud sevillana, formando muy pronto una pequeña tertulia que ha de influir profundamente en su vida y en el nuevo rumbo de su afición literaria. Sus deliciosas descripciones de aquel ambiente, que periódicamente escribe a su prima, quedan interrumpidas en diciembre de ese año, justamente cuando ella empieza a gozar de popularidad por los versos que publica bajo el pseudónimo de «La Peregrina».

Sus primeras poesías ven la luz en «La Alhambra», periódico semanal de ciencias, literatura y bellas artes de la ciudad de Granada. En Sevilla aparecen en «El Sevillano», en «El Boletín de Teatros» y en la revista literaria «El Cisne» que dirigía don Juan José Bueno y en la cual colaboraban los jóvenes don José Amador de los Ríos y don Gabriel García Tassara. [10]

Pronto la belleza y juventud de la Avellaneda le crean una corte de amigos y simpatizadores que se arroban escuchándola leer versos con su voz dulce que tan bien sabía modular. Admirábanla mucho más por cuanto el arte de la lectura poética era desconocido entonces en España, ya que sólo se practicaba en Francia y Alemania en aquellas tertulias románticas «en que se había hecho extensiva la influencia de Goethe». [11] Uno de esos admiradores fue el joven don Antonio Méndez Vigo, estudiante universitario que quiso casarse con ella y que, obrando como un romántico, llegó a amenazarla con suicidarse si en tres meses no era correspondido. De él le dice ella a Cepeda en su epistolario secreto: «No disimularé que el candor de mi joven amante, su amor entusiasta y mil prendas apreciables que descubría en él, llegaron a conmoverme». Y aquí cabe insistir en esa característica de la poetisa de dar un peculiar sentido a ciertos vocablos: si llama «amiga» a su prima, a su enamorado sin esperanza le califica de «amante» y así, en el juego intensivo de su vocabulario castizo y ardiente, «el caro amigo», «el querido» y «el amante» confunden a algunos escritores de hoy —a veces autores de textos de literatura—. Y decimos confunden, porque ofrecen al lector una pobre y vulgar idea de la personalidad de aquella mujer que tanta gloria dio en su tiempo a Cuba —donde muchos aún la rechazan por no haber compartido los ideales revolucionarios que dieron lugar al «Grito de Yara» en 1868— y a España —donde otros la olvidan por ha-

---

10. Emilio Cotarelo y Mori, «La Avellaneda y sus obras; ensayo biográfico y crítico», *Boletín de la Real Academia Española* (Madrid: Tip. de Archivos, Tomo XV, diciembre de 1928), Cuaderno LXX, p. 611.

11. ———, Ibid., p. 612.

berse movido en la Corte isabelina entre los liberales, ya fueran moderados o progresistas, en aquellos tardíos y agitados días del romanticismo histórico y literario que concluyen definitivamente con la caída del gobierno monárquico y con el ruidoso fracaso de la primera república española.

En este mismo año de su llegada a Sevilla —1838— conoce la Avellaneda a don Ignacio de Cepeda y Alcalde, joven y talentoso estudiante que cursaba la carrera de derecho en la Universidad de Sevilla. El le muestra interés y ella queda deslumbrada por su apostura y su personalidad reservada y discreta. Entre ellos comienza a nacer una dulce amistad que se manifiesta primero por miradas y sonrisas e intercambio de libros y misivas que ella furtivamente le hace llegar y que forman el epistolario romántico que hoy conocemos. A través de este manojo de cartas, conservado cuidadosamente por Cepeda por más de sesenta años junto con el «cuadernillo» —cada carta en su sobre correspondiente y en el orden indicado por la fecha del matasellos— hemos podido conocer el secreto del corazón de la inspirada poetisa que lo guardó calladamente toda su vida y cuyos signos visibles pueden ahora identificarse en algunas de sus más bellas poesías o en la pasión de muchos de los personajes de sus obras dramáticas.

Esta correspondencia, de la cual parecen haberse omitido algunas cartas, no es continua, sino que está interrumpida varias veces debido a los intervalos de ausencia del indeciso amador que emprende largos viajes por diversos países europeos. Termina en 1854 cuando él le confiesa que va a casarse con otra mujer, doña María Córdova y Govantes, a la cual debemos el privilegio —o sacrilegio— de disfrutar de su lectura, puesto que a la muerte de su esposo accede a su publicación como tributo a la memoria de la gran poetisa.

Por estas cartas se han conocido muchas de las actividades de la Avellaneda en aquellos primeros años de su iniciación en el mundo literario español. Así sabemos que mientras Cepeda marcha durante el verano de 1839 para su hacienda de Almonte, ella visita por unos días Cádiz, a donde va para conocer a los redactores de «La Aureola», periódico literario fundado y dirigido por el poeta y crítico don Manuel Cañete, elegido más tarde académico de la Española, quien le había pedido le enviara algunos versos suyos que habían sido publicados bajo el pseudónimo «La Peregrina». En esta ocasión conoció a don Alberto Lista, poeta —el cerebro «Anfriso»— y profesor de Humanidades quien por aquellos días regentaba el famoso colegio de San Mateo en Madrid y cuya amistad le abriría más tarde las puertas del Ateneo y del Liceo literario en la Corte. Allí en Cádiz tuvo también la oportunidad de conocer al famoso pintor Moral, el cual le hizo la preciosa miniatura que hoy figura en la colección de los duques de T'Serclaes Telly.

A partir de este momento, «La Peregrina» es ya famosa en toda Andalucía y comienza a recibir invitaciones para colaborar en revistas literarias de Málaga y Valencia. Trabaja incansablemente en nuevos metros y temas y continúa con sus traducciones de románticos franceses e italianos mientras va dando fin lentamente a su novela *Sab*.

Como romántica de cepa, quiere ensayar todos los géneros y ha dado también comienzo a un drama trágico, complicado y casi inverosímil donde una mujer, temperamental y celosa como ella, es el personaje principal. Le llama «Leoncia» y en su boca pone muchas de las cosas que quisiera decirle a Ignacio; sin embargo, a él le escribe que ha templado su enojo ante su manifiesta indiferencia rompiendo esa noche los dos primeros actos.

Completado el drama, lo estrena con lisonjero éxito en Granada en 1840 y esta vez los diarios y la revista «La Alhambra» revelan el nombre de su autora. No obstante, ser este su primer tanteo dramático y adolecer de ciertos defectos técnicos, el éxito artístico se repite también en Sevilla, Cádiz, Valencia y Madrid y el Liceo sevillano le otorga el título de «primera conciliaria». Pero a pesar de todo ello y de sus reiteradas invitaciones, Cepeda no asistió a ninguna de las representaciones. Quizás por este desaire —o por extravío del libreto— la Avellaneda no efectuó las modificaciones que pretendía hacerle ni lo incluyó en su colección de *Obras Completas,* que publicó en Madrid en 1872 en la editorial Rivadeneira.

Enfriada aquella amistad, Tula decide marcharse a Madrid acompañada de la esposa de su primo Castro que había venido a Sevilla para conocerles. Poco después su hermano Manuel se les reúne allí. Su madre y sus tres hermanitos tampoco tardan en reunirse con Escalada que ha sido trasladado a Madrid.

Una carta de presentación de don Alberto Lista le permite a la señorita Gómez de Avellaneda conocer a don Nicasio Gallego, quien a su vez la presenta a sus amigos los poetas don Bernardino Fernández de Velasco, Duque de Frías, Académico; don Manuel José Quintana, considerado decano de los poetas españoles, Presidente de Instrucción Pública y ayo instructor de la reina y de su hermana la infanta Luisa Fernanda, y también a don Ventura de la Vega, discípulo de Lista y profesor de Isabel II. La amistad y consejos de estos ilustres hombres acicatean su deseo de saber y con verdadero ahínco se dedica al estudio. Poco tiempo después publica su primer libro de poesías y todos los Liceos de España la honran nombrándola Socia de Mérito.

Su presentación en el famoso Liceo literario de los duques de Villahermosa —punto de reunión de los que concurrían al Ateneo y al Parnasillo, pues no respondía a matices políticos, sino al interés de novedad literaria— fue extraordinaria. Don José Zorrilla, que había sido llamado para que diera lectura a unos versos de un poeta incógnito, la ha contado así: «Subí a la tribuna y leí como mejor supe unas estancias endecasílabas que arrebataron al auditorio. Rompióse el incógnito y, presentada por mí, quedó aceptada en el Liceo, y por consiguiente en Madrid, como la primera poetisa de España la hermosa cubana Gertrudis Gómez de Avellaneda». [12]

Abiertas ya las puertas de la fama, ahora frecuenta el Ateneo y el Liceo donde también asiste su amiga, la dulce poetisa Carolina Coronado. Son ellas las flores de aquel senado literario integrado por los escritores más famosos del romanticismo español, casi todos académicos u hombres de alta posición social y política. Ya no está sola, porque además de los anteriormente citados, también se honra con la amistad del Duque de Rivas, de Francisco de la Rosa, Roca de Togores, Pastor Díaz, Bretón de los Herreros, Escosura, García Gutiérrez, Espronceda, Zorrilla, García Tassara, Hartzenbusch... Pero con el crecimiento de su fama como mujer

12. José Zorrilla, *Recuerdos del tiempo viejo* (Madrid, 1882), Tomo III, p. 131.

121

de letras se aparejan también críticas, murmuraciones y punzantes sátiras. Ignorando el drama amoroso que hoy conocemos, muchos no comprenden que una joven de sus condiciones «pudiese permanecer fría e incólume» ante las pasiones que despertaba. [13]

Trabaja con extraordinaria dedicación y poco a poco van saliendo a la luz pública sus novelas *Sab*, *Dos mujeres*, *La Baronesa de Joux*, y *Espatolino* y sus dramas *Alfonso Munio* y *El Príncipe de Viana* que estrena en 1844. Luce feliz, aunque a veces parecen invadirla sentimientos encontrados... «Es en estos momentos —como dice con el elegante eufemismo Ramón Gómez de la Serna— cuando se produce un embudo de agua en su vida sumiéndose con Tassara en el dulce naufragio de la poesía»... «pero despide tal resplandor su pasión que no se le ve —aunque no se ocultan— y los biógrafos resbalan ante esta evidencia pasional...» [14]

Celos e incomprensiones producen un trágico rompimiento. Gertrudis resiste valientemente el golpe y se aleja de Madrid. En una casa de campo nace la pequeña Brunhilde, debilucha y enfermiza, quien siete meses después muere, el 9 de diciembre de 1845 [15] y cuya acta de defunción la describe como María García Gómez, hija de Gabriel, natural de Sevilla y Gertrudis, de la isla de Cuba. Su dolor profundo, su orgullo y su amor pisoteado los ha encerrado. Tula estoicamente y tratando quizá de evitar más murmuraciones, cambia de domicilio en varias ocasiones.

Por mucho tiempo los biógrafos de la poetisa trataron de saber quién despertó los celos de Tassara; pero después de la publicación del epistolario en 1907, casi todos estuvieron contestes en que no podía ser otro que Cepeda. Sin embargo, al leer cuidadosamente esas cartas, podemos comprobar que existía amistad entre ambos coterráneos y que por lo menos tres veces Gertrudis menciona el nombre de Tassara: una para que le averigue ciertos datos sobre su familia y dirección, otra para agradecerle su envío, y la tercera, en con-

13. Emilio Cotarelo Mori, Ibid. (Tomo XVI, febrero de 1929). Cuaderno LXXVI, p. 20.

14. Ramón Gómez de la Serna, *Antología. Poesías y cartas amorosas de Gertrudis Gómez de Avellaneda* (Buenos Aires: Colección Austral, 1948), p. 11.

15. Mario Méndez Bejarano, *Tassara. Nueva biografía crítica* (Madrid, 1928). Contiene cartas de la Avellaneda.

testación a una pregunta de Cepeda, para indicarle que le es indiferente que le hable de ella si él le preguntara, pero que prefiere que no toque el tema.

Algunas lecturas sobre los orígenes del partido Reformista en Cuba en tres de los primeros trabajos históricos que aparecieron sucesivamente en los años 1900,[16] 1901[17] y 1902[18] no sólo nos hicieron recordar el amor que la Avellaneda sintió siempre por Cuba y el gusto con que en su casa se recibían las visitas de cubanos que llegaban a la Metrópoli, sino que nos han proporcionado lo que pudiera ser una pista que nos condujera a una explicación, o al menos a una hipótesis, acerca de cuál fue el verdadero motivo de los celos de Tassara. Es apenas un indicio que dejamos anotado —tal vez alguien se interese por su comprobación en futuras investigaciones—. En los trabajos mencionados se relatan los esfuerzos hechos por José Antonio Saco, Domingo Delmonte y otros patriotas, por conseguir en la Corte reformas beneficiosas para Cuba, y muy especialmente para el trato a los esclavos negros y sus descendientes. Entre esos otros patriotas se encontraba el poeta don Lorenzo Allo —gran amigo de Saco y Delmonte desde sus tiempos de estudiantes en el Colegio Seminario de San Carlos, en La Habana— el cual, habiendo llegado a Madrid en 1840 para hacer la reválida de su título de abogado obtenido en 1838 en la ciudad de Puerto Príncipe, a la que estaba ligado —como la Avellaneda— por su familia materna, se dispuso en seguida a visitarla.

Esta coincidencia nos hizo investigar un poco más sobre el particular, y en el libro que sobre la Avellaneda compuso José Augusto Escoto[19] encontramos los detalles que —sin asumir lo que es muy aventurado asumir— referimos a vuestro juicio:

Allo era nueve años mayor que Gertrudis, cultivaba con éxito la poesía y el ensayo y esa afinidad les unió en una sincera y desinteresada amistad. Su padre era hombre de gran cultura, hablaba varias lenguas y había sido agregado

---

16. Juan Arano, *Páginas para la historia de la Isla de Cuba* (La Habana, 1900).

17. Vidal Morales, *Iniciadores y protomártires de la revolución cubana* (La Habana, 1901).

18. Emilio Blanchet, *Abreviada historia de Cuba* (La Habana, 1902).

19. José Augusto Escoto, *Gertrudis Gómez de Avellaneda. Cartas inéditas y documentos de 1859 a 1864* (Matanzas: Imprenta «La Pluma de Oro», 1912).

a algunas embajadas españolas, por consiguiente, Allo tenía gran educación y maneras sociales. Tula lo presentó a Zorrilla con quien tuvo estrecha amistad, así como a Hartzenbush, a García Gutiérrez, al Duque de Rivas y a otros «príncipes de las letras españolas».

Después de largo tiempo en Madrid esperando ver discutidas las ponencias reformistas, y convencido de la imposibilidad de lograrlo, don Lorenzo Allo decidió unirse al grupo anexionista en los Estados Unidos y así se lo expresó a su ilustre coterránea cuando vino a despedirse.

La Avellaneda no deseaba ver a Cuba desprendida de la Corona española, sino engarzada a ella con todos los derechos que como provincia le correspondían y con las reformas administrativas y sociales que aún España estaba reclamando para sí. Ahora ambos amigos tenían diferentes puntos de vista políticos, como consecuencia del cambio de actitud adoptado por don Lorenzo. No obstante, se despiden con afecto y simpatía, y para dar prueba de ello deciden hacer la traducción del Miserere.

Cada uno tiene su propia y diferente preocupación y en el Miserere lo expresan a su modo: Allo lo transcribe textualmente y añade al final tres estrofas para implorar la suerte de Cuba, la Avellaneda hace una paráfrasis tremendamente romántica como expiatoria de su pecado.

Rotos definitivamente los lazos entre la Avellaneda y García Tassara, éstos, cuando se encuentran en salones y tertulias sólo se saludan cortesmente. El se dedica a sus versos y a la diplomacia y logra ser nombrado Ministro Plenipotenciario en los Estados Unidos. [20] En 1872 publica en un libro su colección de poesías entre las cuales figura una dedicada a Carolina Coronado y cinco a una mujer incógnita. De éstas, tres son muy sarcásticas y vulgares, reflejando ira, celos y desprecio; las dos restantes, tiernas y adoloridas, dedicadas a «Laura», que es como él llamaba poéticamente a Gertrudis. [21] El grupo viene a ser como la semblanza en cinco tiempos de una mujer a quien amó e hizo sufrir en igual medida,

20. *Guía oficial* (Madrid, 1857).

21. Gabriel García y Tassara, *Poesías de don Gabriel García y Tassara. Colección formada por el autor* (Madrid: Rivadeneira, 1872).

y una especie de crónica del mundillo literario y social en que ambos vivieron.

En cuanto a la Avellaneda, las penas que la agobian las guarda muy dentro de sí y las cubre con sonrisas. Es la poetisa mimada de la alta sociedad. Frecuenta las tertulias de las más nobles damas y no hay efemérides que se celebre o halago que quieran hacerle a la joven reina para el que no se le pida su concurso.

En 1846 publica su novela histórica *Guatimozín* y da a conocer su compromiso matrimonial con don Pedro Sabater, gobernador civil de Madrid y diputado a Cortes a quien ella profesa tierna amistad. Es admirador de la poesía, la cual cultiva discretamente. Su apariencia es atractiva y robusta; pero está sentenciado a muerte prematura por un cáncer laríngeo. A su propuesta de matrimonio Tula accede con dulce y compasiva sinceridad que expresa en una pequeña composición poética cuya primera estrofa ofrecemos a continuación:

> *Yo no puedo sembrar de eternas flores*
> *la senda que corréis de frágil vida;*
> *pero si en ella recogéis dolores*
> *un alma encontraréis que los divida.*

El matrimonio tuvo efecto el 10 de mayo de 1846, según registra el «Heraldo» de Madrid, y los padrinos de la boda fueron el duque de Frías y su esposa. Tres semanas después los recién casados, acompañados de una pequeña comitiva, salieron para París en busca de remedio al mal que padecía Sabater por medio de la cirujía. La operación la llevó a cabo uno de los más célebres cirujanos de la época, pero ésta precipita el final y en menos de tres meses Gertrudis queda sola. Se recoge por un tiempo en un convento de Burdeos y reconfortada por la fe sale dispuesta a continuar su carrera literaria. Escribe entonces unos bellísimos versos a la memoria del ausente y entretiene su melancolía releyendo y comentando las cartas y los ensayos escritos por Sabater con su amigo Cepeda, que ha vuelto de nuevo a Madrid. La amistad entre ellos se ha hecho más seria y el viejo epistolario sigue creciendo, ahora más filosófico y espaciado porque Cepeda se ha marchado a París. Ella tiene treinta y tres años, y más madura espiritualmente escribe un Devocionario en prosa y verso el cual desaparece de la casa editora. Irónicamente, muchos años más tarde el primer original fue encontrado en la biblioteca de Menéndez y Pelayo, en Santander.

Corre el tiempo y los acontecimientos políticos, sociales y económicos del año 1848 y siguientes, que se suceden tanto en España como en Francia, absorben la atención de la intelectualidad; pero resbalan ante la Avellaneda, la bizarra figura femenina del movimiento romántico español, porque ella vive absorta en su quehacer literario y sus horas libres están embargadas por el esplendor de la vida artística y social de la Corte. La condesa de Montijo, gran amiga de la Avellaneda, ha sido nombrada Camarera Mayor de la Reina, por lo cual la poetisa frecuenta las fiestas de palacio y las privadas de la condesa, quien al fin renuncia a su alta posición palaciega convirtiéndose en «leader» de la alta sociedad de Madrid, circunstancia que le permite después casar a su hija Carlota con Napoleón III y a la pequeña Paca con el duque de Alba.

Tula asiste a los bailes y saraos ofrecidos por la reina en el Escorial y en la Granja, muchos de cuyos eventos quedan recordados en hermosos versos que, como los que dedica en 1849 a describir el ambiente de los salones del real sitio de la Granja, parecen adelantarse al modernismo de Rubén Darío:

> *Es grato el ambiente de aquellas estancias*
> *Que en torno matizan maderas preciosas*
> *Do en vasos de China despiden fragancias*
> *Itálicos lirios, bengálicas rosas.*

Con su influencia social y su fama bien ganada como dramaturga, Gertrudis Gómez de Avellaneda, que ahora añade a su nombre el de viuda de Sabater, estrena con gran éxito su drama *Saúl* y del 1850 al 1852 presenta las obras *Flavio Recaredo, Errores del corazón, El donativo del diablo, La verdad vence apariencias* y *La hija de las flores*, que obtiene un éxito clamoroso. Y habiendo fallecido don Juan Nicasio Gallego, su querido maestro y consejero, hace la correspondiente solicitud como aspirante a ocupar el sillón vacante en la Real Academia de la Lengua. Una votación previa sobre si una mujer debe tener un asiento en tan prestigiosa institución resulta adversa, por lo que queda definitivamente eliminada la posibilidad de que sea considerada su candidatura. Como si esto fuera poco para su sensibilidad de mujer, meses después Cepeda le anuncia que va a contraer matrimonio con una señorita de Sevilla.

El año 1854 no ha sido un año propicio para la Avellaneda; pero tampoco lo ha sido para la nación española, puesto que ha habido revolución en los mandos militares y motines y desórdenes populares, por lo que la reina Isabel II se ha visto precisada a cambiar el gobierno y formar un gabinete de coalición. Cuando las aguas se aquietan, Gertrudis y el coronel Verdugo —ayudante de Campo del rey Francisco— antiguo y ferviente admirador suyo y hombre atractivo, generoso y educado por quien la poetisa siente afecto y gran respeto, anuncian su compromiso matrimonial. La ceremonia se lleva a cabo en el Palacio Real el 26 de abril de 1855 y los padrinos fueron los propios soberanos.[22]

Don Domingo Verdugo, al que ella prefiere llamar «Hugo», la anima a terminar sus obras y a empezar otras. Así estrena una comedia en verso, *Oráculos de Talía* y la pieza en un acto, arreglo del francés, *La hija del Rey René*; y al año siguiente, *Los tres amores* y su drama bíblico *Baltasar*, que es su mejor obra, el broche de oro con que cierra su producción dramática.

El romanticismo casi ha pasado ya; pero la Avellaneda, que no ha entrado en la moda del naciente género de la alta comedia, cultiva un moderado eclecticismo que la mantiene aún con toda su gloria. Sin embargo, durante la representación de su comedia *Los tres amores*, ya sea por enemistad política o simplemente por ridiculizar la obra, alguien, sin respetar la presencia de los reyes, se propuso hacer una broma de mal gusto que provocó una riña y, por consiguiente, la suspensión de la función.[23] Días después —el 14 de abril de 1958— como secuela del incidente, el coronel Verugo es objeto de un atentado personal y queda herido de gravedad.

En el otoño de 1859, cuando la reina nombra al general

22. Emilio Cotarelo y Mori, Ibid. (Tomo XVI, febrero de 1929), Cuaderno LXXX, p. 561.

23. ———, Ibid., p. 570.

Serrano —marqués de la Torre y conde de San Antonio— como Capitán General de la Isla de Cuba, éste, cuya esposa es la joven y bellísima hija del magnate cubano Iznaga, le propone a Verdugo que les acompañen a La Habana. Pero la alegría de Gertrudis por la vuelta a la patria se ve enturbiada por el delicado estado de salud de su madre que muere en España poco tiempo después.

Ya en Cuba, el General Serrano nombra a su amigo gobernador de Cienfuegos y más tarde de Cárdenas. En ambos lugares dejó un recuerdo imperecedero por su nobleza y caballerosidad y por su gran interés de poner en práctica un efectivo programa de obras públicas. En cuanto a Gertrudis, se le rindieron altos homenajes por el Liceo de La Habana donde fue coronada por su gran obra literaria con una corona de laurel de oro macizo. [24] En Puerto Príncipe, su ciudad natal, la Sociedad Filarmónica le ofreció un extraordinario homenaje [25] al que asistieron las más distinguidas familias y una gran representación popular.

La actividad intelectual de la Avellaneda continúa: funda y publica durante seis meses el «Album cubano de lo bueno y de lo bello», revista quincenal femenina donde aparecen, junto con algunos viejos trabajos suyos, nuevos cuentos, leyendas y biografías, una serie de artículos sobre la mujer y algunas poesías. En 1861 da a la publicidad la novela *El artista barquero o los cuatro cinco de junio*, la cual dedica a la duquesa de la Torre.

Su vida «bajo el hermoso cielo de nuestra Antilla» [26] se desliza plácidamente a pesar de la precaria salud tanto de «Hugo» como de ella misma. La alienta el cariño de su hermano Manuel y de su esposa, la acaudalada dama cubana doña Julia de Lajonchère, los cuales vivían en la villa de Guanabacoa, muy cerca de La Habana. Pero en la primavera de 1863 Manuel y Julia deciden irse a vivir a París; y por si esto no fuera bastante desventura para Tula, don Domingo Verdugo muere en la ciudad de Pinar del Río el 28 de octu-

24. José Augusto Escoto, Ibid., capítulo 4, p. 123.

25. ———, Ibid., capítulo 5, p. 129.

26. Gertrudis Gómez de Avellaneda, *El artista barquero o Los cuatro y cinco de junio* (La Habana: Librería e Imprenta «El Iris», 1861), frase tomada de la dedicatoria del libro a la duquesa de la Torre.

bre de ese mismo año. Nuevamente sola y vencida por la pena reúne los trabajos literarios que produjo durante su estancia en Cuba y apoyada en el cariño de su hermano Manuel, que vino expresamente a buscarla, se dispone a regresar a España. Antes de partir, como prueba de humildad, deposita fervorosamente ante el altar mayor de la iglesia de Nuestra Señora de Belén la aúrea corona de laurel con que le había rendido homenaje el Liceo de La Habana.

El 21 de mayo de 1864 embarcan ambos hermanos para España vía Nueva York. Allí se detienen por dos meses. Visitan las Cataratas del Niágara y la tumba de Washington, lugares a los cuales Verdugo le había prometido llevarla, y pasan además varios días en las ciudades de Washington, Filadelfia y Nueva York visitando algunos amigos y parientes. Abraham Lincoln es el presidente de los Estados Unidos, pero el alma conturbada de la autora de *Sab* no puede ahora sentir inspiración para cantar al libertador de los esclavos. Su prodigiosa vena lírica parece haberse agotado. A su regreso al Madrid de sus triunfos juveniles lleva sólo una poesía en recuerdo de Heredia, el cantor del Niágara, cuyas dos últimas estrofas son un homenaje de admiración a la obra del progreso del pueblo americano, admiración que ya había mostrado en el soneto de Washington que luego vuelve a publicar embellecido con las modificaciones que le hace al original de 1841.

La salud de la Avellaneda está quebrantada. Decide trasladarse a Sevilla y allí hace amistad con la novelista Fernán Caballero (Cecilia Böhl), quien por una concesión de la reina está viviendo en el Alcázar. Su actividad literaria durante cuatro años casi se limita a la revisión de sus obras para su publicación en cinco volúmenes, aunque disfruta a veces de cortas temporadas en Puerto Real. En 1867 publica *Catilina*, que había dedicado al joven don Luis Coloma, más tarde el famoso Padre Coloma, autor de *Pequeñeces*. Además escribe a Cuba haciendo una formal protesta por la pretensión de un grupo de poetas de excluirla del Parnaso Cubano, y rehace el «perdido» devocionario el cual publica en Sevilla en 1867 bajo el nombre de «Devocionario/nuevo y completísimo/en prosa y en verso» y lo dedica a la infanta doña María Luisa Fernanda, duquesa de Montpensier.

9

España se encuentra convulsionada y la reina ya no puede sujetar las riendas del poder a pesar de sus variados cambios de gabinete. El populacho la adora, pero los políticos y los nobles no. En 1868 es su amigo, el general Serrano quien prepara con unos pocos generales el asalto a palacio. El «general bonito» de los años mozos de Isabel II toma el poder y con él su esposa. Pero ahora la duquesa, su joven amiga y coterránea, esquiva a Tula porque la era isabelina ha terminado y ella va a ser la señora Regenta.

Todo ha cambiado. La reina y su familia, que veraneaban en San Sebastián, al saber lo sucedido han pasado la frontera y se han refugiado en París, y muchos miembros de la nobleza y del gobierno han dejado el país. La atmósfera madrileña no es grata para el viejo romanticismo que cede definitivamente el terreno al realismo y al naturalismo, donde ya muchas figuras descuellan. Pero Gertrudis se resiste a dejarse vencer por el desaliento. Se traslada nuevamente a Sevilla, reanuda su amistad con Fernán Caballero, que aún la llama «Gertrudis la Magna», y escribe su simpática comedia *El millonario y la maleta* que al fin no llega a poner en escena. Su hermano Manuel ha muerto y esta vez se marcha a Madrid acompañada de la viuda, su querida cuñada Julia de Lajonchère, que permanece unida a Tula y al resto de la familia y que años después se casa con don Emilio Escalada y Arteaga, hermano de madre de la poetisa.

La Avellaneda sabe que el tiempo es corto para dar cima a la tarea que se ha impuesto de revisar y publicar sus obras completas —que ha de dejar luego como legado imperecedero a la Real Academia— y aunque sus ojos se van apagando debido a la aguda diabetes que padece, trabaja sin cesar. Recibe todavía visitas y algunos autores jóvenes le envían sus obras en busca de una crítica sincera; pero de aquellos admiradores y amigos de antaño no ha sabido más. Unos han muerto y otros, sumidos en sus propios quehaceres, la han olvidado ya. Practica activamente la caridad y un cierto sentido místico que la envuelve aumenta su pura y fervorosa religiosidad. Muere cristianamente a las tres de la madrugada del día primero de febrero de 1873, antes de cumplir sesenta años, opacada su belleza y extraordinariamente envejecida. La antorcha que había alumbrado sus triunfos líricos se había apagado. Diez días después las Cortes declaran el establecimiento de la Primera República española.

De la intensa labor literaria de Tula queda su colección de obras, y de su belleza y distinción la imagen que en extraordinarios retratos dejaron a la posteridad los pinceles de Madrazo, de Esquivel y de Sánchez Pescador. En la vieja ciudad de Camagüey —su amada Puerto Príncipe— una sencilla placa de mármol en la fachada de una antigua casa colonial señala el lugar donde nació. Y en un callado cementerio de Sevilla, una blanca lápida marca el sitio donde descansan sus restos.

Como todo en este mundo, la gloria de Gertrudis Gómez de Avellaneda pasó. El eco de sus triunfos y de su brillante personalidad se fue apagando, y ni el halago ni el escarnio tuvieron más que hacer con ella. Pero hoy, al mortecino resplandor de su recuerdo, el corazón de muchos de sus coterráneos se encoge al evocar un soneto y un barco que, al partir hacia el destierro en noche oscura y triste, «las olas corta y silencioso vuela...».

LAS IDEAS FEMINISTAS DE
GERTRUDIS GOMEZ DE AVELLANEDA [1]

NELLY E. SANTOS
Baruch College, CUNY

El propósito del presente trabajo consiste en destacar las ideas feministas de Gertrudis Gómez de Avellaneda perdidas entre los hilos endebles de la comunicación del romanticismo hispánico.

Para valorar la personalidad feminista de Gertrudis, sería oportuno trazar un marco socio-histórico de su siglo para resaltar la incipiente herencia cultural de su condición humana. Este contexto histórico, entonces, puede ser valorado en función de los influjos externos que se expresan en toda obra de creación.

Desde las primeras obras literarias en lengua castellana se nos ofrece una extensa producción sobre el tema de la mujer, aunque la controversia no parece comenzar hasta el advenimiento al trono de Alfonso X y, más concretamente aún, con la facción que éste toma en sus *Siete partidas*, ese importantísimo documento para conocer la vida social y las costumbres del siglo XIII.

En su Partida II declara un ideal distinto respecto a la misión de la mujer que lo eleva a ser el primer feminista de la literatura castellana. [2] Además, si consideramos que, en la

1. Este papel fue leído en el symposium conmemorativo al centenario de la muerte de Gertrudis en el State University College de New Paltz, New York, octubre 27, 1973.

2. María del Pilar Oñate, *El feminismo en la literatura española.* (Madrid: Espasa-Calpe, S. A., 1938), p. 14.

Edad Media, feminismo era proclamar la igualdad de los sexos ante la virtud, colegimos que el Rey Sabio se adelantó a su tiempo al promulgar para la mujer el derecho a la cultura, ideal que constituirá la polémica feminista desde el Renacimiento.

Durante el siglo xv, la polémica feminista se hizo más agria y su eco llegó hasta el siglo siguiente donde las ideas del humanismo renacentista permitieron el brote de mujeres destacadísimas como una prueba irrevocable de que la cultura era un patrimonio común de ambos sexos.

Santa Teresa y sor Juana Inés de la Cruz son gloriosas afirmaciones del feminismo de los siglos xvi y xvii. Ellas inauguran el nuevo fenómeno, la defensa de su sexo, que contribuiría a elevar la condición cultural y social de la mujer en los estrechos lazos de la hispanidad. Esta última, mujer feminista por excelencia, nos ha legado con su *Carta-Respuesta a Sor Filotea,* la carta magna de la emancipación femenina,[3] al mismo tiempo que afirma sus puntos de vista sobre la libertad intelectual de la mujer.

Como un epígono de este nuevo fenómeno socio-cultural aparece el romanticismo que produce una nueva manera de ser, una diferente actitud ante la vida, en todos los aspectos. Aunque el romanticismo fue un movimiento genuinamente literario ejerció una decisiva influencia sobre las demás artes, las costumbres y la política; posiblemente, la más decisiva de cualquier otro movimiento en cualquier otra época.

Es precisamente en esta revolución ideológica en donde hay que anotar el fenómeno característico de nuestro tiempo, la identificación del intelectual, del artista, con un determinado ideario a cuyo servicio pone lo mejor de su pensamiento y su arte; el reconocimiento de la capacidad con que una conciencia artística puede contribuir, en la medida de sus fuerzas, a proponer esquemas teóricos y pretender con ellos dar una solución a los problemas del hombre no resueltos en períodos históricos anteriores. El espíritu romántico, sin duda, recoge el hito del siglo y medio anterior, cuando Quevedo y Gracián, buscándose a sí mismos, levan-

3. Alberto G. Salceda, Edición, introducción y notas al t. IV de *Sor Juana Inés de la Cruz, Obras Completas.* (México: Fondo de Cultura Económica, 1957), p. XXII.

taron un mundo nuevo, mundo que exigía una expresión cuyos módulos ya era inútil buscar en el pasado.

Como el espíritu histórico se compagina con la creación literaria, entre los resurgimientos ideológicos hay que incluir las voces del feminismo español del siglo XIX que integraron una nueva dimensión a la expresión estética, enriqueciendo la temática del escritor.

Ya nos parece nimio repetir, a manera de artículo de fe, que el feminismo hispánico no tiene sincronización con lo que hoy se conoce como el movimiento feminista internacional. Si existiera una historia escrita del feminismo español, en el siglo XIX se inscribiría la curva ascendente que marca el triunfo de las ideas feministas en España, complementando la enorme voz del feminismo internacional. [4]

El vilo de sus voces, pues, se debe a la diástole y sístole de la política nacional, más que a una desincronización ideológica. El siglo XIX, tan agitado en toda Europa, se abre para España con la fecha de la lucha por la independencia nacional, 1808, y se cierra con la liquidación del imperio colonial de ultramar, 1898.

La guerra de la independencia, entonces, retrasó algunos años el desarrollo de la revolución literaria que constituyó el romanticismo en España; y, la efervescencia política, detuvo fuera de las lindes españolas el Movimiento. Entre 1808 y 1833 no hubo en España sino guerrilleros en vez de literatos, agitadores en lugar de poetas y conspiraciones reemplazando las tertulias de los más famosos cafés madrileños. [5] En tales circunstancias, mal podía florecer en el suelo español un feminismo combativo.

Las mujeres se destacan en el panorama intelectual de España como figuras del campo literario más que por su activa intervención en las lides políticas. [6] Aún una mujer de

4. Si anotamos como la década decisiva para el triunfo de las ideas feministas en Inglaterra, Francia y los Estados Unidos, 1840-1850, época en que la mujer adquiere las bases de su organización política, hay que anotar que desde 1839 (*El Panorama*), 1843 (*El Salmantino*), acogen copiosos artículos en favor de los derechos femeninos, consúltese a Iris M. Zavala, *Románticos y Socialistas (Prensa española del XIX)*. Madrid: siglo XXI de España Editores, S. A., 1972, pp. 106-119.

5. Federico C. Saínz de Robles, *Los movimientos literarios*. (Madrid: Aguilar, 1957), p. 376.

6. Son la excepción las heroínas zaragozanas y la notable granadina Mariana Pineda (1804-1831).

tan enérgica personalidad y complejo talento como doña Emilia Pardo Bazán, se limita al proceso de ósmosis socio-cultural que evidencian sus novelas, dejando así permear toda la problemática de su tiempo, aunque con interés puramente literario en su obra. Es decir, es evidente que todas las figuras femeninas significativas de la España del XIX luchan con armas literarias.

Transcurrida la primera mitad del siglo XIX vuelve a ocupar la polémica feminista el problema de la instrucción de la mujer, esta vez planteado en el terreno práctico por la gran penalista y pensadora gallega, Concepción Arenal. Con su intervención se lleva a efecto la fundación de la primera «Asociación para la enseñanza de la mujer», cuyo objetivo principal era el de contribuir a elevar a un mejor destino la condición social femenina.

Gertrudis, entonces, vivía en España desde 1836. Ya había logrado triunfar como poeta y autora dramática, al mismo tiempo que se sentía ardiente defensora de las ideas de libertad y progreso, haciendo de su vida fehaciente ejemplo. Para exponer las ideas feministas de la poeta cubana y encontrar el alegato abolicionista de su prosa, nos pareció prudente dar al olvido todo razonamiento expuesto por sus personajes novelescos y dramáticos y reducirnos al límite de su estilo periodístico por creerlo el índice de su verdadera personalidad feminista.

De esta manera, la selección de los cuatro artículos publicados bajo la denominación genérica «La mujer»,[7] no es caprichosa sino que obedece a una razón más importante que nos concierne destacar aquí. Se apoya, principalmente, en que éstos surgieron de la tan belicosa confrontación con los académicos españoles al rechazar «por cuestiones de sexo», el nombramiento de Gertrudis a miembro de la Academia Española. En efecto, como ha indicado Cotarelo,[8] la selec-

7. Publicados en el *Album cubano de lo bueno y lo bello*. Revista quincenal de moral, literatura, bellas artes y modas. Dedicada al bello sexo y dirigida por Gertrudis, en 1860. Fueron reimpresos en *La América* de Madrid, el 8 de abril de 1862, pp. 8 a 10; y en parte, fueron reimpresos también en el *Diario de la Marina* de La Habana, el 7 de abril de 1909. Están recogidos en sus *Obras literarias completas*. (Madrid: M. Rivadeneyra, 1871, t. V), pp. 283-306.

8. Emilio Cotarelo y Mori, *La Avellaneda y sus obras*. (Madrid: Tipografía de Archivos, 1930), p. 350.

ción mencionada es de poquísimo valor estético, aunque de un valor histórico incuestionable para el tema que perseguimos.

En enero de 1853 falleció don Juan Nicasio Gallego, amigo y mentor de Gertrudis, individuo de número de la Real Academia Española a quien la poeta aspiraba a suceder. Gertrudis anhelaba con vehemencia el nombramiento, aunque a veces fingía hacerlo por razones de amistad y lealtad. Su carta del 3 de enero del mismo año, 1853, debe servirnos como una radiografía sentimental. En ella expresa un argumento decisivo:

«(La Academia)... no podrá menos que desear que alcance alguna honrosa distinción la pobre mujer poeta, que se ve privada por su sexo a aspirar a ninguna de las gracias que están alcanzando del Gobierno sus compañeros literarios, no cediendo a ninguno en laboriosidad y en amor a las letras, y que hallará justo y debido y honroso para la Academia el compensarme en cierto modo, mostrando que no es en España un anatema el ser mujer de alguna instrucción; que el sexo no priva del justo galardón al legítimo merecimiento». [9]

Si tomamos la cita anterior como un inocente desahogo de vanidad, no estaríamos haciendo justicia a esta mujer superior que, sintiéndose agraviada, no hacía sino reclamar un sitio merecido en la cima de las letras españolas. Hoy podemos leer su argumento como una queja de aquella «mujer enorme» que se describió a sí misma como «una criatura que... consulta más a sus instintos que a su razón». [10]

Poco después, inmersa en una aureola de fracaso, recibe Gertrudis una carta del marqués de la Pezuela, que viene a confirmar sus temores:

«En mi juicio —le dice— casi todos valíamos menos que usted; pero, sin embargo, por la cuestión del sexo (y el talento no debe tenerlo), los partidarios de usted sufrimos todos la pena de no contarla a usted, por ahora, entre nuestros académicos». [11]

9. Citado por Carmen Bravo-Villasante, *Una vida romántica, la Avellaneda.* (Barcelona: Editora y Distribuidora Hispano Americana, S. A., 1967), p. 176.

10. Véase su carta a Ignacio de Cepeda fechada en Madrid el 26 de marzo de 1854, recogida en *Antología*, prólogo y notas de Ramón Gómez de la Serna. (Buenos Aires: Espasa-Calpe, 1948), p. 148.

11. Citado por Carmen Bravo-Villasante, *Op. Cit.*, pág. 178.

Sólo con lo citado se podría argüir el recalcitrante anti-feminismo que animaba a los miembros de la gran institución académica. Con suma razón escribió Gertrudis en 1856:

«Soy acaso el único escritor de España que jamás ha alcanzado de ningún Gobierno distinción ni recompensa (sic) grande o chica. Mi sexo ha sido un eterno obstáculo a la buena voluntad que algunos Ministros me han manifestado, y mi amor propio herido ha tenido, sin embargo, que aceptar como buenas las razones que, fundándose siempre en mi falta de barbas, se han servido alegar». [12]

La Avellaneda sufrió toda clase de ultrajes literarios, después de la circulación de un romance satírico de Luis Fernández Guerra intitulado «Protesta de una 'individua' que solicitó serlo de la Academia Española y fue desairada», en el bando enemigo era peyorativamente designada con el nombre de «Doña Safo». [13]

El incidente con la Academia parece haber despertado el latente feminismo combativo que tantas veces su espíritu artístico explorara en heroínas novelescas y dramáticas, al encontrar una fraternal alianza e identificación con las causas abolicionistas que se nutrían en las voces feministas de su siglo en varios continentes. Este incidente sirve también un propósito dual, es la génesis y asunto de sus artículos publicados en La Habana, en 1860, cuando finalmente le es posible desplegar sus ideas emancipadoras en un órgano publicitario que funda y dirige, el «Album cubano de lo bueno y lo bello», revista quincenal de moral, literatura, bellas artes y modas, dedicada al bello sexo. [14]

Cuando se hubiera creído ya olvidado el disgusto de su madurez, lanzó al aire toda la amargura acallada durante los años; se expresó sobre la cuestión con tanta violencia polémica, atacando con tan dura ironía y feroz sarcasmo el an-

12. Carta dirigida a Leopoldo Augusto Cueto de fecha 20 de octubre de 1856, citada por Carmen Bravo-Villasante, Op. Cit., p. 187-188.

13. El romance satírico de Luis Fernández Guerra empezaba así:
«Yo, doña Safo segunda,
entre avellaneda y fresca;
musa que soplo a las nueve
y hago viento a los poetas...»
Citado por Emilio Cotarelo y Mori, Op. Cit., p. 254.

14. Esta primera entrega constaba de 384 páginas a dos columnas. Se editaba quincenalmente y desapareció el mismo año.

tifeminismo de los académicos que, a su lectura, no es necesario insistir en el valor histórico que estos artículos guardan para el estudio evolutivo de las ideas feministas de Gertrudis.

Al leer el primer artículo de los cuatro que forman la serie mencionada nos damos cuenta que la poeta conocía muy bien el desarrollo histórico de la controversia de las mujeres y que tenía plena conciencia de la posición emancipadora que habría de tomar la mujer de su siglo. Sin embargo, decir que Gertrudis era la continuación de aquel movimiento socioliterario del pasado sería exagerar, como lo sería hoy ver en sus palabras la afirmación al comentario de Cotarelo de que el último artículo de esta serie «era donde había la autora de desfogar sus iras contra el 'sexo dominador'».[15]

En más de una ocasión se ha comparado la obra de Gertrudis con la de sor Juana,[16] sin embargo, en lo que no se había insistido es en el paralelo evidente que arroja la lectura de su artículo tercero de esta serie, en donde se analiza a la mujer «respecto a su capacidad para el gobierno de los pueblos y la administración de los intereses públicos», con la *Carta-Respuesta a Sor Filotea*, de sor Juana. Ambos escritos esencializan la misma combatividad y enlazan las más puras actitudes feministas de las dos mujeres poetas.

En sus escritos ellas muestran a la mujer con una gran capacidad y aptitud para la administración del Estado y de los grandes intereses públicos, recurriendo a la Historia para apuntalar sus afirmaciones. Sor Juana y Gertrudis admiten que, aunque la mujer está dotada de muchas facultades, está mal educada y dirigida. Así lo exclama Gertrudis en un raudo vuelo de entusiasmo:

> «...y no olvidéis que las mujeres en ningún país del mundo somos educadas para sufrir fatigas, afrontar peligros, defender intereses públicos y conquistar laureles cívicos».[17]

Si el tratamiento esencial del tema las une, la calidad estética las separa. Como ya hemos anotado, no pretendemos

15. Emilio Cotarelo, Op. Cit., p. 350.

16. Véase a Raimundo Lazo, *Gertrudis Gómez de Avellaneda, la mujer y la poetisa lírica.* (México: Editorial Porrúa, S. A., 1972), pp. 54-56.

17. Gertrudis Gómez de Avellaneda, Op. Cit. t. V, p. 296.

afirmar que con los artículos de la poeta cubana ofrecemos al público una obra maestra desatendida; éstos sirven el propósito de nuestro trabajo, el de justificar la incorporación de su voz a una de las grandes preocupaciones de nuestro tiempo.

Como conclusión a ese largo desfile de heroínas, mártires y gobernantes ejemplares, la Avellaneda escribe, en su último artículo, sobre la capacidad científica, artística y literaria de la mujer. Y aquí nos habla Gertrudis «por la boca de la herida». El asunto produce una catarsis en su ánimo, pierde la contención y se entrega a los embates desencadenados de su temperamento.

De la capacidad científica de la mujer anota:

«Sería absurdo pretender hallar gran número de celebridades científicas en esa mitad de la especie racional, para la que están cerradas todas las puertas de los graves institutos, reputándose hasta de ridícula la aspiración de su alma a los estudios profundos. La capacidad de la mujer para la ciencia no es admitida a prueba por los que soberanamente deciden su negación, y causa sumo asombro que —aún así y todo— no falten ejemplos gloriosos de perseverantes talentos femeninos...» [18]

Nótese el tono irónico que ofrece Gertrudis en este pasaje; el mismo que parece transmirar la esencia de las famosas redondillas de sor Juana: «Queredlas cual las hacéis, / Hacedlas cual las buscáis».

La tentativa feminista de estos artículos culmina en la agudización de su propio recuerdo. El rechazo de sus aspiraciones a académica de la Española nos alcanza una vez más en las líneas formidables de su prosa, cuando ridiculiza los excesos antifeministas de los ilustres miembros de dicha institución diciendo:

«...no se crea tampoco que data de muchos siglos su aceptación en el campo literario y artístico... ese terreno le ha sido disputado palmo a palmo por el exclusivismo varonil, y aún hoy día se la mira en él como intrusa y usurpadora, tratándosela, en consecuencia, con cierta ojeriza y desconfianza, que se echa de ver en el alejamiento que se la mantiene de las academias barbudas... esas ilustres corporaciones de gentes de letras, cuyo primero y más importante título es el de 'tener barbas'».[19]

18. Ibid., pág. 302.
19. Ibíd., pág. 303.

Vemos cómo en este último artículo la defensa de la mujer ha degenerado en contienda en que, más que la afirmación o negación de las buenas cualidades femeninas, se ventila la primacía de un orgullo personal herido que esgrime el dardo de un feminismo exaltado. Y continúa:

> «Como desgraciadamente la mayor potencia intelectual no alcanza a hacer brotar en las partes inferiores del rostro humano esa exhuberancia animal que requiere el filo de la navaja, ella ha venido a ser la única e insuperable distinción de los literatos varones, quienes —viéndose despojados cada día de otras prerrogativas que reputaban exclusivas— se aferran a aquélla con todas las fuerzas de su 'sexo fuerte'».[20]

Cabe observar aquí que la Avellaneda habla con una gran sinceridad sobre un suceso polemístico, sin darle una perspectiva ajena a toda su intervención personal. Al desplegar una crítica acerba y sin riesgo de censuras declara, asimismo, que nunca, codiciosa de bienes personales, ha vendido su integridad y su verdad artística.

Gertrudis, por otra parte, con su perspectiva doble de mujer y de artista, disfrutó de un punto de vista extraordinario para observar y juzgar los problemas feministas de su siglo.

¿Qué aporta Gertrudis al feminismo como movimiento renovador?

Descontando el antecedente personal que mueve a la Avellanera a escribir los artículos, podemos anotar que la recreación del tema feminista equivale a esa complacencia en la expresión de los sentimientos que caracteriza a nuestros románticos; y que poco a poco ha de convertirse en un rasgo peculiar en la obra de nuestras escritoras.

Por otra parte, es interesante anotar que el tema que hemos visto expuesto en sus artículos escapa la obra lírica de Gertrudis pudiendo anotar, sin gran especulación, que la Avellaneda lo consideraba fuera de los lindes de la poesía ya que, la temática de una literatura activa o del romanticismo social, era considerada asunto de la prosa. De esta manera, Gertrudis no escapa de estas convenciones y ciñéndose

20. Ibíd.

140

al viejo cuño de la poesía no intenta desordenar los límites de los géneros literarios.

La mejor aportación de la poeta, entonces, se reduce al campo histórico ya que los artículos tratados reflejan, incuestionablemente, el clima ideológico de su autora, al mismo tiempo que constituyen un documento fehaciente de un interesante aspecto de la cultura española del siglo XIX.

SESION II: POESIA

MARIPOSA INSULAR

Emilio Ballagas

En una isla, en el centro de esta isla donde vamos a evocarla, nace Gertrudis Gómez de Avellaneda, para que se cumpliese en ella, mejor que en los dos Heredia —el francés y el cubano— la ley de la nostalgia tórrida. Las islas fueron siempre, y principalmente después del Renacimiento y de los descubrimientos geográficos, fábula del viaje; panorama de Simbad; cosa femenina y lujosa; presa codiciada del corsario, halago de los sentidos. Sol brillante, venas de miel, música enervadora. Y las mujeres criollas, la síntesis de la belleza morena; la leyenda de la pereza, la melancolía y la sensualidad. A este cuadro superficial responsable de lo que en Francia se ha tomado durante mucho tiempo por poesía haitiana y martiniquense, y en Europa en general por poesía de las Antillas, corresponde un reverso de dolor y de heroísmo. Pero la poesía y la música, de todos modos, han contribuído a que la mirada caiga donde hay aves de plumaje hermoso y largo «como palpables fragmentos de arco-iris», islas «hijas de las orgías sísmicas», maridadas con el poderoso huracán.

Lo que no se ha visto desde afuera, desde lejos de nuestras islas —miopía de un mundo que ganó en vastedad de visión espacial, cuanto perdió en el examen de la vida interior—, lo que no se ha visto con claridad es la tragedia de las islas y de sus hijos, destinados a servir a la voracidad de las metrópolis; islas seriamente asomadas al océano para avizorar y apoderarse también de la cultura, de las grandes ideas filosóficas, del destino de los pueblos. Islas con héroes y con santos y con poetas y con músicos. Insulas aisladas con

nostalgia de viajes y de latitudes; con hijos que las abandonan como se abandonan a una madre amada, al precio de
aprender a servirla mejor y volver a sus brazos para aupar-
las y sostenerlas con su amor. La nostalgia insular, tanto en
el sentido estético como en el más profundo de la inquietud
vasta anda dispersa y presente en toda la obra de la insigne
camagüeyana. Es criolla, hija de cubana, pero desde su juventud ha de sentirse como desterrada. Mira a su padre andaluz que se queja al morir de no dejar sus huesos en la tierra nativa y que ruega a la madre que «todo lo sacrifique por
llevar los hijos a España». Y ha de cantar en los versos mo-
vidos y luminosos de «La pesca en el mar»:

> *Yo a un marino le debo la vida*
> *y por patria le debo al azar*
> *una perla en un golfo nacida*
> *al bramar*
> *sin cesar*
> *de la mar.*

El mar un tanto homérico, porque no hay que olvidar
que Homero cantó mares isleños; el mar lleno de ruidos innumerables, agita el espíritu de la muchacha criolla, su isla
como una perla desprendida en una sacudida sísmica del
collar de una Atlántica fabulosa es también agitada por tor-
mentosos huracanes. Y el padre, algo así como el marino de
la leyenda, no aventurero, porque era un noble capitán de
servicio regular, pero sí conquistador, porque venía de tierra
cideña y cortesiana, de tierra andariega, para encontrar el
amor en tierra cubana, en una mujer de su misma tez andaluza y de un idioma más parecido al suyo que el castellano
hablado en el resto de España.

Hay que ser poeta y haber vivido en Camagüey para sentir cabalmente la nostalgia que se siente tierra adentro, la
impaciencia por acercarse al cinturón de espumas que rodea
a la isla; para no olvidar que se sigue queriendo siempre este pedacito de tierra nativa, donde si no completamos toda
nuestra cultura, sí cerramos el ciclo de las impresiones defi-
nitivas, con el perfume de la niñez junto a los jazmines del
arriate, cerca del tinajón que levanta su corola, su campánu-

la roja desde el caliz fresco del musgo verdinoso que abraza su base. Hay que haber abandonado alguna vez la isla, cruzar el Atlántico, perder de vista el paisaje y llegar adonde el clima es distinto, se habla otro lenguaje o el nuestro cobra reciedumbre inusitada. Hemos ganado de pronto la cultura matriz; nuestra juventud americana va a injertarse de veras en el tronco viejo, a nutrirse de la vieja raíz grecolatina. Pero Cuba está presente en nuestros sueños, y las palmas siguen en los ojos y la caña en nuestra habla. Y el Heredia francés, Joseph Marie de Heredia, cantará con voz cubana en acento francés a la fuente de la India que en el parque habanero simboliza la feracidad de nuestra tierra. Y la herencia tropicalista alcanzará a la hija, Gerard D'Houville, que ya no tiene nada de cubana.

Mucho soñaría Gertrudis Gómez de Avellaneda agitar sus alas brillanes de mariposa del trópico; atravesar la campiña y seguir por sobre el mar, como la mariposa en la discutible obra dramática de Don Jacinto. Cuando cierto día del año 1836, al caer la noche, cuyo trono guarda «un silencioso ejército de estrellas», Tula observaba los movimientos de la tripulación izando las velas del navío en el puerto de Santiago de Cuba, la gran nostalgia, la terrena nostalgia del paisaje va a tomar cuerpo de soneto:

Adiós, patria feliz, edén querido.
¡Doquier que el hado en su furor me impela
tu dulce nombre halagará mi oído!

Como un motivo dominante, el de patria no sólo halagará su oído, sino que habrá de acongojarla. Más tarde ha de escribirle a una prima desde España y se lamentará de no vivir en nuestro clima de maravilla. Pero la Avellaneda ha de ser ya la Peregrina, el ave de paso por la tierra que es posada y camino, pero que más es camino para la morada de paz. Cuando la tierra patria la retenía era como una desterrada de la patria de su padre; cuando abandona la isla querría volver a ella. No la ha ganado el mundo, pero Dios va a ganarla.

Esta gran mariposa embriagada de sol como la que ella

147

cantara, no querría —mejor no podría— posarse definitivamente en la corola de un amor terreno:

Hija del aire, nívea mariposa
que de luz y de perfumes te embriagas
y del jazmín al amaranto vagas
como del lirio a la encendida rosa.

Sigue, sigue feliz tu raudo vuelo
placer fugaz, no eterno, solicita,
que la dicha sin fin sólo es del cielo»

Esta linda mariposa de la femineidad y del talento, no ha de moverse solamente en el sentido espacial de la vasta tierra, en el vario acontecer del tiempo que le da esposos a quienes llorar y amadores a quienes escribir cartas apasionadas; sino que ha de volar también en la dimensión de la inteligencia: la subyuga el drama, y llega a dominar tan difícil género; espíritu romántico por excelencia, rinde tributo a la leyenda; imaginativa prodigiosa, la novela cubana tiene en ella su primer cultivador. Y el cuento y la comedia. Y la traducción, para no olvidar que esta mariposa libaba también las mejores mieles de la literatura universal. Mas su puro centro literario es la poesía. Y el centro invisible de su vida es Dios. Todos nos movemos de un modo o de otro en el sentido de El, porque el hombre, quiera que no es una criatura teocéntrica. Nos acercamos o nos alejamos, pero el punto apex del destino del hombre es Dios. Cuando nos alejamos de ese polo único, no estamos, como piensa San Agustín, acercándonos a algo positivo que se llame el Mal. El Mal es la ausencia del Bien, es su negación, es la nada, es el vacío. Y el alma del poeta tiene horror al vacío. Ha de llenar su vida con poemas, sus poemas son imágenes y metáforas. Cuando no la llena de Dios directamente, la llena de la idea de Dios a través del hombre. Y si se torna poeta maldito la llena de sus lamentos, de sus imprecaciones, de sus blasfemias. Como el Lebrel divino de que nos habla Francis Thompson, Dios —y más exactamente la persona de Jesús—, persigue al poeta, lo rastrea, lo alcanza, lo vence.

Y así la Avellaneda cumple el ciclo —¡dichosos los poetas

que cumplen su ciclo!— yendo del amor humano al amor del arte y del amor del arte —conducida por la mano del dolor— al amor divino. La mariposa brillante se torna parda mariposa crepuscular. Pero qué luz, qué hermosa luz está buscando esta mariposa. Antes es un afán prometeico el que la domina; el rayito de creación que el ingenuo humano arrebata o cree arrebatar a la fragua divina. Entonces canta en las estrofas «A la poesía»:

> ¡Hablas! ¡Todo renace!
> Tu creadora voz los yermos puebla;
> espacios no hay que tu poder no enlace;
> y rasgando del tiempo la tiniebla
> de lo pasado al descubrir ruinas,
> con tu mágica luz las iluminas.

Esta convicción de la fuerza plasmadora de la poesía no podrá hacer que calle la nostalgia:

> Es la hora melancólica, indecisa
> en que pueblan los sueños los espacios
> y en los aires con soplos de la brisa
> levantan sus fantásticos palacios.

No, no es sólo la nostalgia en sentido horizontal, en el de tierra, la que agita el atormentado corazón de la Avellaneda, sino la nostalgia en sentido vertical, la conciencia de nuestro destierro adámico que yo he dado en llamar «descielo»:

> Y tu sin nombre en la terrestre vida,
> bien ideal, objeto de mis votos
> que prometes al alma enardecida
> goces divinos para el mundo ignotos.
>
> ¿Me escuchas? ¿Dónde estás? ¿Por qué no puedo
> libre de la materia que me oprime,
> a tí llegar y aletargada quedo
> y opresa el alma en sus cadenas gime?

Se ha señalado la transparencia de la visión, su manera purísima de darse en la poesía inglesa, principalmente en el

149

período romántico. Es posible que la Avellaneda (aparte su temperamento) la haya bebido allí, pero también en riquísima fuente de la Divina Comedia, donde poéticamente está mucho de las visiones infernales o celestiales que después han pasado a las literaturas modernas: Blake, Shelley, Baudelaire, Rimbaud, Mallarmé, Thompson, Rossetti, Lautrémont.

De cualquier modo, en sus momentos mejores, el romanticismo de la Avellaneda, cuando ésta se salva de la elocuencia, no desmerece del de sus contemporáneos europeos y españoles, Bécquer, por ejemplo, en pureza de la visión:

> *¡Liras del corazón! ¡Voces internas!*
> *¡Divinos ecos del celeste coro*
> *en que glorias sin fin, dichas eternas*
> *e inagotable amor, en arpas de oro*
> *cantan los serafines abrasados*
> *en alfombras de soles reclinados.*

Con cuánta hermosura presiente el Cielo de los cristianos; con cuánta fe y certidumbre afirma que es nuestro fin:

> *Que el vulgo de los hombres asombrados*
> *tiemble al alzar la eternidad su velo,*
> *mas la patria del genio está en el cielo.*

> *Allí el amor y la virtud proclaman*
> *espíritus vestidos de luz pura*
> *que cantan el Hossanna en arpas de oro.*

Y con cuánta cristiana grandeza sabe mirar lo deleznable de las pasiones humanas con que su Señor se dignó probarla. De todo el fuego de su erotismo humano no queda más que esta ceniza:

> *¡Angel de las venganzas! Ya eres hombre*
> *ni amor ni miedo al contemplarte siento.*

Las lágrimas, ese don de Dios, que al decir de Ernesto Hello, los poetas prostituyen con tanta facilidad, son en la Avellaneda, sincera y respetable contrición. Son también las

150

lágrimas de la escuela romántica, pero no hay que olvidar la historia de su vida. La poetisa no desmiente a la penitente, pero la penitente no interfiere ni hace quedar mal a la poetisa:

Rompes mis lazos cual estambres leves,
cuanto encumbra mi amor tu mano aterra.

Tú haces, Señor, exhalaciones breves
las esperanzas que fundé en la tierra.

Y de qué manera serena pasa a ella toda la tradición senequista; toda la española y cristianísima comprensión de la vanidad de las cosas, que nos legaron Jorge Manrique y el anónimo autor de la Epístola Moral a Fabio:

Que cuanto el hombre en su locura estima
es humo y polvo que dispersa el viento.

Pocos temperamentos han sabido tener la serenidad en medio de la tormenta, ese sentido de la justa comprensión del dolor propio y ese respeto a los ocultos designios de la providencia. Nadie la aventaja en la dignidad con que inclina la cabeza laureada ante el caso adverso:

Permite pues que al religioso coro
hoy se asocie aunque indigna la voz mía;
cubierta de ciprés mi lira de oro,
para alabarte aún hallará armonía.

Y queda así su lira enteramente dedicada a Dios:

Sea mi vida un acto reverente,
un éxtasis de amor mi alto destino
y a cada aliento de mi pecho ardiente
un holocausto a tu poder divino.

Hay que observar de paso el acendrado cristianismo de nuestros tres grandes líricos de la primera mitad del siglo XIX. Heredia que nos dice: «que no es la tierra el centro de las almas»; Plácido acordando su plectro para decir su alabanza de la Virgen, su serenidad amorosamente resignada. Los tres parecen tristes. Heine dijo que el cristianismo había ahondado más los ojos, que la melancolía romántica era obra del cristianismo. Romain Rolland lo afirma igualmente en el prólogo a su biografía de Miguel Angel, asegurando que el cristianismo había venido a embellecer el mundo con su tristeza. Nada más lejos de lo cierto en cuanto a esto de la tristeza. La propia voz del traductor de Rolland se alza para apuntar que el cristianismo aunque doloroso y heroico, no es triste, y menciona la alegría, la vida activa y contemplativa de Santa Teresa. Hello abunda en el mismo criterio y cita las propias palabras del Santo Sacrificio: «Me llegaré al altar de Dios, que alegra la juventud mía». «El Dios que es la alegría de mi juventud».

Mal entienden al cristianismo y la catolicidad, los que no ven la alegría que hay en hacerse uno con el que es todo, con el que es la Felicidad Suma. Dándose en el canto voluntariamente, haciendo oblación de su arte, la mariposa era rescatada de nuevo, esta vez para la luz definitiva. Y para la gloria de su ciudad natal, la que no ocupa en vano un lugar en el mapa del universo, porque Puerto Príncipe dio un santo en el Padre Valencia; un héroe en Agramonte; un maestro de civismo en Varona, un pensador cristiano en Aramburo. Y el poeta más notable de su tiempo en esta mujer, que si fue físicamente hermosa, más se fue embelleciendo en lo moral.

Cada escala en la ascensión hacia el amor divino fue ganada por la Avellaneda, no sólo por ejercicio de la voluntad y «por deseo de la posesión de Dios», sino por méritos del mismo Señor, el cual por las vías difíciles del dolor, la atrajo hacia el amor unitivo. Y esta isla, esta ciudad donde ella nació son el pedestal desde donde se levanta el monumento imperecedero de su memoria a un cielo siempre azul y siempre brillante, a un cielo que es la metáfora mejor del otro cielo en que está ella unida a los Juan de la Cruz, a los Teresa, de los que ya en la misma tierra dedicaron por amor su lira a Dios.

NATURALEZA, AMBIENTE Y PAISAJE EN LA POESIA LIRICA DE LA AVELLANEDA

Aurora J. Roselló
University of Southern California

Naturaleza, ambiente y paisaje se proyectan en la obra lírica de Gertrudis Gómez de Avellaneda bajo diversos aspectos cuyas peculiaridades destacamos en el presente trabajo.

En un intento de clasificación de su poesía, hallamos unos trece poemas [1] donde el tema específico corresponde a la visión de la naturaleza, del paisaje real objetivo apreciado a través del subjetivismo plástico y colorista de la autora. Nos referimos a las estrofas cuaternarias en versos quebrados de «La primavera» (págs. 84-85); los serventesios de «Contemplación» (págs. 98-100), «Los reales sitios» (págs. 246-47); y «Al mar» (págs. 20-22); las octavillas octosílabas de «Paisaje guipuzcoano» (págs. 317-20); y las tetrasílabas de «Paseo por el Betis» (págs. 35-37); el romance octosílabo «El pescador» (páginas 300-303); y el heroico «El viajero americano» (págs. 213-14); la silva «A vista del Niágara» (págs. 371-75); las combinaciones de tres formas estróficas donde se destaca el uso reiterado de la octavilla de «La pesca en el mar» (págs. 217-19); y de «Versos escritos en una tarde de verano en Sevilla» (ed. de 1841, págs. 68-70); la combinación polimétrica de «Serenata de Cuba» (págs. 360-65), y finalmente, la escala métrica ascendente en versos de dos hasta dieciséis sílabas de «La noche de insomnio y el alba» (págs. 169-72).

---

1. Los títulos y páginas indicados se refieren a Gertrudis Gómez de Avellaneda *Poesías líricas* (Madrid: M. Rivadeneyra, 1869), salvo cuando se especifica el empleo de ediciones anteriores.

Sin embargo, las evocacionees de paisajes y ambientes que nos permiten en realidad completar el análisis de la Avellaneda como pintora de la naturaleza, se precisan en una gran variedad de poemas cuyos procedimientos de composición debemos analizar.

La contemplación del espectáculo grandioso del mar deja en su espíritu la más profunda impresión y da lugar a la meditación filosófica y al razonamiento poético en la expresión de corte romántico.

Ella le consagra al mar (pág. 20), ya tempestuoso, ya en calma, un largo poema donde manifiesta sus sentimientos de vaga aprensión frente al infinito.

En «La pesca en el mar» (pág. 217) nos ofrece la visión de un anochecer en la playa desierta donde el rumor de las olas es murmullo y convida a gozos profundos y ardientes. «El pescador» (pág. 300) muestra la pintura del crepúsculo y de la pálida luz de la luna reflejada en el espejo del mar. La atmósfera es toda de silencio y calma, sólo la vela blanca de la barquilla del pescador que vuela por la llanura salada.

Un mar acariciado por el sol preside la primera estrofa de «El desposorio en sueño» (pág. 248) donde se observa una de las combinaciones de colores preferidas: amaranto y gualda.

En «Paseo por el Betis» (pág. 35) nos brinda su impresión objetiva sobre la visión imprecisa del día muriente. Los elementos del paisaje son convencionales: la tarde que expira, el lucero brillador en la noche, el perfume de las flores. La barquilla que se desliza por las aguas produce un ambiente de serenidad. El panorama de Sevilla, al fondo, parece diluirse en el paisaje de extraña laxitud.

La naturaleza se presenta en su matiz delicado, pero también en su visión abrupta y en sus rebeliones a través de expresiones románticas: «enriscados montes» (pág. 9), «ábrego inclemente» (pág. 146), «Huracán inclemente» (pág. 13), «horrible tempestad», «horrenda tempestad» (pág. 30).

«La primavera» presenta a la idea de una naturaleza eterna, inmutable bajo la renovación rítmica de las estaciones, donde la permanencia del hombre es sólo efímera, igual que sus ilusiones. La conciencia de la brevedad de la vida humana reviste el alma de la poetisa de una melancolía profunda.

154

> Rejuvenecer la tierra
> Fue tu dichosa misión,
> ¡Y tú la obedeces!... renace cada año
> Natura —al mirarte— con nuevo vigor
>
> Vuelves al árbol las flores,
> El perfume y el color...
> ¡Mas no das al hombre las flores perdidas!
> ¡Mas no le revives la muerta ilusión! (págs. 84-85)

El destino del hombre contrasta con el de la naturaleza en esta imagen donde se observa la acumulación de símiles.

> Una sola primavera,
> El cielo lo concedió;
> Y rápida vuela, cual nube de estío
> Cual humo ligero, cual soplo veloz (pág. 85).

Las notaciones sobre la indiferencia de la naturaleza ante el dolor de hombre son constantes en la poesía de la autora y permanecen inalterables en las sucesivas ediciones de un mismo poema, aunque éste sufra transformaciones. Examinamos el poema «A un ruiseñor».

> ¿Qué pretendes
> Con tu canto
> si su encanto
> Sin igual.
> Las tinieblas
> No comprenden
> Ni suspenden
> Tu afanar? (pág. 82).
>
> Que hartas veces
> A la luna
> Importuna
> Mi gemir.
> La he mirado
> Muda y fría
> Mi agonía
> Contemplar.

> *Y la he visto*
> *Luego avara*
> *Su luz clara*
> *Retirar.*
> (Ed. de 1841, pág. 198)

En el poema «A la luna» ocurre lo mismo:

> *Cual otro tiempo mi ventura viste*
> *Ves imposible mi presente pena,*
> *Sobre las ruinas de la dicha mía*
> *Brillas serena* (Ed. de 1841, pág. 176)

> *¡Pero no escuchas! Del dolor al grito.*
> *Sigues tu marcha majestuosa y lenta,*
> *Nunca temiendo lo que a mí me postra Ruda tormenta*
> *Siempre de infausto sentimiento libre.*
> *Nada perturba tu sublime calma...* (pág. 102).

La naturaleza continúa inconmovible el curso que le ha fijado el Creador en poemas como: «A las estrellas» (pág. 14), «A la muerte de Espronceda» (pág. 124), «La esperanza tenaz» (pág. 129).

A pesar de los reproches que la Avellaneda dirige a la naturaleza, no deja de reconocer que ésta es un lenitivo para el dolor de la madre que ha perdido a su hijo. El desarrollo temático del poema dedicado «A una joven madre» (pág. 279) así lo prueba.

Para la escritora, en la mayor parte de sus poemas, la naturaleza funciona como una decoración simbólica y convencional en la cual el ambiente predilecto de su alma ardiente es la noche.

En «Contemplación» (pág. 98) el espíritu recrea la hora del crepúsculo con imágenes de colores imprecisos en la descripción de una naturaleza neoclásica, si observamos sus epítetos de color: «la luna en su esmaltado coche», «el cielo de amaranto y rosa», y romántica: «la luna tibia y misteriosa», en la que se mantiene la predilección por el paisaje nocturno.

El símbolo de la noche se repite y cada vez que ella la

evoca, las mismas imágenes se presentan fieles a la llamada de la inspiración. «Al partir» expresa con un símil: «¡Hermosa Cuba! / tu brillante cielo / la noche cubre con su opaco velo, / como cubre el dolor mi triste frente» (pág. 1).

En «La noche de insomnio y el alba» la noche es «oscura cual un sarcófago inmenso» (pág. 170), que envuelve calles, campos, cielo y mar. La imagen de la noche es propicia a comparaciones en la plegaria «A la Virgen»: «Noche triste cual ninguna / y sin luna» (pág. 87). Otras veces compara las dudas de su alma con las sombras de la noche a las cuales conjura para que desaparezca huyendo con el alba (página 122).

La tranquilidad y reposo de la naturaleza se asocian a la noche en «A una tórtola en una noche de desvelo» (pág. 52). Observamos la insistencia en la visión nocturna como sosiego blando que propicia recuerdos venturosos en «A una acacia» (pág. 146). Con el poder de la imagen la noche sirve de lecho al sol en ocaso.

> Yo soy quien abriendo las puertas de ocaso,
> Al sol le prepara su lecho en cristales;
> Yo soy quien recoge sus luces postreras,
> Que acarician las tibias esferas (pág. 199).

Dios ha creado la noche y la poetisa añade los epítetos: «Tú, que hiciste / grave y triste / de las noches la solemne faz» (pág. 215).

La hora propicia «de media noche en el solaz profundo / cuando se queja el ruiseñor amante / cuando respira aletargado el mundo / cual dormido gigante» (pág. 69), ambienta el poema «A mi amigo don Nicomedes Pastor Díaz». La noche es «luctuoso manto» (pág. 176) donde no asoma «ni el trémulo fulgor de las estrellas» en «La clemencia». Las estrellas se presentan en el poema que a ellas dedica la autora como: «luces de paz, purísimas estrellas / de la noche feliz lámparas bellas / bordáis con oro su luctuoso manto» (página 14).

No falta la visión de la luna que con «mágicos destellos» colorea las sombras de la noche y produce en las aguas «vivos tan fantásticos y bellos / de tan tenues colores / que lucen, crecen, cambian y se anulan / sin que la mente a definirlos llegue» (pág. 373).

El ambiente nocturno de «Los duendes», prepara la aparición de sus figuras fantasmales «Que cubren las sombras / del cielo la faz / y guardan silencio / los vientos y el mar» (pág. 42).

Los estados de alma de la poetisa y el paisaje están siempre íntimamente ligados, lo mismo que los colores que actúan como referencias al estado sicológico del momento que los sugiere. El espectáculo de la naturaleza agita y modifica los estados de ánimo y viceversa. «La noche de insomnio y el alba» desarrolla un paralelismo de sentimientos que responden al influjo de la noche y el amanecer en su espíritu. Es un ejemplo romántico donde el ser humano es afectado por el paisaje. La poetisa compara a la naturaleza con una virgen y proclama al sol vencedor de las sombras, ya que «tras luenga noche de vigilia ardiente / es más bella la luz, más pura el aura...» (pág. 171).

La naturaleza se asocia a la expresión poética del concepto abstracto en su representación del placer que pasa «cual relámpago ligero / de tempestades y pavor seguido» (pág. 67).

Algunas veces la poetisa compara su alma con la tormenta y encuentra que por las leyes de la naturaleza después de la tempestad viene la calma, cosa que no ocurre en su espíritu.

> *...mas ¡ay! que las lumbreras de mi vida*
> *nubláronse por siempre, y de mi alma*
> *nunca a la tempestad siguió la calma.*
> («La tempestad», ed. de 1841, pág. 142)

La naturaleza ideal o recreada es una constante de la lírica avellanedina. En «El viajero americano» (pág. 213) describe un nuevo paraíso: jardines de abundantes galas, cenadores, parques, grutas, bosques, lagos de cristalinas aguas que parecen sostener silfos leves, arcos inmensos de zafiro y nácar. «Serenata de Cuba» (pág. 360) presenta un cúmulo de imágenes cromáticas de luces cambiantes, de imágenes auditivas y olfativas a las que se añade la intervención de lo maravilloso pagano.

Las referencias mitológicas paganas, propias del clasicismo, aparecen diseminadas en varias composiciones acentuando su relación con la naturaleza. Se destacan: Favonio (págs. 167, 144), Nice (pág. 143), Flora con su corte (pág. 351), Las ondinas (pág. 350), Las dríadas (pág. 351), Las orcadas y los genios (pág. 351), Ninfas (pág. 352), Silfos (pág. 343).

Una visión idílica de inspiración neoclásica en cuanto a lugar y ambiente, se proyecta en «Los reales sitios» (página 247). En «Paisaje guipuzcoano», la descripción de la naturaleza se logra a base del color y del claroscuro: «álamos blancos / que el hondo cauce sombrean»; «verde oscuro maíz», «trigos dorados» (págs. 317-18).

Como vimos en un ejemplo anterior, «A vista del Niágara» traduce una visión romántica de un paisaje idealizado de colores vagos donde son apreciables los efectos de la luz del sol y de la luna sobre las cascadas.

La naturaleza o los seres que la integran, animados o inanimados, animales o vegetales, se concretizan como motivos de inspiración en los poemas «A mi jilguero» (pág. 7), donde el ave prisionera simboliza la propia condición de la poetisa; «A una violeta deshojada» (pág. 12), donde el destino de la flor recuerda el destino del hombre; «A una mariposa» (pág. 23), «Al Sol» (pág. 64), «A un ruiseñor» (página 81), «A una acacia» (pág. 146), «A una nube» (pág. 314), y «A un cocuyo» (pág. 342).

Como consecuencia general que se desprende de los ejemplos observados en la lírica de la Avellaneda, puede afirmarse que en términos generales sus paisajes están logrados a base de las visiones de la naturaleza que ella recrea por medio de la memoria, y en las que intervienen: la verdura de la yerba y del boscaje, las aves, en particular la tórtola y el ruiseñor, las ovejas, el labrador, el pastor, el arroyuelo, la cresta oscura de los montes. Se eliminan todos los detalles vulgares y prosaicos de la realidad en busca de un renacer, de una impresión que se repite en los tonos melancólicos y de paz bucólica. Como los más tiernos líricos que la precedieron, ella renueva la ilusión de la égloga que presenta la vida simple bajo los árboles murmurantes y el canto de los pájaros. La naturaleza así interpretada es lenitivo de las penas morales.

El poema «A la esperanza» (pág. 38) evoca el agua clara de las fuentes, los placeres de la sombra y la frugalidad que contrasta con los prestigios de la pompa mundanal. Es una promesa de felicidad que ofrece la apacible calma dada a través de una visión bucólica que nos recuerda a Garcilaso y a Fray Luis de León.

El crítico Valera ha formulado el siguiente juicio sobre las aptitudes descriptivas de la Avellaneda.

> La vellaneda poseía, sin duda, en alto grado el talento descriptivo; comprende además y siente la hermosura de la naturaleza, pero, fuerza es confesarlo, participa de esa desidia de la que hemos hablado y la ha observado y contemplado poco. Hay primor, hay sentimiento en sus descripciones; pero ¿cómo negar que hay generalidad y vaguedad en ellas? [2]

En nuestra opinión, un recurso esencial de la técnica avellanedina es la expresión lírica del paisaje y no la descripción minuciosa del mismo. En consecuencia la autora no necesita reproducir detalladamente el mundo de la realidad objetiva. El empleo del epíteto constituye uno de los aciertos de esa técnica. Para las impresiones de la naturaleza física utiliza el epíteto de color de corte neoclásico. Las decoraciones luminosas, los tonos que reflejan la claridad de la atmósfera, el nácar, la plata, la blancura de la luna o su palidez, la brillantez de los rayos solares o la fría luminosidad de los astros, se reiteran en sus descripciones, de las cuales son magníficos ejemplos: «La esperanza tenaz» (pág. 129), «Serenata de Cuba» (pág. 360), «Dios y el hombre» (pág. 113), «A la luna, imitación de Byron» (pág. 102).

Bajo la lumbre del sol o de la luna los colores dominantes son el verde y el azul, apreciables en «El cazador» (pág. 25), «La vuelta a la patria» (pág. 333), «A una mariposa» (pág. 23), «Paseo por el Betis» (pág. 35), «A las estrellas» (pág. 14).

El color verde se menciona con más frecuencia. En función adjetiva la poetisa habla de las «verdes hojas» (pág. 7), «el verde sicomor» (pág. 26), «la verde yerba» (pág. 26), que a través de la metáfora es «verde tejido» (pág. 29), «el verde castañar» (pág. 318). Aparece en expresiones donde preva-

---

2. Juan Valera, *Crítica literaria*, Tomo XXIII (Madrid: Imprenta Alemana, 1908), p. 79.

lece el hipérbaton. Así, al referirse a la ceiba, observamos el complemento directo con el adjetivo verde: «Hasta las nubes levanta / de su copa el verde toldo» (pág. 334).

El verde indica circunstancia de lugar en: «una choza pajiza entre verdor» (pág. 40), «por el verdor naciente» (página 124); de modo: «se cubre el campo aterido / con halagüeño verdor» (pág. 84). Se observa en una personificación plural: «risueños verdores» (pág. 368), o singular: «vivaz verdor» (pág. 248). Cuando se refiere a los efectos del cambio de estaciones: «De un verdor te desnudas / y otro verdor te cubre» (pág. 149).

La imagen sensorial de los prados emplea la piedra preciosa en un cromatismo vago: «Ved los prados de esmeraldas / sus matices ostentar» (pág. 236).

El tono más oscuro de verde es contemplado en un verso que se refiere al río «donde tu esmalte de verdor sombrío» (pág. 372). La combinación de piedras preciosas es visible en la descripción de los cafetos: «sus granos de rubíes / y sus hojas de esmeraldas» (pág. 334).

El color azul con sus cambiantes matices sigue en importancia al verde. El «azulado espejo» (pág. 14) se refiere al mar que en ocasiones «apenas mueve su cerúleo azul» (página 248). «El campo azul de la tranquila esfera» (pág. 146) es el cielo que «matiza su azul oscuro» (pág. 300), o «el azul del cielo hermoso» (pág. 57). Se combina con otros colores en «nubes de azul y arrebol» (pág. 171) y cuando describe los picachos desiguales de las montañas que «van envolviendo en cendales / de gualda, azul y arrebol» (pág. 319).

La piedra preciosa de color azul introduce las expresiones metafóricas «orla de zafir» (pág. 20), «la esfera zafírea» (página 171), «zafíreo asiento» (pág. 98). La gema se combina con otra sustancia y aparecen «arcos inmensos de zafiro y nácar» (pág. 214). La mariposa despliega sus alas de «oro y zafir» (pág. 23). «La luna presenta su trono esmaltado de plata y zafiro» (pág. 360).

Obsérvanse las imágenes sensoriales en la combinación de color, metal y piedra preciosa: «Mientras los puros rayos matinales / esmaltan de oro y de zafir y grana / los atrios celestiales» (pág. 369).

Los tonos más calientes son menos frecuentes y están representados por el dorado, amarillo, rosado, rojo, púrpura, escarlata y el rubí en «Contemplación» (pág. 98), «A una acacia» (pág. 148), «El cazador» (pág. 25). Solos o combinados entre sí con metales u otras sustancias hallamos: el rojo, amarillo, blanco y negro. Así, «el sol vierte su lumbre / en nubes de oro y grana» (pág. 25), o se envuelve «en dobles velos de amaranto y gualda» (pág. 248). Con referencia a la luz del día en el amanecer encontramos la expresión «Tiñendo el cielo de amaranto y rosa» (pág. 100), igualmente: «salió el alba / entre nácar y amaranto» (pág. 129). La caída de la tarde nos da la imagen: «el crepúsculo huyó: las rojas huellas / borra la luna en su esmaltado coche» (pág. 100).

El epíteto *esmaltado*, de procedencia neoclásica, parece ser del gusto de la poetisa que lo emplea con frecuencia: «surca la luna en esmaltado coche» (pág. 146), «te saludo si esmaltas fulgente la mar» (pág. 171).

Las nubes son «de plata y púrpura» (pág. 252), de «púrpura y gualda» (pág. 267), o «leves nubes de nácar» (página 300). La sombra de Dios brilla en el sol «entre nácar y oro y arrebol» (pág. 215).

La aurora, la luna, la piedra, las flores y los álamos presentan el mismo color: «la blanca aurora» (pág. 366), «la blanca luna» (pág. 129), «la blanca piedra» (pág. 29), «las blancas flores» (pág. 69), «hileras de álamos blancos» (página 317). La blancura adquiere una tonalidad especial con el empleo del vocablo metafórico «nácar». La mar «forma cambiantes de luz y aureolas / bordando de nácar las limpias arenas» (pág. 361).

El genio de la melancolía viste la tarde «bordando sus velos de púrpura y nácar» (pág. 199). Los arroyos se cubren de «ovas gualdas» (pág. 236). El cielo se contempla al anochecer como «negro manto» (pág. 52). El color pardo aparece en «la parda cresta del monte» (pág. 57), «parda nube» (página 102).

Los tonos imprecisos abundan, están ligados al misterio, a la melancolía, a la sensación mística y apuntan el estado de ánimo sicológico que los modernistas desarrollarán a través de las influencias parnasianas y simbolistas: «tarde de esmaltada / por tornasol misterioso» (pág. 57), «llega la tarde, de místico encanto colmada» (pág. 377).

Los metales plata y oro se utilizan en numerosas combinaciones: «resbala la fuente / de plata luciente» (pág. 17), «pico de oro» (pág. 10).

El epíteto avellanedino se enriquece con la técnica del claroscuro. Se emplea el epíteto de luz para referirse al «refulgente trono del sol» (pág. 2), «ese sol brillante» (pág. 295). El epíteto de luz en función nominal expresa lo sobrenatural en: «mágica luz» (pág. 3), «luz celestial» (pág. 52). Para la Avellaneda Dios es «luz y armonía» (pág. 211), «la luz su vestidura» (pág. 327). La mayor o menor intensidad de luz se presenta en los «benignos albores de la aurora», los resplandores del sol y el capuz de la noche (pág. 17).

El epíteto *pálido* indica una disminución de claridad: «la pálida tarde» (pág. 199,) «pálida luna» (pág. 2). La disminución de luz se acentúa con el vocablo *umbrío*: «bosque umbrío» (pág. 26), hasta llegar a la completa cesación de luz que acompaña al misterio en «noche sombría» (pág. 100).

La visión nocturna tiene también sus luces. La poetisa nos habla de «los nítidos albores / de la luna refulgente» (página 69), y del «lucero brillador» (pág. 37). La luz que se desvanece, el cromatismo y la niebla revelan un avance de la técnica modernista.

No falta el epíteto de fuego al referirse a la «zona ardiente» (pág. 1), tampoco los epítetos que indican temperatura, propios de los escritores del Siglo de Oro: «frescas galas» (pág. 4), «frescos doseles» (pág. 247). En expresiones de corte romántico hallamos: «tibio otoño» (pág. 126), «desmayado albor» (pág. 249), «roca solitaria y fría» (pág. 50), «tórrido cielo» (pág. 56), «campo aterido» (pág. 84). Epítetos olfativos aparecen en imágenes idealizadas de la percepción sensorial: «balsámicas flores» (pág. 57), «carro de aromas» (pág. 351).

A fin de propiciar el ambiente, la Avellaneda se vale de epítetos que se refieren a condiciones atmosféricas, estaciones del año, hora y día, que denotan calma, serenidad e idealización de la naturaleza: «tardes serenas» (pág. 9), «grave otoño» (pág. 3), «aurora lisonjera» (pág. 56).

Los epítetos de movimiento, de tradición clásica, abundan en la lírica de la cubana: «céfiro fugaz» (pág. 54), «raudo torbellino» (pág. 105), «humo ligero» (pág. 85), «relámpago veloz» (pág. 30). De los epítetos convencionales descubrimos

163

gran variedad: «bálsamo grato» (pág. 39), «raudal sonoro» (pág. 67).

La Avellaneda hace uso de epítetos que producen efectos emocionales en el lector, ya que indican estados afectivos o de conciencia del escritor que expresa subjetivamente sus impresiones de la realidad en vez de describir ésta en forma objetiva. Pertenecen a tal categoría: «el soñoliento rumor» (pág. 57), «lugar severo» (pág. 3). De tono romántico encontramos: «sauces dolientes» (pág. 41), «palmas solitarias» (página 41), «hora melancólica, indecisa» (pág. 98).

Epítetos románticos que sugieren una atmósfera de misterio, de lo sobrenatural y divino son: «Hora serena / de místico encanto llena» (pág. 56), «tornasol misterioso» (página 57), «región infernal» (pág. 42).

La naturaleza como ambiente aparece en contraste con los sentimientos del poeta en «La serenata del poeta». Mientras la primavera es apacible, dentro del hombre se perciben lucha y agustia (pág. 15). Lo mismo ocurre en «El cazador». El ambiente se presenta lleno de encanto y vida en tanto que la figura de la desgraciada Elmira «gime abandonada del bello cazador» (págs. 25-26).

«A la tumba de Napoleón en Santa Elena» (pág. 29), brinda un ejemplo de ambiente romántico a tono con el tema filosófico que se proyecta. El ambiente armónico de «Ley es amar» (pág. 143), coincide con el tema.

Un estudio de la evolución del contenido poético en la poesía de la Avellaneda muestra una atenuación considerable de la inclinación romántica hacia el dolor, la complacencia voluptuosa de las penas del corazón y el gusto por el ambiente sepulcral. El poema «Conserva tu risa» es un buen ejemplo si comparamos la edición de 1850, (pág. 239) con la de 1869 (pág. 203). Aún cuando la predilección por el ambiente nocturno continúa, la nota macabra tiende a desaparecer. El cotejo de los textos de 1841 (pág. 156) y el de 1869 (pág. 100), en «Contemplación» así lo demuestra.

El ambiente de la naturaleza antillana se recrea en el poema «A las cubanas» (pág. 336). Cuba, en su flora, fauna y paisaje, late en innumerables composiciones. «A un cocuyo» (página 342) promueve el pensamiento filosófico. En más de un poema menciona la palma, la tórtola, el sinsonte, sin faltar una alusión directa al majá (pág. 58). De tono angustioso es «Despedida a la señora D.D.G.C. de V.». La partida de su amiga Lola le inspira el pensamiento pesimista de que no volverá a Cuba, lo que motiva la rememoración descriptiva del paisaje (pág. 141). Las quejas provocadas por la ausencia de Cuba, cuando el alma de la escritora se debate en las angustias de un amor perdido, encuentran eco en el poema «Al sol en un día de diciembre» donde el ambiente físico y el espiritual coinciden: «Bajo otro cielo, en otra tierra lloro / donde la niebla abrúmame importuna» (pág. 64). En su composición a la poetisa habanera Luisa de Franchi-Alfaro, la exhorta a que cante a la patria, al mismo tiempo que rechaza la posibilidad de perturbar la plácida ventura de la Isla con su voz dolorida por el pesar (pág. 264).

La placidez del ambiente cubano vuelve a subrayarse en el poema a la coronación de Quintana (pág. 273). «La vuelta a la patria» arranca a su laúd nuevas manifestaciones de amor patrio en una visión preciosista neoclásica que enumera los frutos tropicales» (págs. 333-34).

La intervención de lo maravilloso pagano se aprecia en un romance de corte neoclásico en el que figuran, en forma alegórica, el Genio de Cuba, las ninfas y las ondinas de los ríos (pág. 350). En «Serenata de Cuba», las voces de las estrellas, las gotas de rocío, flores, cocuyos, silfos, arroyos, brisas, mar, nubes, y la propia poetisa, contribuyen a crear un ambiente mágico de exotismo y color (pág. 360).

En medio del ambiente plácido del mar en el cual su alma se deleita y reposa aparece un recuerdo hacia su tierra natal: «Yo a un marino le debo la vida / y por patria le debo al azar / una perla en un golfo nacida / al bramar / sin cesar / de la mar» (pág. 218).

«En el álbum de una señorita cubana» (pág. 173) encontramos una pintura de la tierra que la vio nacer, a la que alaba, enumerando las magnificencias del paisaje y los animales y cultivos provechosos en un derroche de exotismo y de encendido amor. El poema es un romance octosílabo. Cuba es el tema personificado en la joven cubana que lo motiva. El ambiente nocturno se ve turbado sólo por el canto de dos aves preferidas por la constante poética avellanedina: «la tórtola enamorada» y «el tierno sinsonte». Se subraya la utilidad

165

de los cultivos que florecen en el suelo patrio: el cacao, la caña, el café, la benignidad del clima que no conoce el hielo, cierzo o nieve, aunque sí se ve sometido a la fiereza de los huracanes. La naturaleza se recrea por medio de metáforas en las que el color y la piedra preciosa se confunden. Una vez completado el cuadro físico, se procede a la caracterización física y espiritual de la joven. Su retrato va a estructurase con los mismos elementos ya señalados en relación a la naturaleza, de ahí la explicacicón de las raras combinaciones que la poetisa intuye en ella. Mar, sol, brisa, huracán, ceiba, caña, trueno, sinsonte, la han impregnado de «pasión», «dulzura», «fortaleza», «gracia», «languidez», «pujanza», «hechizos muelles del cuerpo» y «excelsas dotes del alma». La joven del poema es una imagen viva de la patria en sus contrastes físicos que propician, mediante el juego de contrarios, la disposición paralelística del verso. El poema termina con expresiones perifrásticas exclamativas laudatorias en las cuales no falta el símil. Los últimos cuatro versos de estructura paralela en anáfora, son cuatro conjuntos de dos miembros hipotácticamente semejantes entre sí.

$$B1 \quad A1 \quad\quad A2 \quad B2$$
«En ti la gozan mis ojos / En ti mi pecho la ama / En ti
$$B3 \quad\quad A3 \quad\quad\quad A4 \quad B4$$
la admira mi mente / y en ti mi lira la canta». A1 B1 / A2 B2 / A3 B3 / A4 B4.

El poema en un vivo ejemplo del eclecticismo avellanedino: símiles, perífrasis, epítetos, progresiones racionales propias del gusto neoclásico; apasionamiento, exclamaciones, hipérboles, paralelismo y anáforas a tono con el sentimiento romántico. Y sobre todo, el acendrado amor hacia la tierra que la vio nacer.

Los elementos de la naturaleza son símbolos en la poética de la Avellaneda. El mar es el fenómeno grandioso que invita a la meditación, simboliza el misterio insondable de la muerte y paradójicamente la expresión máxima de vida y de fe cristiana (pág. 20).

Noche, estrellas, luna, lluvia, viento, niebla, simbolizan depresión, melancolía, nostalgia, misterio: «Los duendes» (pág. 42), «A una tórtola en una noche de desvelo» (pág. 52), «La noche de insomnio y el alba» (pág. 169). El cielo azul, la apacible elevación: «El desposorio en sueño» (pág. 249). El huracán se hace eco de los sentimientos vengativos en «Deseo de venganza» (pág. 101). El viento, en relación con la divinidad, simboliza lo incorpóreo: «Dedicación de la lira a Dios» (pág. 387). El símbolo de los animales (pájaros, mariposa) y las plantas (violeta, palma) es evidente. Ellos representan las aspiraciones humanas, la tristeza del mal de amor, la soledad: «A mi jilguero» (pág. 7), «A un ruiseñor» (página 81), «A una violeta deshojada» (pág. 12), «El cazador» (pág. 25).

Las plantas adquieren sentido simbólico con relación a Cuba en «La vuelta a la patria» (pág. 333). Las estaciones del año señalan el contraste o similitud entre ellas y el alma de la poetisa: «La primavera» (pág. 84). Los sonidos, olores y colores indican estados de ánimo: «Paisaje guipuzcoano» (página 17).

El estudio de la naturaleza, ambiente y paisaje en la poesía de la Avellaneda nos permite sintetizar nuestras conclusiones como sigue:

Los influjos clásicos, neoclásicos y románticos, acompañados de algún toque modernista se precisan en la expresión lírica de la naturaleza. Esta y el ambiente se proyectan en la poesía de la autora reflejando sus estados de ánimo, acordes con los sentimientos expresados o independientes y en contraste con los mismos.

La impresión subjetiva del paisaje cromático, idealizado, se sobrepone al paisaje real.

La autora selecciona los fenómenos de la naturaleza como temas de inspiración y evoca paisajes y atmósferas cuya composición basa en los elementos de la poesía bucólica, el color, los efectos de ritmo o la violencia de la Creación.

La naturaleza se muestra inmutable bajo la renovación rítmica de las estaciones, es reflejo del orden divino y lenitivo para el dolor del hombre.

Como decoración simbólica, se corrobora la predilección por la atmósfera nocturna. La noche se convierte así en el símbolo de su lírica, y cada vez que es evocada, las mismas imágenes se presentan fieles a la llamada de la inspiración.

Los colores dominantes: el verde y el azul, las decoraciones luminosas que se esfuman, el claroscuro, las piedras preciosas que introducen expresiones metafóricas y las referencias mitológicas, agregan exotismo al paisaje.

Cuba, en su flora, fauna, en sus instituciones, como símbolo patrio, es testimonio perenne de amor y veneración.

LA NOCHE DE INSOMNIO Y EL ALBA

FANTASÍA

I

Noche
Triste
Viste
Ya,
*   Aire,*
Cielo,
Suelo,
Mar.

II

*   Brindándole*
Al mundo
Profundo
Solaz,
*   Derraman*
Los sueños
Beleños
De paz;

III

*   Y se gozan*
En letargo,
Tras el largo
Padecer,

Los heridos
Corazones,
Con visiones
De placer.

IV

Mas siempre velan
Mis tristes ojos;
Ciñen abrojos
Mi mustia sien;
Sin que las treguas
Del pensamiento
A este tormento
Descanso den.

V

El mudo reposo
Fatiga mi mente;
La atmósfera ardiente
Me abrasa doquier;
Y en torno circulan
Con rápido giro
Fantasmas que miro
Brotar y crecer.

VI

¡Dadme aire! Necesito
De espacio inmensurable,
Do del insomnio al grito
¡Se alce el silencio y hable!
Lanzadme presto fuera
De angostos aposentos...
¡Quiero medir la esfera!
¡Quiero aspirar los vientos!

VII

Por fin dejé el tenebroso
Recinto de mis paredes...
Por fin, ¡oh espíritu!, puedes
Por el espacio volar...
  Mas, ¡ay!, que la noche oscura,
Cual un sarcófago inmenso,
Envuelve con manto denso
Calles, campos, cielo, mar.

VIII

Ni un eco se escucha, ni un ave
Respira, turbando la calma;
Silencio tan hondo, tan grave,
Suspende el aliento del alma.
  El mundo de nuevo sumido
Parece en la nada medrosa;
Parece que el tiempo rendido
Plegando sus alas reposa.

IX

Mas ¡qué siento!... ¡Balsámico ambiente
Se derrama de pronto!   El capuz
De la noche rasgando, en Oriente
Se abre paso triunfante la luz.
  ¡Es el alba! Se alejan las sombras,
Y con nubes de azul y arrebol
Se matizan etéreas alfombras,
Donde el trono se asiente del sol.

X

Ya rompe los vapores matutinos
La parda cresta del vecino monte;
Ya ensaya el ave sus melifluos trinos;
Ya se despeja inmenso el horizonte.
  Tras luenga noche de vigilia ardiente

171

Es más bella la luz, más pura el aura...
¡Cómo este libre y perfumado ambiente
¡Ensancha el pecho, el corazón restaura!

XI

Cual virgen que el beso de amor lisonjero
Recibe agitada con dulce rubor,
Del rey de los astros al rayo primero
Natura palpita bañada de albor.
Y así, cual guerrero que oyó enardecido
De bélica trompa la mágica voz,
El lanza impetuoso, de fuego vestido,
Al campo del éter su carro veloz.

XII

¡Yo palpito, tu gloria mirando sublime,
Noble autor de los vivos y varios colores!
¡Te saludo si puro matizas las flores!
¡Te saludo si esmaltas fulgente la mar!
En incendio la esfera zafírea que surcas,
Ya convierte tu lumbre radiante y fecunda,
Y aún la pena que el alma destroza profunda,
Se suspende mirando tu marcha triunfal.

XIII

¡Ay! de la ardiente zona do tienes almo asiento,
Tus rayos a mi cuna lanzaste abrasador...
¡Por eso en ígneas alas remonto el pensamiento,
Y arde mi pecho en llamas de inextinguible amor!
Mas quiero que tu lumbre mis ansias ilumine,
Mis lágrimas reflejen destellos de tu luz,
Y sólo cuando yerta la muerte se avecine
La noche tienda triste su fúnebre capuz.

XIV

¡Qué horrible me fuera, brillando tu fuego fecundo,
Cerrar estos ojos, que nunca se cansan de verte;

En tanto que ardiente brotase la vida en el mundo,
Cuajada sintiendo la sangre por hielo de muerte!
   ¡Horrible me fuera que al dulce murmurio del aura,
Unido mi ronco gemido postrero sonase;
Que el plácido soplo que al suelo cansado restaura,
El último aliento del pecho doliente apagase!

XV

   ¡Guarde, guarde la noche callada sus sombras de duelo,
Hasta el triste momento del sueño que nunca termina;
Y aunque hiera mis ojos, cansados por largo desvelo,
Dale, ¡oh sol! a mi frente, ya mustia, tu llama divina!
   Y encendida mi mente inspirada, con férvido acento
—Al compás de la lira sonora— tus dignos loores
Lanzará, fatigando las alas del rápido viento,
A do quiera que lleguen triunfantes tus sacros fulgores!

G. G. DE AVELLANEDA

173

LA NOCHE MAGICA Y OTROS TEMAS AFINES EN UN POEMA DE LA AVELLANEDA

GLADYS B. ZALDÍVAR

Western Maryland College

De tota la producción lírica de la *Avellaneda*, un poema, «La noche de insomnio y el alba»[1] muestra con más nitidez que otros lo que, siguiendo una nomenclatura de Lezama Lima,[2] llamaremos una creación inaugural, es decir, lo que irrumpe abriendo nuevos mundos poéticos a las generaciones del porvenir.

Examinando en forma sistemática «La noche de insomnio y el alba», de acuerdo con la única edición que nos ha sido posible consultar, la de 1914, nuestro análisis perseguirá aspectos tradicionales e innovadores en la estructura interior y exterior del poema, en la adjetivación, color y sonido y en los temas, de los cuales uno podría llamarse en lengua española la «noche mágica» o, si se quiere rendir homenaje al compositor Arnold Schönberg, que ha fijado contemporá-

1. Gertrudis Gómez de Avellaneda, *Obras de la Avellaneda*, Tomo I, *Poesías líricas* (La Habana: Imprenta de Aurelio Miranda, 1914. Edición del Centenario). Las citas y el poema que aquí se transcribe íntegro procederán exclusivamente de esta edición, dándose en romano la estrofa y en arábigo el número de los versos, además de la página.

2. José Lezama Lima y otros, *Cinco miradas sobre Cortázar* (Buenos Aires: editorial Tiempo Contemporáneo, 1968). A lo largo de su intervención en el coloquio sobre *Rayuela*, el poeta cubano hace la distinción entre lo que es una literatura de apertura, inaugural, como la de Joyce y lo que son literaturas cenitales, o de síntesis de lo conocido.

neamente el término, «la noche transfigurada» (Verklärte Nacht).[3]

Estructura interior y exterior

Observando la distribución estrófica de «La noche» (que de ahora en adelante abreviaremos así), vemos que hay ocho dedicadas a la noche y siete al amanecer; las primeras iniciándose con bisílabos y concluyendo en eneasílabos y las segundas que se abren progresivamente desde versos decasílabos hasta los de dieciséis sílabas. Esta combinación estrófica «in crescendo», dispuesta gráficamente es de una precisión matemática tal, que el poema constituye un perfecto triángulo isósceles. El hecho de que haya dedicado una estrofa más a la noche no resta, sino que equilibra la bipolaridad del poema que va desde la total oscuridad hasta la gradual eclosión de la luz. Y esta estructura constituye una prueba de dominio técnico de gran originalidad que sería insólita en la literatura del período si ya antes Andrés Bello no hubiera hecho un intento semejante en su traducción de «Los duendes» de Víctor Hugo.

Adjetivación, color y sonido

Teniendo en cuenta la adjetivación —elemento esencial y caracterizador de un estilo literario, según Gonzalo Sobejano—,[4] el color y el sonido encontramos que en la primera parte de «La noche» los epítetos *tristes, solaz, heridos, angosto, tenebroso, inmenso, denso, rendido, hondo, grave* constituyen un equipo muy del gusto de los románticos, de manera principalísima en Espronceda.[5] Obsérvese que dos de los

3. Arnold Schönberg (Austria, 1874 - California, 1951). *La noche transfigurada* es una de las composiciones musicales que mayor prestigio ha dado a su autor. Compuesta dentro de lo que se ha llamado el «atonalismo» en música, tiene como tema la noche desembocando en el alba, y es un buen ejemplo de la preocupación estructural que siempre demostró Schönberg.

4. Gonzalo Sobejano, *El epíteto en la lírica española* (Madrid: Gredos, S.A., 1970): «...el epíteto es acaso el recurso estilístico más apto para apreciar el estilo de un poeta y el estilo de una época literariamente diferenciada» (p. 428).
En lo adelante se citará sólo por esta edición y se dará en el texto el número de la página.

5. A lo largo del capítulo titulado «El epíteto romántico: José de Espronceda», Gonzalo Sobejano cita varios poemas de Espronceda para demostrar la preferencia del poeta por los adjetivos señalados.

adjetivos, *angosto* e *inmenso,* en obvio contraste de conceptos, tienen una connotación espacial. Y, en perfecta correspondencia con el tema de la noche, hay ausencia de color y de sonido.

En la segunda parte del poema, que se inicia en la novena estrofa y concluye en la décimo quinta, la noche se ha transformado en el día gracias a un proceso que descansa, además de en el lenguaje *per se,* en la elaboración plástica de una figura triangular que va desarrollándose hasta llegar a su máxima abertura en los versos de dieciséis sílabas. Aquí vemos que, del carácter lúgubre de los epítetos de la primera parte, el poeta ha pasado a otros de más brillantez y vitalidad, en consonancia con el objeto ya distinto, que es la luz. Así tenemos entre otros más *ardiente, vivos, almo* todos usados tradicionalmente en la lírica española, desde los clásicos hasta Meléndez Valdés y posteriormente los románticos[6] y *mágica, sacros,* que gozaron de la predilección romántica en general y en especial de la de la subjetividad de Espronceda.[7] *Dulce y pura,* que aparecen en esta segunda parte, aunque corresponden también a una tradición poética inmemorial, desempeñan una función importante en la visión romántica de la realidad.

El color, inexistente en las ocho primeras estrofas, aparece aquí en dos tonalidades básicas: azul y rojo (arrebol, rubor) y una tonalidad compuesta, el pardo. El «silencio tan hondo, tan grave» (estrofa VIII, verso 3, p. 168) de la noche en la primera parte da lugar a los «melífluos trinos» (X-3, p. 169) de las aves en esta segunda mitad.

Nada hay en la adjetivación que rebase las fronteras de lo conocido por la autora. Lo que sí es novedoso es el tránsito gradual de la oscuridad a la luz, de la ausencia del color y del sonido a la presencia del color y de los trinos, o sea, la transfiguración de la noche.

6. En el ensayo: «El epíteto neoclásico y pre-romántico: Meléndez Valdés», Sobejano (op. cit.), aísla estos adjetivos como una muestra de la gran preferencia de que han gozado.

7. Sobejano (op. cit.), en el capítulo referente a Espronceda, agrupa en tres categorías la adjetivación del gran romántico español: el epíteto tradicional, el enfático y el subjetivo. Mágica y sacro pertenecen a esta última categoría.

De una primera ojeada «La noche» se nos presenta como un muestrario de los lugares comunes favorecidos por la estética romántica: el tema de la noche no parece transcender el tratamiento romántico sobre el que Gonzalo Sobejano ha hecho la siguiente observación:

«Los epítetos de la noche, cuando tradicionales y no contaminados por la oleada del nocturno lúgubre, resultan ociosos, y lo mismo puede decirse para la oscuridad o la niebla. Unas veces está presente la noche serena y clara de un Fray Luis de León o un Francisco de la Torre, otras veces la noche oscura o sombría de todos los clásicos». (p. 323).

Considerado superficialmente el poema en sus ocho primeras estrofas serviría como una ilustración perfecta de la cita mencionada: los adjetivos, como ya se ha visto, reflejan la tradición clásica y neo-clásica gravitantes sobre la Avellaneda, así como sobre el resto de los poetas del romanticismo. Aislando ciertos versos encontramos efectivamente una buena síntesis de lo expresado por Sobejano: «noche triste» (I-1 y 2); «brindándole / al mundo / profundo / solaz / derraman / los sueños / beleños / de paz» (II, p. 167), y en la séptima estrofa «Mas ¡ay! que la noche oscura / cual un sarcófago inmenso, / envuelve con manto denso / calles, cielo, mar» (VII-5 al 8, p. 168). Podría decirse aún más: el tópico del poeta insomne, presente en el poema, nos demuestra la influencia de Lord Byron en Hispanoamérica señalada por Emilio Carilla,[8] quien menciona la versión libre creada por la Avellaneda, «A la luna», de «Sun of the Sleepless».

Una vez enumerados los vínculos de la Avellaneda con la lírica, precedente conviene ahora detenerse en lo que de innovador existe en su elaboración del tema de la noche. Haciendo un examen fragmentario de las estrofas encontramos en la segunda estos tres versos, que ya hemos citado anteriormente: «derraman / los sueños / *beleños* / de paz» (II 5 al 8, p. 167) y continúa en la tercera estrofa: «y se gozan / en letargo, / tras el largo / padecer, / los heridos / corazones /

8. Emilio Carilla, *El romanticismo en la América hispánica,* T. I., (Madrid: Gredos, 1967), p. 87.

con *visiones / de placer*» (III, p. 167). Hemos subrayado beleños y visiones de placer por una simple correlación: los beleños son raíces narcóticas cuyo efecto son alucinaciones o visiones. A una distancia aproximada de siglo y medio del romanticismo podría parecernos natural una imaginería en la que el sueño sea igual a una planta alucinógena y el soñar, su resultado, la visión fantástica. Sin embargo, correlaciones así no alcanzaron difusión hasta las generaciones románticas posteriores ni prestigio hasta la última fase del romanticismo europeo, especialmente el francés, conocida como la época decadentista. Y no hay que olvidar que la Avellaneda estaba escribiendo dentro de los límites de la primera generación romántica, más apegada a los moldes neoclásicos.

Sintetizando las estrofas subsiguientes, desde la cuarta hasta la octava, tenemos que en la cuarta el poeta está insomne y utiliza otro tópico familiar del período que son sus «tristes ojos» (IV-2, p. 168); en la quinta, confiesa que la abruma ese silencio de la noche y que observa *fantasmas* creciendo a su alrededor; en la sexta clama por un «espacio inmensurable» (VI-2, p. 168), confiesa que quiere abandonar los «angostos aposentos» (VI-6, p. 168) y «medir la esfera» (VI-7, p. 168), y cuando, en la séptima estrofa parece haber llegado a la realización de su anhelo, que es volar: «por fin ¡oh espíritu! puedes / por el espacio volar»... (VII-3 y 4, p. 168), «la noche oscura» (VII-5, p. 168) perturba de algún modo esta trascendencia, ya que se interpone «cual un sarcófago inmenso» (VII-6, p. 168). Finalmente, en la octava estrofa, introduce el tema del tiempo: «parece que el tiempo rendido / plegando sus alas reposa» (VIII-7 y 8, p. 168). En otras palabras: el poeta siente una necesidad de espacio que ha colmado sólo hasta cierto nivel porque el tiempo que transcurre durante la noche es sentido por el poeta como estático, es decir, como una prefiguración de la eternidad. Reduciendo aún más la ecuación tenemos que el tiempo, inseparable de la noche, es la muerte, que actúa como una fuerza limitadora de la sed de infinito (el Unendlichkeitstreben) [9] que el poeta ha expresado en la estrofa sexta, dos de cuyos ver-

9. David William Foster, «Un índice introductorio de los tópicos de la poesía romántica española: lugares comunes en la lírica de Rivas, Espronceda, Bécquer y Zorrilla», *Hispanófila* (Vol. 37, septiembre de 1969), pp. 1-22.

sos ya hemos mencionado arriba, pero repetimos ahora: «¡dadme aire! necesito / de espacio inmensurable». Reitera este mismo deseo más adelante en los versos 7 y 8: «¡Quiero medir la esfera! / ¡Quiero aspirar los vientos!» La Avellaneda, como todo poeta romántico sintió también la gravitación negativa del tiempo sobre su destino, y por extensión sobre el destino del hombre, pero lo que la sitúa como una figura de verdadero y personal vigor dentro del romanticismo es la claridad e intensidad expresivas de su necesidad de trascendencia por el espacio.

En la segunda parte de «La noche», es decir, la que va abriéndose hasta el amanecer desde la novena estrofa hasta la décimo-quinta no hay ninguna alusión directa al tiempo y, sin embargo, el ensanchamiento paulatino de las estrofas sugiere la transformación lenta de la noche en el alba, que cada vez va cobrando más y más intensidad hasta convertirse en una radiante mañana en los versos de dieciséis sílabas que componen la estrofa final. La Avellaneda se apoya casi totalmente en la disposición espacial del poema para comunicarnos el transcurrir del tiempo. La figura que forma el poema es un triángulo, como ya dijimos al principio de estas observaciones, pero, incorporando lo que líricamente se nos narra acerca del ansia de espacio, ese triángulo isósceles se convierte en una figura geométrica espacial, un cono; y como también se nos narra la transformación de la noche en el alba, el devenir de la sombra en claridad, podemos afirmar que la íntima estructura del poema, su visualización, es un cono de luz, y esta perfecta correspondencia de estructura y contenido constituye, que sepamos, en ese momento, un caso sin precedentes en la literatura hispánica.

La Avellaneda ha resuelto su necesidad de espacio por el espacio mismo, anticipando así corrientes literarias que habrían podido haber dado comienzo con Vicente Huidobro y el creacionismo en Hispanoamérica, proseguir con Borges, Bioy Casares, Carpentier —sólo por citar algunos— hasta la literatura más reciente, incluyendo la posición filosófica representada por Emilio de Matteis en su obra *El ser y el espacio*.

SESION III: DRAMA

LA MUJER EN LAS TRAGEDIAS DE GERTRUDIS GOMEZ DE AVELLANEDA

Enrique A. Laguerre
Universidad de Puerto Rico en Río Piedras

I. *Introducción*

En el siglo de Mme. Roland, Mme. Stäel, George Eliot, Fernán Caballero y George Sand, Gertrudis Gómez de Avellaneda fue excepcional mujer, nacida en Camagüey, Cuba, en 1814. A Cuba le consagra la totalidad de cuantas producciones han salido de su pluma.[1]

Nació «bajo la ardiente luz tropical», como dicen sus biógrafos, en un lugar cercano a Yara, en donde se encuentra el escenario de la primera gran obra antillana, *Espejo de paciencia* (1607), parte del ciclo épico de América, y en donde se da el grito de libertad en 1868. Describe amorosamente, en su *Autobiografía,* la vida provinciana de Puerto Príncipe, con sus tradiciones y estrecheces, y aun así asegura que hay más libertad para la mujer en Cuba que en Galicia.[2]

Ella, en realidad más española que americana, en confidencia al amor de toda su vida, Ignacio de Cepeda y Alcaide, dice: «Ya ves que soy la misma; la franca india; la semi salvaje».[3] Hugo D. Barbagelata, crítico uruguayo, la llama «extraordinaria hija de Cuba», «admiradora de Mme. Staël».[4]

---

1. *Munio Alfonso,* en *Obras Completas,* Tomo II, p. 9.
2. *Sab,* p. 279.
3. *Autobiografía y cartas,* p. 216.
4. Prólogo de *Sab.*

Sab novela escrita en su primera juventud, tiene como escenario las tierras de Camagüey. Se desarrolla más o menos hacia 1820, cuando los haitianos invadían Santo Domingo y el padre español de Gertrudis soñaba volver a España.

En rigor, las más íntimas amigas de la adolescente Gertrudis fueron adolescentes dominicanas, cuyos padres habían huido cuando los haitianos entraron en Santo Domingo por 1822.

Después de 1836, a los 22 años, salió hacia España y no regresó a su tierra natal hasta 1859, al cabo de 23 años. La recibieron con solemnidad, la coronaron con laurel de oro y le dedicaron muchos homenajes. Sin embargo, casi toda su obra, particularmente el teatro, es más española que americana.

Pero, como dice Nicomedes Pastor,[5] miembro de la Academia Española, en la noticia biográfica de sus *Poesías líricas,* más bien Gertrudis Gómez de Avellaneda «tiene por patria a su siglo».

Y es cierto, porque a través de las páginas de sus obras aparecen, reiteradamente, los nombres de Byron, Heredia, Rousseau, Gallego, Quintana, Chateaubriand, Schiller, Walter Scot, Espronceda, V. Hugo, entre otros, además de varios clásicos y neoclásicos: Corneille, Racine, Petrarca, Milton, Dante, Homero, Sófocles, Shakespeare, Ovidio. Hay, sin duda, influencia clásica en el teatro de la Avellaneda.

Desde muy joven «anhelaba conocer la (familia) de mi padre».[6] Cumplido su deseo, en 1836, cuando contaba veintidós años de edad, se dio de lleno a estudiar y apreciar la historia de España. Su teatro es fundamentalmente español en tema y en factura. *Recaredo* tiene como escenario la España del siglo VI; *Munio Alfonso,* la del siglo XII; *El Príncipe de Viana,* la del siglo XV; *La verdad vence apariencias,* la del siglo XIV; *Oráculos de Talía,* la del XVII; *Tres amores,* la del XVIII; *La hija de las flores, El millonario y la maleta,* la del XIX.

Es persistente la insatisfacción de esta «mujer de su siglo». No aceptó afectivamente a su padrastro cuando a los nueve años de edad lo tuvo. De adolescente «buscaba un bien

5. *Poesías lírica,* Tomo I.
6. *Sab,* p. 270.

que no encontraba y que acaso no existe sobre la tierra».[7] Se manifiesta en contra «de la envidiosa turba de mujeres envilecidas por la esclavitud social».[8] Eso, a pesar de que «no soy virtuosa, no; soy una débil criatura que ha cometido muchas faltas, que se reconoce muy frágil, pero amo la virtud, la busco, la pido, la deseo».[9] He aquí el gran conflicto de su vida.

Anticonvencionalista no puede tolerar a las mujeres «que comen, duermen, vegetan, y a las cuales el mundo llama muchas veces mujeres sensatas».[10] Sufre porque «me condenan las apariencias, se me juzga sin comprender mis motivos».[11] Reconoce que «esa virtud que llaman prudencia no es lo que más predomina en mi carácter».[12] Recrimina al amor de su vida, Cepeda, porque «estás como la tortuga unido indivisiblemente a tu concha».[13] Confiesa de modo terminante: «Yo no temo jamás al ridículo».[14]

Tenía, pues, que aferrarse a la libertad, la libertad individual. Desde adolescente desafía órdenes impuestas por la familia: no quiere al hombre que le escogen. En Galicia la acusan los familiares del padrastro de atea «por leer a Rousseau y por comer manteca los viernes».[15] Hija de su siglo se encuentra «extranjera en el mundo y aislada de la naturaleza».[16]

Su alma «codicia la libertad»,[17] y, cuando por fin consigue ir sola a Madrid en noviembre de 1840, se siente «en perfecta independencia».[18] Porque, la verdad, le repugna «todo lo que parezca dependencia».[19] Y pregunta, luego de sus relaciones amorosas con García Tassara: «¿Es tan grave delito

7. *Sab*, p. 257.
8. *Autobiografía y cartas*, p. 171.
9. *Ibid.*, p. 220.
10. *Ibid.*, p. 267.
11. *Ibid.*, p. 287.
12. *Ibid.*, p. 287.
13. *Ibid.*, p. 177.
14. *Ibid.*, p. 197.
15. *Sab*, p. 278.
16. *Autobiografía y cartas*, p. 90.
17. *Ibid.*, p. 90.
18. *Ibid.*, p. 164.
19. *Ibid.*, p. 232.

amar en una mujer que era libre?»[20] Declara rotundamente: «Yo considero (el matrimonio) a mi modo y a mi modo lo abrazaría. Lo abrazaría con la bendición del cura o sin ella... garantizado por... la recíproca fe de los contrayentes únicamente».[21]

Le confiesa eso a Cepeda en una carta del 25 de julio de 1845, cuando ya había sucedido el *affaire* con García Tassara. Luego contrajo matrimonio dos veces.

Cree Max Henríquez Ureña que la Avellaneda «canta a la libertad con robusto acento»,[22] pese a las dudas de Emilio Cotarelo.[23] Agrega Henríquez Ureña que la Avellaneda pinta en *Sab* la realidad que conoce y «condena y repudia la esclavitud».[24] En rigor, las mujeres de *Sab*, Carlota y Teresa, expresan más simpatías por la libertad del esclavo que los personajes masculinos.[25]

«...este fecundo germen de sentimientos y dolores...»[26] atarazó siempre la conciencia de la Avellaneda. «Mi gran defecto (dice) es no poder colocarme en el medio y tocar siempre los extremos».[27] Confiesa que la fatalidad la persigue porque no ha «nacido para ser dichosa».[28] Ya en su madurez «tiene gloria, pero no felicidad».[29] Se siente cansada «del mundo, de los obsequios, de las calumnias, de la adulación, de la gloria y hasta de la vida».[30]

Afirma Max Henríquez Ureña que «un amor avasalló durante largos años la voluntad de la Avellaneda».[31] Se trataba, como se ha dicho, de Ignacio de Cepeda y Alcaide, a quien conoció en Sevilla en 1839 y con quien tuvo correspondencia hasta febrero de 1850, aunque hubo ruptura de relaciones en 1840. En 1845 tuvo una hija con Gabriel García Tassara;

20. *Ibid.*, p. 195.
21. *Ibid.*, p. 174.
22. Max Henríquez Ureña. *Panorama histórico de la literatura cubana*, p. 200.
23. *Ibid.* Cita en la página 200.
24. *Ibid.*, p. 221.
25. *Sab.*, pp. 106-107.
26. *Ibid.*, p. 279.
27. *Ibid.*, p. 256.
28. *Ibid.*, p. 268.
29. *Autobiografía y cartas*, pp. 170-171
30. *Ibid.*, p. 175.
31. *Panorama histórico de la literatura cubana*, pp. 197-200.

en 1846 casó con Pedro Sabater, diputado y jefe político de Madrid. Enviudó a los ochenta días. Su segundo matrimonio, con el Coronel Domingo Verdugo, personaje allegado a la Corte, ocurrió en 1855.

En su *Autobiografía* puede advertirse que la Avellaneda no esconde esas relaciones, pasajeras o firmes, que pasan de doce.

Aprovecha sus comedias para satirizar a aquellos que recortaban el derecho de la mujer a la libertad. En *La hija de las flores* proclama el derecho de la mujer al libre albedrío, aunque se pliega al convencionalismo de las clases. [32] En *Tres amores*, Matilde, una moza, vive bajo el mismo techo con Antonio y dice: «¿Aplauden en el mundo la inteligencia de la artista para adquirir derecho a ultrajar la virtud de la mujer?» [33] En esta comedia, Matilde renuncia a un título nobiliario para casarse con un hombre humilde, Antonio. La Bada de *Recaredo* es valiente mujer que no cede ante el abuso del poder y conquista el amor del príncipe.

La Avellaneda se toma la defensa de la mujer en boca y actos de algunos de sus personajes. En *La aventura*, uno de los personajes, Eduardo, dice: [34]

> *Que es enorme sinrazón*
> *Que la ley de la expiación*
> *Sólo alcance a la mujer*
> *Y que el hombre juez severo*
> *De faltas de que es autor*
> *Blasone de seductor*
> *Y después de justiciero.*

Insiste, como, el teatro clásico español, en el honor como patrimonio del alma en obras como *La verdad vence apariencias* [35] y en *Oráculos de Talía*, escrita ésta para satirizar a quienes se opusieron a que la autora fuese el primer miembro femenino de la Academia de Letras española. Dice:

32. G. Gómez de Avellaneda. *La hija de las flores*, en *Obras Completas*, Tomo III, p. 61.
33. *Ibid.*, p. 585.
34. *Ibid.*, p. 201.
35. *Ibid.*, p. 514.

> *¿Es cosa rara en España*
> *Que el togado mande en guerra*
> *Y el literato en marina*
> *Y el militar en hacienda?* [36]

Juzgo su teatro desde el punto de vista del tema de esta ponencia. No me parece que la Avellaneda tenga particular habilidad para la comedia, salvo algunas excepciones, como *El millonario y la maleta*, una de las pocas en prosa.

Adolecen de algunos defectos, quizás imperdonables, como la intriga forzada; la abundancia de «apartes»; el amontonamiento de sucesos; los rellenos con palabras convencionales: «¡ah! ¡cielos!»; las «trompetas» que el final de las escenas precedentes suenan para presentar a los personajes de las escenas subsiguientes, etc.

Prefiero a la Avellaneda en sus tragedias —*Munio Alfonso, El Príncipe de Viana, Saúl* y *Baltasar*— que son, a mi ver, lo mejor de su obra. Conviene no olvidar que el teatro hispánico del siglo XIX no se caracteriza por su excelencia. En general, el romanticismo español no es muy notable y dista mucho de compararse con el francés, el inglés o el alemán.

Sin duda alguna, dentro del escaso resalte del teatro romántico español, obras como *Recaredo, Munio Alfonso, El Príncipe de Viana, Saúl* y *Baltasar* se destacan singularmente. Y se me figura que la Gómez de Avellaneda consiguió no limitarse a los modos románticos españoles y se asoma, con decoro, al teatro clásico español y universal. Eso se hace evidente, muy en particular, en obras como *Saúl* y *Baltasar*.

II. *La mujer en las tragedias de Gertrudis Gómez de Avellaneda*

En el *Prólogo* a las *Poesías líricas* de Gertrudis Gómez de Avellaneda destaca J. Nicasio Gallego la capacidad de esta mujer para «reunir a una afición que raya en entusiasmo, una firme voluntad y fuerza de carácter que no se deja acobardar por vulgares prevenciones». [37] «Todo en su canto (agrega) es nervioso y varonil; así cuesta trabajo persuadirse que

36. *Ibid.*, p. 237.
37. J. Nicasio Gallego. Prólogo a *Poesías líricas*, p. 11.

no son obra de un escritor del otro sexo», con lo que cree elogiarla, quizá por prejuicio de época: la *Autobiografía* de la Avellaneda pone de relieve su enteriza feminidad. Tomando a préstamo palabras de George Bernard Shaw, de ella bien podía decirse que no hay don Juanes, sino doñas Juanas.

Recalcan los editores de su obra que ella «venció prejuicios de época» y fue agasajada por el Duque de Frías, J. Nicasio Gallego, José Zorrilla, Bretón, Hartzenbush.[38] Vivió momentos difíciles: el turbulento reinado de Isabel II, con cuya corte tuvo relaciones bastante estrechas.

Llega al apogeo de su reputación hacia la mitad de la década de los cincuenta. Vive en Cuba desde 1859 a 1864. Llega, pues, a España en un momento de agrias agitaciones políticas. En 1868 cae Isabel II. Hace refundiciones a sus obras, que se publican de 1869 a 1870. Muere en 1873, luego del advenimiento de la primera república española.

Si no tenía enemigos, por lo menos sin duda esquivaron su presencia aquellas personas que no querían malquistarse con el nuevo régimen. Murió rodeada de soledad.

1. *Fronilde y la libertad del amor*

Fronilde es la protagonista femenina de *Munio Alfonso,* drama escrito en 1844. Asegura haberlo compuesto en menos de ocho días. El público lo recibió con entusiasmo.

Lo dedica a su hermano Manuel porque «en nuestra casi extinguida familia paterna tú representas la rama de *Munio Alfonso,* de que decendemos».[39] Sus fuentes son, dice: *Dignidades seglares,* de Salazar Mendoza; *Historia del emperador Alfonso VII*, de Prudencio de Sandoval; *Linajes de Toledo,* de Jerónimo Román de la Hilera; *Historia de Africa - Arabes en España,* de Luis de Mármol; *Ascendencia ilustre, gloriosos hechos y posteridad noble del famoso Nuño Alfonso, alcayde de Toledo y Príncipe de su milicia y rico-hombre de Castilla.* Asegura haber encontrado los primeros datos en el archivo de su familia.

Es interesante descubrir que los hechos ocurren hacia 1140 en Toledo, en momentos en que ya andaría el juglar di-

38. *Poesías líricas*, p. 19.
39. *Obras de Gertrudis Gómez de Avellaneda*, Tomo II.

ciendo los cantares del Cid, muerto en 1099. Es momento histórico de trascendencia, cuando los cristianos se debatían con los árabes de los reinos de Taifa. En rigor, la autora compara a Munio Alfonso con Rodrigo Díaz de Vivar.

Siempre he sostenido que sólo el primer cantar del *Poema del Mío Cid,* es propiamente épico. Los cantares II y III plantean cuestiones de honor. Pero contrario al Cid, quien pide justicia a Alfonso VI por los sucesos de Corpes, *Munio Alfonso,* temiendo que el príncipe Sancho hubiese engañado a su hija, da muerte a ésta.

Gertrudis Gómez de Avellaneda ve el suceso como grave injusticia y sale en defensa de la mujer, de Fronilde, la hija de Munio Alfonso. No puede tolerar que se le haya inmolado, por simple sospecha.

Con amor dedica el drama a Cuba y a su hermano; con amor se mira en el espejo de esos documento familiares. Nos hace ver que bien podía Fronilde escoger a quien quisiera, para amarlo; pero ya inmolada la pobre muchacha, cae la mano vengadora de la autora sobre Munio Alfonso, quien luego ha de morir combatiendo a los moros, luego que se hubiese enterado de que el rey, padre del príncipe Sancho, había autorizado el matrimonio de su hijo con Fronilde. Para castigo de Munio Alfonso, la autorización llegó cuando no había remedio.

Pero no es sólo a Fronilde a quien toma la Avellaneda como motivo para defender el derecho de la mujer a amar a quien quiere; en la infanta Blanca de Navarra se hace cuerpo la idea de que los padres no deben tener derecho a decidir quién ha de ser el marido de su hija.

Era Blanca la prometida oficial de Sancho; ambos deciden que no convienen tales relaciones. Insiste el Príncipe en que se apruebe su matrimonio con Fronilde; pero, como se ha dicho, la decisión favorable del rey llega tarde.

Gertrudis Gómez de Avellaneda lleva esta cuestión de libre albedrío en la selección de esposo o esposa porque combatía la costumbre tradicional de imponer marido a las jóvenes casaderas. Ella misma pasó por tales experiencias y les opuso resistencia.

190

2. *Isabel y el sacrificio del amor*

El marco histórico en que se desenvuelven los acontecimientos de *El Príncipe de Viana* está en la frontera entre la Edad Media y el Renacimiento. Dramáticos sucesos habrían de sobrevenir posteriormente, con el advenimiento de los Reyes Católicos al poder, quienes propulsan la unidad nacional, el orden interno, la expansión imperial y la homogeneidad religiosa.

En el momento de *El Príncipe de Viana*, siglo xv, gobierna en Castilla Enrique IV, hijo de Juan II de Castilla, y en Aragón, Juan II de Aragón. Carlos, Príncipe de Viana, hijo de Juan II y Blanca de Navarra, ya fallecida, es heredero al trono. El rey habría visto con buenos ojos el matrimonio de Carlos con Isabel de Castilla, hermana de Enrique IV.

Mientras tanto, la nueva renia, Juana Enríquez, trama en favor de su hijo Fernando. Se acusa al Príncipe de Viana de traicionar a sus reyes y de tramar contra ellos, con Enrique IV. Aragoneses, catalanes y navarros respaldan al Príncipe. No toleran que se le tenga en prisión.

Con apariencias de tolerancia, Juana Enríquez se acerca a Carlos. Este enferma y se acusa a la reina de haberlo envenenado.

(Según los textos de la historia española a Juan II de Aragón sucede Alfonso V, su hermano. Muerto éste, entra a gobernar Fernando, quien, unido en matrimonio con Isabel de Castilla, con ella cumple los propósitos de expansión nacional española enunciados anteriormente.)

Todos estos acontecimientos históricos puntualizan el dramatismo de *El Príncipe de Viana*. Pero la intención de la autora es singularizar los sentimientos humanos; destacar el sacrificio de amor de una mujer: *Isabel de Peralta*, hija del Canciller del Rey.

Ocupaba Isabel lugar de preferencia en la Corte como dama acompañante de Juana Enríquez, la reina. En seguida se le plantea el conflicto de lealtades: decidirse por la Reina —que es como decir decidirse por el Rey y por el Canciller, que están en solidaridad con las aspiraciones de la Reina— o respaldar al Príncipe Carlos. No vacila: se coloca del lado de Viana.

191

Su respaldo dista mucho de ser pasivo: en ambiente de disfraces e intrigas, la muchacha pone en riesgo su seguridad personal. Se aprovecha de su presencia en la Corte para ayudar al Príncipe. Muerto ya el Príncipe, Isabel acusa dramáticamente a la Reina, luego se suicida. Se sacrifica por amor.

La Avellaneda dedica la *Introducción* [40] a Fernán Caballero (Cecilia Böhl de Faber), la escritora realista española contemporánea suya y ahí expresa el criterio de que los autores dramáticos «cometen» «condenable abuso» cuando «al presentar hechos y personajes que han existido realmente, nos cuidamos menos de la verdad histórica que de los efectos dramáticos». [41] Ella, sin embargo, procura que el cuadro sea «no sólo más verosímil, sino también más dramático». [42]

Fue precisamente Fernán Caballero quien persuadió a la Avellaneda para que incluyese *El Príncipe de Viana* en sus *Obras completas,* ya que su autora intentaba suprimirlo.

Las palabras de la Avellaneda ponen de relieve el indiscutible dramatismo de los acontecimientos cortesanos de Aragón, en un momento interesantísimo de la historia de España. Estos acontecimientos se reflejan en las pasiones individuales de los personajes; la autora carga la mano en *Isabel de Peralta,* quien no habría de pasar a la historia como los demás personajes cortesanos.

La intención de la autora es patente: poner de relieve que la mujer es capaz de llegar al mayor de los sacrificios cuando ama. ¿Por qué tenía Isabel de Peralta que renunciar a la comodidad cortesana, sólo por lealtad a un hombre en desgracia? Se cree en el deber de mantener informados a los seguidores del Príncipe de Viana.

Malquerida por los reyes y por su propio padre, Isabel se ve rodeada de soledad. Y finalmente tiene la entereza de enfrentarse a Juana Enríquez y de acusarla de asesinato. [43]

Sabe Isabel de Peralta, porque habla con las experiencias de la propia autora, que su padre el Canciller Peralta

40. *Ibid.*
41. *Ibid.*, p. 67.
42. *Ibid.*, p. 68.
43. *Ibid.*, p. 132.

está «como la tortuga unido indivisiblemente a su concha», [44] el convencionalismo cortesano. Pero Isabel es de voluntad firme «y fuerza de carácter que no se deja acobardar por vulgares prevenciones». [45]

El lector o el espectador no ha de ver en Isabel de Peralta a una cortesana más, parecida quizá a las muchas cortesanas con quienes se codeó la Gómez de Avellaneda en la Corte de Isabel II, tan llena de intrigas y liviandades; sino a la mujer enérgica y decidida que anunciaba la autora en sus obras.

El propio Príncipe de Viana deja de ser un príncipe más y, como súbdito aragonés, se convierte en símbolo de resistencia nacional frente a las ambiciones de la gente foránea. Isabel de Peralta se identifica con esa posición.

3. *Micol y la grandeza de la humildad en el amor*

Saúl es el primero de los dos dramas bíblicos de la Avellaneda. Lo escribió en 1846; lo revisó para presentarlo al público en 1849. En él no hay «alteración considerable a la verdad bíblica». [46] Recuerda la intención de los grandes dramaturgos clásicos griegos la declaración de la autora que dice tomar el tema desde que llegando (Saúl) al apogeo de su gloria y de su orgullo, atrae sobre su cabeza la reprobación divina y no la deja sino cuando sucumbe a la suprema voluntad. [47]

Se advertirá, también, que la Avellaneda va a la historia y a la Biblia en busca de grandes personajes, y no es ésta actitud simplemente romántica, ya que algo similar hicieron los grandes dramaturgos del pasado: Sófocles, Esquilo, Shakespeare. Parece creer, como Aristóteles, que el destino de sus personajes es más solemne si pertenecen a la más alta jerarquía social.

Probablemente sea *Saúl* el drama suyo que más se asemeja al teatro clásico griego. Advertimos a un protagonista

---

44. *Autobiografía y cartas*, p. 177.
45. Lo dice J. Nicasio Gallego, de la Avellaneda, prólogo a *Poesías líricas*, Tomo I.
46. *Obras Completas*, Tomo II, p. 213.
47. *Ibid.*, p. 213.

13.

muy soberbio que desafía a Dios, sobre todo, en el acto de profanar el tabernáculo o santuario.

Samuel es la conciencia religiosa: «como te alcé del polvo con un soplo, con otro soplo haré que al polvo vuelvas».[48] Los presagios en contra del poder de Saúl son de la más prestigiosa tradición de la gran tragedia. Las plegarias de las vírgenes y las de los guerreros en favor de David son nuevos signos de esa saludable influencia griega.[49] No faltan los coros[50] ni la Pitonisa (brujas).[51] La figura de Samuel aparece, desaparece y reaparece hasta que se consuma la profecía.

En *Saúl* se pone de relieve que hay fuerzas metafísicas que intervienen en el destino de los hombres. La soberbia de Saúl pretende pasar por alto esa realidad espiritual. En el combate entre David, humilde pastor, y Goliat, gigante de los filisteos, vence el poder de la fe. Micol, hija de Saúl, y las demás vírgenes alientan a David en el aparente desigual combate.

Con el triunfo aumenta el prestigio del antiguo pastor. La soberbia de Saúl alienta celos. No quiere considerar los anuncios proféticos de Samuel. Pero los soldados aceptan a David como su caudillo. Aunque ya había accedido Saúl a casar a su hija Micol con *David*, la profecía de Samuel de que un belemnita (el pastor era belemnita) habría de ceñir corona de rey, lleva a Saúl a tramar la muerte del héroe. «¡Mueran los levitas traidores!», grita el rey.[52]

Tanto Micol como su hermano Jonathan dan respaldo cordial a David. Las profecías de Samuel enloquecen a Saúl. Cegado por la ira, por ultimar a David, mata a su propio hijo. Cuando se entera de su error se suicida. Y se cumple la profecía de Samuel.

Micol no tiene en *Saúl* la fuerza de Isabel de Peralta, de *El Príncipe de Viana*, y mucho menos la avasalladora presencia de la Elda de *Baltasar*, pero aún así, encarna el concepto que la Gómez de Avellaneda tenía del destino de la mujer en sociedad.

48. *Ibid.*, p. 229.
49. *Ibid.*, p. 241.
50. *Ibid.*, p. 253.
51. *Ibid.*, p. 280.
52. *Ibid.*, p. 266.

Voluntaria o involuntariamente, Micol se ha identificado con una causa justa, aun en contra de su padre. Una fuerza más imperiosa que las relaciones de hija a padre, la conducen a aceptar su destino ligado a David.

Como en otros casos similares de su obra dramática, la Avellaneda parece defender los derechos de la mujer en las circunstancias de Micol.

4. *Elda y su fidelidaá a Dios, a su patria y a su amor*

Puede decirse que todos los críticos están de acuerdo con que *Baltasar* es la mejor obra de Gertrudis Gómez de Avellaneda. Se estrenó en el Teatro Novedades de Madrid en abril de 1858, en la culminación de la carrera literaria de la escritora. Está dedicada al hijo de Isabel II, a Alfonso, Príncipe de Asturias.

De *Baltasar* dice Marcelino Menéndez y Pelayo que «es obra maestra, no sólo por la ejecución brillantísima, a la vez y por la grandeza misántropa del personaje principal... encarna de modo más alto el hastío y el pensamiento románticos».[53] A su vez asegura el profesor norteamericano Carlos Bransby:[54] «It would be difficult to find in Spanish or, in fact, in any other modern language, finer passages than some of those contained in *Baltasar*». Y agrega: «Avellaneda combine with her manly independence and vigor of thought the tenderness and delicacy of a woman».

Como Saúl, Baltasar se deja dominar por la soberbia. Es rey poderoso de Babilonia y tiene prisioneros al ex rey de Judea, Joaquín, al nieto de éste, Rubén; a Daniel, profeta y a su sobrina Elda, casada en secreto con Rubén.

Otra vez ha escogido la Avellaneda un momento dramático de la historia para encuadrar su drama: cuando el conquistador asirio Ciro está a punto de invadir Babilonia, imperio ya en decadencia, Baltasar, rey babilonio, es la encarnación del tedio y la soberbia. La reina madre, Nitocris, trae una nota de serena majestad al drama.

53. *Panorama histórico de la literatura cubana.* Cita en págs. 220-221.
54. Carlos Bransby. *Introduction, notes and vocabulary for «Baltasar», a Biblical Drama,* pp. 17 y 19.

Es coincidencia curiosa el que Rubén llame «amiga, hermana y amante» a Elda que es, más o menos, como la Avellaneda llamaba a Ignacio de Cepeda en sus cartas. Baltasar no sabe del matrimonio secreto de Rubén y Elda y sobre esa situación se apoya buena parte del dramatismo de la obra. Conviene recordar que las obras dramáticas del siglo XIX se apoyaban en artificios de ese tipo.

Aunque se llame *Baltasar,* es Elda quien lleva la voz cantante en este drama. No sólo representa ella las ideas que sobre la mujer sostenía la Avellaneda, sino que, también, alienta el espíritu de los profetas del viejo Testamento. Es sobrina de uno de ellos, Daniel, y está casada con quien podía convertirse en rey de Judea, Rubén.

Es hermosa y desafiante; Baltasar pone sus ojos en ella; pero Elda es fiel a su Dios, a su Patria («que esclava gime») y a su amor, Rubén. Desde los primeros momentos del drama así lo proclama. [55]

La valentía de Elda estremece el «infecundo fastidio» de Baltasar, quien «sufre la existencia», [56] adelantándose la Gómez de Avellaneda a las ideas existencialistas de años más tarde.

Para mayor eficacia artística, es en *Baltasar* en donde aparecen los más fluidos versos dramáticos de la Avellaneda. Ello se pone de manifiesto en la contienda espiritual entre la fidelidad trinitaria de Elda y el «tedio infecundo» de Baltasar. [57]

«...alas no halla el pensamiento en donde no hay libertad», [58] grita Elda esclavizada cuando Baltasar quiere que cante. Se asombra el rey de que ella se niegue, [59] y la admira. «Tu soberbia me encanta», confiesa y quiere convertirla en la «joya de su harén».

Entonces es que se pone de relieve la valentía de esta mujer. «¡Mi vida es tuya, pero mi alma es mía!», situación ideológica recurrente en el teatro calderoniano.

Es convincente la actitud de Elda:

55. *Baltasar,* p. 32.
56. *Ibid.,* p. 52.
57. *Ibid.,* p. 55.
58. *Ibid.,* p. 57.
59. *Ibid.,* p. 61.

...que si ambicionas
comprarme la virtud, que es mi tesoro,
no basta de cien mundos todo el oro
ni con nada en tu frente mil coronas.

¡Para rendir, señor, los corazones,
no alcanzan el cetro de ningún tirano! [60]

Es eficazmente dramático el final del segundo acto, con
el intercambio de palabras entre Baltasar y Elda y la intervención de Rubén. Daniel dice la última palabra: «¡Sólo a
Dios le toca la venganza!» [61]

Es decir, anuncia Daniel que es inexorable el abatimiento
de la soberbia de Baltasar. Pero éste tiene planes de encontrar en Elda todo cuanto le había faltado antes: «¡Yo aspiro
a un alma, no a un cuerpo!», dice: [62]

...que prueba que una esclava
le puede dar dichas a un rey...
pues los iguala una ley
del amor que yo ignoraba. [63]

Cuando el rey descubre que Elda y Rubén están casados
enfurece, devuelve a Elda a la prisión y ordena dar muerte
a Rubén: Esto ocurre en los instantes en que las huestes de
Ciro están a la vista de Babilonia.

No se hace esperar: entra Ciro en la ciudad y Nitocris
incendia el palacio. Todos perecen. Pero ya el palacio sólo
había sido, para una Elda enloquecida, «un vasto cementerio».

Por fidelidad a Dios, a su Patria y a su Amor, entra Elda
en la gloria eterna. Para la Avellaneda quizá sea Elda el «bien
que buscaba y que acaso no existe sobre la tierra», según confiesa en sus cartas, [64] porque «no he nacido para ser dichosa». [65] Elda es, sin duda, hija de los mejores sueños de quien
tuvo por patria a su siglo.

60. *Ibid.*, p. 64.
61. *Ibid.*, p. 74.
62. *Ibid.*, p. 82.
63. *Ibid.*, p. 83.
64. *Sab.*, p. 268.
65. *Sab.*, p. 268.

BIBLIOGRAFÍA

I. G. Gómez de Avellaneda. *Sab*, París, Biblioteca latino-americana, Imprenta y Encuadernación Vertogen, 1920.

  1. G. Gómez de Avellaneda. *Autobiografía* (parcial), con la novela *Sab*, París, Biblioteca Latinoamericana, Imp. y Encuadernación Vertogen, 1920 (páginas 247-290).
  2. Hugo D. Barbagelata. Prólogo de *Sab*, París. Bibioteca Latinoamericana Vertogen, 1920.

II. G. Gómez de Avellaneda. *Autobiografía y cartas* (hasta ahora inéditas) *de la ilustre poetisa Gertrudis Gómez de Avellaneda*. Madrid, Imp. Helénica, 1914, 299 págs. (2.ª edición).

  1. Lorenzo Cruz y Fuentes. Prólogo de la *Autobiografía*, Madrid, Imp. Helénica, 1914.

III. Max Henríquez Ureña. *Panorama histórico de la literatura cubana*, Puerto Rico, Ed. Mirador, Tomo I, 1963.

IV. Gertrudis Gómez de Avellaneda, *Poesías líricas*, Madrid, Imprenta y Estereotipia M. Rivadeneyra, Tomo I, 1869.

  1. Juan Nicasio Gallego, *Prólogo*, en *Poesías líricas*, Madrid, Rivadeneyra, Tomo I, 1869.
  2. Nicomedes Pastor, *Noticia biográfica*, en *Poesías líricas*, Madrid, Rivadeneyra, Tomo I, 1869.

198

V. G. Gómez de Avellaneda, *Obras literarias de la Señora Doña Gertrudis Gómez de Avellaneda,* Madrid, M. Rivadeneyra, Tomo II, 1869, 498 págs.

1. *Munio Alfonso.*
2. *El Príncipe de Viana.*
3. *Saúl.*
4. *Recaredo.*

VI. G. Gómez de Avellaneda, *Baltasar,* La Habana, Cuba, Colección Teatro, Consejo Nacional de Cultura, 1962.

VII. Carlos Bransby, *Introduction, notes, and vocabulary* for *Baltasar,* a Biblical Drama by Gertrudis Gómez de Avellaneda, New York, Cincinnati, Chicago, American Book Co., 1908.

VIII. Gertrudis Gómez de Avellaneda. *Obras completas,* Madrid. Rivadeneyra, Tomo III, 1870.

1. *La hija de las flores.*
2. *La aventurera.*
3. *Oráculos de Talía o los duendes en palacio.*
4. *La hija del rey René.*
5. *El millonario y la maleta.*
6. *La verdad vence apariencias.*
7. *Tres amores.*

GERTRUDIS GOMEZ DE AVELLANEDA, DRAMATURGA ECLECTICA

LUIS G. VILLAVERDE
Fordham University, N.Y.

Según E. Allison Peers [1] la literatura española siempre ha sido romántica si por tal se entiende, por una parte, la tendencia a la innovación y al colorido en el lenguaje, cosa que se ve patente desde Nebrija, los hermanos Valdés y Fr. Antonio de Guevara; y por otra, la inclinación de dejarse llevar más por la emoción y la pasión que por la razón, como lo hacen los místicos, o Fr. Luis de León y, llegando al Siglo de Oro, el más romántico de todos, Lope de Vega, que jamás tachó una línea de su prolífica obra, y que se jactaba de conocer las reglas y burlarlas. Si romántico quiere decir rebelde, esto fueron Cervantes y Quevedo, entre otros, incluso Calderón, en cuyas obras vio Schlegel la cumbre suprema de la poesía romántica por su lirismo imaginativo, por la mezcolanza que hace de paganismo y cristianismo en sus dramas, comedias y autos aunque, por otra parte, su inclinación al clasicismo lo llevó a afectaciones y formalismos verbales (Peers, I, cap. 1-I).

Siguiendo su tesis, Peers opina que después de 1680 el idealismo romántico huyó de la literatura española por el afán de seguir la tendencia neoclásica que imperó en Europa hasta después de mediados del siglo XVIII. Es precisamente hacia 1750 cuando aparece en España una nueva nota de ro-

1. E. Allison Peers, *Historia del movimiento romántico español*, 2 volúmenes. (Madrid: Gredos, 1967). Las citas de E. Allison Peers que sigan se refieren a esta obra.

manticismo con la Academia del Buen Gusto, donde un joven clérigo de Granada, José Antonio Porcel, se rebela contra el neoclasicismo afrancesado y contra las reglas poéticas y declara que «la poesía no conoce más ley que el genio» (Peers, I, p. 37). El movimiento pedía, desde un principio, libertad para los autores tanto en la manera de pensar como en la de expresarse; su primera manifestación es el descontento, pero éste va creciendo hasta convertirse, en la década de 1830-40, en rebelión violenta contra las limitaciones de las «reglas» que los neoclasicistas trataban de imponer en la literatura. El teatro es el género que más se distingue en este proceso que va desde el descontento hasta la rebelión, pues en él los preceptos clásicos son más esenciales que en cualquier otro género y, por ser dichos preceptos tan opuestos al temperamento y al gusto del pueblo español, el teatro neoclásico no pudo conquistar el favor del público en España.

Peers sostiene que paralelamente a la rebelión romántica, desde finales de la década de 1830, surge y va cobrando fuerza otro movimiento que aspira a establecer un *justo medio* entre el extremo romántico y la reacción clasicista intransigente: éste es el eclecticismo que sostendrá una lucha tenaz contra las corrientes opuestas y acabará por imponerse. La lucha fue más encarnizada en el teatro que en los otros géneros. En el movimiento ecléctico el principio fundamental será la crítica conciliatoria, demostrando apoyo a los románticos por un lado y, por otro, desconfianza en la rebelión desorbitada. En consecuencia escogerá temas clásicos, pero se manifestará contra el formalismo y reclamará libertad para la forma romántica de su expresión y tratamiento. Cotarelo y Mori,[2] el mejor biógrafo de la Avellaneda, también está de acuerdo en que en la década del 30 se inicia la reacción contra la rebelión romántica y así escribe: «A partir de 1836, mientras el clasicismo languidecía y el movimiento romántico, tras la breve llamarada de *El Trovador*, se extinguía de golpe, el eclecticismo fue cobrando cada vez más fuerza y vigor,

2. Emilio Cotarelo y Mori, «La Avellaneda y sus obras» en el *Boletín de la Real Academia Española*, vol. XV, 1928; vol. XVI, 1929; vol. XVII, 1930. Publicado en un volumen en 1930. Las citas de Cotarelo que siguen las tomó del Boletín de la Real Academia.

acabando por ser, con mucho, la doctrina de más adeptos en el país (Cot., BRAE, XV p.).

Ambos críticos están pues de acuerdo en considerar que el teatro español, en la década del 40, había evolucionado completamente de la exaltación estrepitosa de los años del *Don Alvaro* o *Los amantes de Teruel*, pero el uno sigue considerándola como una década romántica y el otro sostiene que el Romanticismo había pasado ya y, en su lugar, reinaba el movimiento ecléctico. No importa cómo se quiera denominar a esta época en que la Avellaneda hace su aparición triunfal en las carteleras de Madrid, puesto que los dos vuelven a coincidir en que la joven escritora se adapta perfectamente a la situación. Peers dice que cuando «hizo su primera presentación en el Liceo de Madrid, la hizo como sencilla adepta a las nuevas modas literarias (se refería al Romanticismo) que ya se miraban con crítica en dicho círculo .. pero un examen detenido de sus primeras poesías revela que también del pseudoclasicismo había tomado no pocos hábitos» (Peers II, p. 184). Un poco más adelante añade que cuando se presentó el *Munio Alfonso* en Madrid (1844), «la reacción antirromántica ya estaba en marcha y la Avellaneda, que tenía una marcada inclinación por la tragedia clásica, se aprovechó plenamente de la ocasión» (Peers II, p. 186). El historiador del movimiento romántico considera la obra teatral de nuestra autora como clasicista y antirromántica. *Munio Alfonso* para él, «tanto por su nombre como por su naturaleza es 'tragedia': emplea un solo metro, se atiene rigurosamente a las unidades, y el tema medieval no se somete a demasiada elaboración. Hay situaciones románticas... exornadas a menudo de fraseología romántica. Pero el indicio principal que la obra presenta de que el movimiento romántico ha pasado ya por España es una cierta lozanía, vigor y espontaneidad de expresión que apunta a la época de emancipación y confusión, más que de imitación y convencionalismo» (Peers II, . 186). Esto es todo lo que dice del *Munio,* y de *El Príncipe de Viana* y *Egilona,* que sólo cita; opina que son de un carácter general semejante. Su clasificación de la Avellaneda como poetisa ecléctica y dramaturga clasicista no está por lo tanto suficientemente fundamentada y no es convincente.

Cotarelo tampoco analiza ampliamente las obras dramáticas de la Avellaneda y, en las que lo hace, encuentro algunos puntos rebatibles. Por ejemplo, refiriéndose a *Leoncia* dice que «involuntariamente trae a la memoria las trágicas figuras de Fedra y Yocasta» (Cot., BRAE, XV p. 13). Creo que en vez de emparentar esta tragedia con el clásico complejo de Edipo sería más acertado el relacionarla con el tema del hijo perdido o, en el caso de Elena, la hija perdida, con lo cual podemos acercarnos más a Cervantes (*La fuerza de la sangre*) o a Calderón (*La devoción de la Cruz*) y así afirmar que lo clásico de la obra está en la trágica muerte de Elena, y lo romántico, entre otras cosas, en el suicidio donalvaresco de Leoncia. Señala el biógrafo, sin embargo, cómo en las obras poéticas de la escritora camagüeyana se reflejan el desaliento y el cansancio propios del Romanticismo, en lo que coincide un poco con la opinión de Allison Peers, pero apunta a renglón seguido que afortunadamente, cuando nuestra poetisa se traslada a Madrid, ya aquellos sentimientos iban disipándose. Además añade Cotarelo que «lo que la Avellaneda intentó (en *Munio Alfonso*) sin darse cuenta muy clara de ello, fue la fusión de los dos sistemas dramáticos: la tragedia antigua con el drama romántico» (Cot., BRAE, XVI, p. 38).

Un análisis más atento de la obra dramática de la Avellaneda[3] revela que, con sumo empeño y éxito, la autora cubana trató de mantenerse dentro de una expresión ecléctica que contentara a clasicistas y a románticos a la par. El *Munio Alfonso*, primer triunfo notable de la laureada poetisa, está catalogado por Cotarelo como «tragedia de estilo clásico» (Cot., BRAE, XVI, p. 43), señalando la acción única, la que tiene como protagonista a Munio; unidad de tiempo y lugar, porque todo sucede en un lapso de cuarenta y ocho horas y dentro de los muros de Toledo; unidad de versificación y tono, pues está escrito en versos de arte mayor y los personajes son graves y de clase noble; finalmente el desenlace es sangriento y con daño irreparable. El defecto que le halla

---

3. Las citas de las distintas obras de la Avellaneda que siguen están tomadas de la edición de las *Obras literarias* de Gertrudis Gómez de Avellaneda, 5 volúmenes. (Madrid: Imprenta y Estereotipia de M. Rivadeneyra, 1869-1870). Las *Obras dramáticas* se encuentran en los volúmenes II y III.

Cotarelo es que Munio pierde interés como personaje principal por el amor de Fronilde y Sancho que atrae más al espectador. Para mí esto no constituye un defecto, sino precisamente el elemento romántico que la convierte en pieza ecléctica.

Munio, en efecto, es el héroe clásico; Fronilde, la heroína romántica, en cierto modo desgraciada por ser huérfana, rodeada de un hado de fatalidad. Desde el principio de la obra se lamenta de haber dado oídos a los requiebros amorosos de Don Sancho, amor que debió considerar como imposible por ser él el príncipe heredero y comprometido ya con Doña Blanca de Navarra. Fronilde confiesa: «...primero / Debí morir que confesar insana / Que era sensible a vuestro amor funesto» (Av. II, p. 15). Cuando, temerario, el príncipe se le aparece la noche desgraciada en que Munio descubre los amores de su hija, Fronilde exclama: «¿Qué delirio fatal pudo impulsaros / A tan grave imprudencia?» (Av. II, p. 46). El arzobispo confirmará que la fatalidad ha perseguido a la infeliz muchacha interrogando desconcertado: «¡Munio! ¿qué ciega / Fatalidad terrible, vuestra mano / Descargar pudo...» (Av. II, p. 56).

También la tristeza, expresión de aquel *mal du siècle*, invade toda la pieza desde la primera escena en que Blanca se lamenta por la nostalgia que siente de su tierra natal, hasta las escenas finales en que Munio ya no tiene lágrimas con qué expresar el dolor de su ceguera y de su crimen. Lacrimosa también vemos a Fronilde cuando se despide de su padre la noche de la terrible tormenta y una vez que se ha marchado él, ella deja libremente el llanto brotar de su pecho. Para acentuar más la nota romántica de la escena, la autora pone a la naturaleza en sintonía con el estado anímico de la heroína por medio de la lluvia torrencial. Cuando momentos después llegue al *climax* el furor del ofendido padre, un rayo ha de alumbrar la escena, y es el propio Munio el que pide a los elementos: «¡Horrible tempestad, desata un rayo!» (Av. II, p. 59).

Otro elemento romántico que puede señalarse en esta tragedia es la presencia del desterrado, figura tan común en el Romanticismo latinoamericano representado en la persona de Doña Blanca, que no olvida su tierra natal, y soñaba que allá en Navarra era feliz y libre. Tal vez la autora se retrate a sí misma y esté recordando aquellos versos que había escrito unos años antes al partir de Cuba: «Doquier que el hado en su furor me impela / tu dulce nombre halagará mi oído». No hay que olvidar que esta obra la dedicó Tula al público de La Habana.

En *La verdad vence apariencias,* por el contrario, la forma externa da la impresión, a primera vista, de que se trata de una pieza romántica de los años treinta. En efecto, la autora empieza rompiendo la estructura tradicional del género al dividirla en un prólogo y dos actos, estando el primero separado de los siguientes por un período de tres años. En la primera escena del prólogo se nos presentan dos desdichados desterrados que se lamentan de sus infortunios en un apartado y abandonado castillo donde han encontrado caritativo asilo. El origen de la desgraciada situación está en un amor desventurado: Don Alvaro se enamoró de una plebeya y se casó con ella. Su padre, indignado por tan vergonzosa degradación social, no sólo le desheredó, sino que le arrebató a su hijo mayor, Gonzalo. Todo el patrimonio ha quedado en manos de Don Tello, el hermano mayor de Don Alvaro, quien sigue el criterio de su padre e ignora por completo a su hermano menor, y éste, en compañía de su segundo hijo, Rodrigo, anda errante, esperando que Enrique de Trastamara le ayude a recuperar su rango y hacienda.

Este comienzo tan «romántico» es, sin embargo, un ardid dramático tras el cual se presenta el drama más clásico o, digamos mejor, más ecléctico, para defender nuestra tesis. En primer lugar, la acción tiene como fondo la historia medieval, ya que está relacionada con las luchas entre Pedro el Cruel y Enrique de Trastamara; luego predomina el tema del honor, discutiéndose los dos conceptos clásicos del Siglo de Oro de HONOR = FAMA, tan criticado por Calderón en sus dramas, y el de HONOR = HONRA, defendido por Lope. La Avellaneda parece inclinarse más al concepto que iguala el honor con la opinión como se observa en la forma en que el rey condena a Rodrigo sin comprometer el buen nombre de la familia. Esto queda demostrado si se observa cómo desde la primera escena Don Alvaro expone su punto de vista cuando defiende a la que escogió por esposa: «Si su ascendencia era

205

oscura, / Clara virtud la ilustraba, / ...Mas llamaron vergonzosa / Mi elección...» (Av. III, p. 443). Más tarde volverá a
insistir en su criterio cuando discute con Rodrigo sobre el
asesinato de Don Tello:

> Alvaro: *Afrenta el crimen,*
> *No la opinión mal fundada.*
> Rodrigo: *Mas ella da y quita honra.*
> Alvaro: *La que da y quita es precaria,*
> *Porque la honra verdadera*
> (Poniéndose una mano sobre el pecho)
> *Sólo aquí hace y se guarda* (Av. III, p. 514).

Como se ve, los dos conceptos están bien definidos; Don
Alvaro adoptará la posición lopesca y en consecuencia buscará que se reconozca que su matrimonio no constituyó ningún
delito y que se le restituya su honra, lo cual conseguirá; Rodrigo, acogido al principio calderoniano, quiere que se le considere como caballero honorable, pero luego sabremos que es
un parricida. El rey evitará que se conozca públicamente el
horrendo crimen, salvando así la fama de la familia, mas, para no dejar un delito sin castigo, le ordena a Rodrigo: «¡Id
muerte honrosa a alcanzar / Del portugués o del moro!»
(Av. III, p. 528).

Hay un asomo calderoniano en el doble juego que adquiere el refrán del título; por una parte, la verdad de Don Alvaro queda esclarecida, es decir, se le restituye su fama y su
rango; por otra, se descubre al criminal y se reconoce la inocencia de los que aparecían sospechosos, que eran el propio
rey y Gonzalo, quien, a la vez, queda rehabilitado como hijo
de una familia noble y honrada.

Cotarelo señala que en este drama el interés no decae ni
un momento y que lo dramático es aún más intenso por el
hecho de ser el propio rey el testigo del parricidio. Para mí
La verdad vence apariencias es la obra más «clásica» de la
producción ecléctica de la dramaturga camagüeyana, tanto
por el tema y la forma de tratarlo como por el fondo histórico medieval y hasta por la estructura, pues podemos considerarla como un drama de tipo Lope de Vega dividida en tres
actos.

Si estudiamos las comedias de la Avellaneda nos encontramos con piezas como *La hija del rey René* que, a pesar de tratarse de una obra breve (un sólo acto), tiene una estructura rigurosamente lopesca: en rápidos cuadros se plantea el problema (escenas I-VII); luego se complica (escenas VIII-XI). La escena XII sirve de transición y a la vez de clave que conduce al desenlace ya que en ella el médico Ben Jáhia le plantea a Yolanda que, sin la vista, su amor no puede ser dichoso. Las escenas XIII y XIV equivalen a una jornada tercera de una comedia de Lope en la cual se produce el desenlace.

La forma externa no es la única característica lopista de esta comedia: Lotario, el criado del príncipe, es el típico gracioso de las comedias cortesanas; miedoso y cobarde desde la primera escena le insiste a su amo «Por San Juan / ¡Huyamos, señor... Huyamos!» (Av. III, p. 364), pero no deja de tener su chispa, como cuando el príncipe porfía en que ha de casarse, aunque ya sabe que Yolanda es ciega. Lotario exclama con agudo doble sentido: «¡Qué loco! Se casa... ¡á ciegas!» (Av. III, p. 375). Detalle muy cervantino es el engaño con la verdad o, mejor sería decir autoengaño, ya que es Yolanda la que expresa, refiriéndose al cielo y a las estrellas, que «nos falta un sentido / Para poder admirarlos». (Av. III, p. 355).

El elemento romántico lo encontramos en los protagonistas: Yolanda es sumamente bella pero desgraciada por ser ciega; es casta e inocente y, al mismo tiempo, de inteligencia viva, cualidades todas que la hacen atraerse la compasión del público. El príncipe de Vaudemont es un caballero correcto, honrado; respeta a Yolanda y a su padre, y está loca y «románticamente» enamorado de una joven muchacha cuyo rango ignora y cuyo defecto conoce, pero su belleza le subyuga: éste es el tema del amor ideal, platónico, tratado de una manera pseudoclásica ya que se coloca la acción en un reino medieval, pero se escoge un paraje bien romántico por lo exótico y misterioso de aquel jardín situado en los pintorescos y agrestes Alpes franceses, apartado del violento Ródano. Otros aspectos eclécticos que observamos en esta piececita son: la observancia de las unidades, el metro romance con algunas imperfecciones de la rima, el tono festivo y elegante

207

reflejando el ambiente propio de los personajes y de la comedia.

Si buscamos una comedia de capa y espada como las del siglo XVII la hallaremos en *Oráculos de Talía,* con todos los elementos y enredos de la intriga y la doble trama que se entreteje alrededor de la protagonista, Doña Eugenia, y de sus dos pretendientes, Don Fernando de Valenzuela y el Duque de Montalto. El desarrollo de la acción trae a la memoria ya a *La dama duende* (el subtítulo de la obra es *Los duendes en palacio*), ya al Tenorio, pero no al de Tirso, sino al contemporáneo, el de Zorrilla, como puede verse en la cita siguiente que recuerda aquella famosa escena que contiene el conocido parlamento: «¡Ah! ¿no es cierto ángel de amor / Que en esta apartada orilla...». Valenzuela le declara su amor a Doña Eugenia en unas redondillas que son una mezcla de pasión donjuanesca y de filosofía calderoniana:

Valenzuela: *Veis allá tanto esplendor,*
Tanto fausto, tanta gloria...?
Pues todo es polvo y escoria
Para un alma sin amor.
¿Veis tan brillante ese cielo,
Los campos con verdes galas,
Y al batir sus frescas alas
Las auras con blando vuelo,
No respiráis los olores
Del tomillo y la verbena...?
¡Pues todo esto causa pena
Si el alma está sin amores! (Av. III, p. 307).

Recapitulando las características de los protagonistas de las obras analizadas vemos que Yolanda es un personaje completamente romántico, rodeada como está de cierta fatalidad sentimentalista que se aviene muy bien con el engaño inocente en que la sitúa la autora y con su ingenuo enamoramiento, pero en la pieza se observan las reglas de las unidades clásicas. Eugenia, en cambio, es una cortesana calculadora y audaz, capaz de actuar con éxito en las intrigas urdidas por los dramaturgos del Siglo de Oro, sin olvidar que Tula también sabe echar de su estudio a Terencio y a Plauto y encerrar las reglas con seis llaves para halagar al mismo tiempo a los pseudoclásicos y a los románticos. En los dramas encontramos que si Fronilde es tan fatal y lacrimosa como la Leonor de *Don Alvaro*, Munio es tan severo como Gutierre en *El médico de su honra;* y si en *La verdad vence apariencias* se defienden los conceptos del honor y la honra del siglo XVII, esto se hace en una pieza impregnada de modalidades románticas como son: el exilio, el infortunio, el amor independiente y rebelde a las imposiciones de las clases sociales, produciendo el balance propio de la tendencia ecléctica definida por E. Allison Peers en el texto citado.

Como conclusión podemos dejar sentado y demostrado lo que Cotarelo consideraba un tanteo de la autora, a saber, que «ideó para sus obras un género intermedio o mixto, compuesto de lo que ella juzgaba mejor en cada escuela poética» (Cot., BRAE XVI, p. 13); y así contribuyó al realce de la tendencia ecléctica que logró establecer un equilibrio entre el romanticismo exaltado y el clasicismo rígido. Además es de notar, para acentuar la inclinación de la Avellaneda hacia una posición de justo medio, que nunca mezcla la poesía y la prosa en la misma pieza, dejando la prosa para las obras más ligeras.

14

SESION IV: TOPICOS AFINES

LA AVELLANEDA A LA LUZ DE LA CRITICA
DE ENRIQUE JOSE VARONA

ELIO ALBA-BUFFILL
Kingsborough Community College, CUNY

I. *Los trabajos de Varona sobre la Avellaneda*

Enrique José Varona, el destacado crítico cubano, estudió a Gertrudis Gómez de Avellaneda en un artículo de fecha 1.º de febrero de 1883 publicado en la revista *Palenque literario*[1] con motivo de la muerte de la insigne poetisa y en un discurso[2] pronunciado en el teatro Payret de La Habana el 23 de mayo de 1914, con ocasión del centenario de su fallecimiento. El trabajo de 1883 ha sido prácticamente desconocido por la crítica, mientras que el discurso de 1914 ha merecido una mayor atención. Aunque en el estudio del 83 encontramos ciertos matices que renuncian la perspectiva positivista, es innegable que es en el discurso de la Universidad donde Varona realiza el análisis de la vida y la obra de la Avellaneda siguiendo con cierta rigurosidad el método positivista que fue tan sustancial a su labor crítica. La conferencia, pues, constituye uno de los más notables ejemplos de la crítica positivista en Hispanoamérica.

1. Enrique José Varona. «Gertrudis Gómez de Avellaneda». *El Palenque literario*. La Habana. Tomo IV. Núm. 4, pp. 76-78.
2. Enrique José Varona. «Sobre la Avellaneda». *Estudios y conferencias*. La Habana. Edición oficial, 1936, pp. 423-37.

II. El artículo de 1.º de febrero de 1883

En este estudio Varona comienza por subrayar la oscuridad que rodeó la muerte de la destacada poetisa y el contraste que esto representaba con una vida tan llena de gloria y de laureles. Ese silencioso apagarse de una existencia tan mimada por la fama hacía a Varona meditar sobre las vicisitudes humanas y destacar que ese fin estaba en concordancia con su vida tan extraordinaria.

El crítico cubano señaló la terrible lucha que la Avellaneda tuvo que afrontar desde niña a consecuencia de su afición excesiva al teatro y a la poesía, lo que conllevó que tuviera que enfrentarse a la oposión de los suyos. Destacaba el hecho de que la poetisa provenía de una antigua familia de Puerto Príncipe de principios de siglo y que sus parientes «trataron por todos los medios a su alcance, de torcer el rumbo de su actividad intelectual, confinándola en los estrechos límites de la educación que por aquel entonces recibían en su pueblo natal las jóvenes de su clase».[3] Esta referencia de Varona nos trae el recuerdo de la famosa «Respuesta a Sor Filotea de la Cruz» donde Sor Juana había planteado el conflicto que experimentaba un naciente talento femenino ante las costumbres y tradiciones que pretendían negar a toda mujer el cultivo de su inteligencia.[4]

Nuestro crítico ve surgir de ese conflicto inicial de la vida de la poetisa cubana extraordinarias y constantes consecuencias pues su carácter ofreció siempre una mezcla de cualidades contrapuestas que la llevaron desde «los arranques más vigorosos al desfallecimiento más completo».[5] Su vida —que fluctuó entre la opulencia de los salones, los amores impetuosos pero desgraciados y su propensión a la exaltación religiosa— da la clave a Varona para comprender por qué la

3. Enrique José Varona, Op. cit., p. 76.
4. Varona fue muy sensible a esa tragedia femenina y en más de una ocasión su pluma salió a la defensa del derecho de la mujer a su completo cultivo intelectual. Fue en su tiempo un defensor del naciente movimiento femenino. Recuérdese tan sólo su discurso de ingreso a la Academia Nacional de Artes y Letras de Cuba en 1915. Véase Enrique José Varona. *Textos escogidos*. (Edición de Raimundo Lazo). México. Editorial Porrúa, 1968. p. 61-62.
5. Enrique José Varona. Op. cit., p. 76.

Avellaneda fue antes que todo y sobre todo un insigne poeta lírico».[6]

Varona vio en la capacidad de la Avellaneda de impresionarse enérgicamente por las cosas grandes, algo de temple masculino. Es decir, encontró en la impetuosidad de su carácter una vecindad con la energía varonil así como en su volubilidad, el predominio de su feminidad. Tal contraste lo resume en una frase: «De ahí el vigor de su expresión y la vaguedad de su sentimiento».[7] Para Varona, la forma de sus versos es siempre espléndida, magnífica; la entonación, épica; la versificación, con sonoridad de bronce; los asuntos, grandiosos: «las revoluciones de los imperios, el triunfo del cristianismo, las fuerzas prepotentes y misteriosas de la naturaleza, la gloria y el genio del hombre vencedor por virtud y la inteligencia».[8]

En este trabajo Varona emite un juicio que reproduciría casi textualmente treinta y un años después en su ya aludido discurso de la Universidad de La Habana. Dijo así: «la Avellaneda cultivó casi todos los géneros literarios, y si no sobresalió igualmente en todos, ha podido mostrarse a la altura de los más notables poetas castellanos de nuestra época en la poesía dramática y casi sobrepujarlos a todos en la lírica».[9] En resumen, nuestro crítico está afirmando en 1883 lo que reproduciría en 1914, o sea, que la Avellaneda fue en su tiempo el primer poeta lírico de la lengua castellana. El hecho de que tres décadas separen esos trabajos indica claramente cuán firme era su convicción acerca de la excelencia de la gran poetisa que, como él, naciera en el legendario Camagüey.

El análisis de ese trabajo permite apreciar cómo en el mismo ya se encuentran esbozados elementos que después desarrollaría muy adecuadamente en su conferencia de la Universidad. Aquí asoma la influencia tainiana en la evaluación que hace de la repercusión del ambiente y de la época en la obra de la Avellaneda; también está, aunque solamente apuntado, el criterio psicobiográfico de Sainte-Beuve; además

6. Enrique José Varona. Ibid., p. 77.
7. Enrique José Varona. Ibid., p. 77.
8. Enrique José Varona. Ibid., p. 77.
9. Enrique José Varona. Ibid., p. 78.

aparece la comparación de la Avellaneda con grandes figuras femeninas de la literatura universal.

III. *El discurso de 23 de mayo de 1914*

Evaluación en función del criterio sociológico de Taine.

Comienza Varona su estudio con un recuento autobiográfico, haciendo confesión de que fueron los versos de Doña Gertrudis los que le iniciaron en una nueva existencia, la existencia del arte. Pero después de describir su deslumbramien· to de adolescente ante la obra de la poetisa, inicia la evaluación de la escritora siguiendo el método sociológico que preceptuara Hipólito Taine en su famoso prólogo a su no menos conocida *Historia de la Literatura Inglesa,* que es considerado, con razón, la fundamentación teórica del método positivista. Señala el crítico cubano que todo ser humano es el producto en todas sus manifestaciones íntimas o externas, de dos factores: el que en sí lleva y el del mundo que lo rodea. Está aludiendo, cuando menciona el factor personal a la herencia, a la raza, a la que se refería Taine. En el factor ambiental incluye los otros dos apuntados por Taine, el medio y la época. Por tanto, para comprender a la Avellaneda es forzoso fijarse, afirma Varona, en esos importantes y decisivos elementos de su personalidad.

A continuación procede nuestro crítico a analizar el factor externo y aquí estudia no sólo el medio, la ciudad de provincia, Camagüey, y el país, Cuba, en donde vivió la insigne poetisa sus primeros veintidós años y España, en donde transcurrió fundamentalmente el resto de aquélla, sino también la época, la primera mitad del siglo XIX.

Reconoce que el momento histórico en que nació la Avellaneda es extraordinariamente interesante, pero subraya que el haber venido al mundo ésta en una ciudad mediterránea de Cuba, le representó un alejamiento de las grandes transformaciones que se verificaban en el mundo, ya que en aquel momento Puerto Príncipe, que así se llamaba todavía Camagüey, no se encontraba enlazada con las costas de la isla, ni tan siquiera por vía férrea. Varona destaca la diferencia sustancial que en aquella época caracterizaba a las más avanzadas ciudades del litoral cubano y las ciudades internas como Camagüey.

Nuestro crítico analiza la procedencia familiar de la Avellaneda, pertenecía, dice, por parte de su madre a vieja familia de solar camagüeyano, de la que hubo heredado principios y sentimientos que tuvieron destacada significación en su vida. A esta circunstancia añade Varona la desfavorable posición en que se encontraba la mujer en ese ambiente para lograr su superación intelectual, ya que a su pesar, el gran crítico cubano reconoce que estaba muy atrasada la instrucción de las camagüeyanas en esos años. A ello se unía otro factor condicionante, la vida de la Avellaneda se desarrolla, dice Varona, sufriendo la acción constante y deletérea de aquella terrible institución social que fue la esclavitud de la raza negra en Cuba.

Nuestro crítico subraya lo poco propicio que resultó el ambiente en estos primeros veintidós años de su vida, ya que sólo encontraba en ese período la raíz del íntimo fervor religioso que parte tan notable había de tomar después en los grandes momento de su vida. También reconocía que fue en su adolescencia y juventud cuando fueron depositándose en su espíritu las primeras manifestaciones de la repulsión, del horror a la esclavitud que como muy bien señaló se haría patente en su novela *Sab* a la que calificaba de una de las más celebradas obras de la destacada escritora.

En efecto, en la novela, Sab, su protagonista, el joven mulato esclavo, representando la generosidad y nobleza de ser humano, sirve para poner de manifiesto las iniquidades que la esclavitud conllevó y su secuela de injusticia, dolores y amarguras. Juan J. Remos [10] ha sostenido que en estricto sentido no se trata de una novela abolicionista pues el protagonista no es la encarnación de la protesta, pero es indudable que toda la obra está cargada de un subyacente mensaje de condenación para el sistema esclavista. Téngase en cuenta que todo el régimen social y económico de la Cuba de la época descansaba fundamentalmente en la vigencia de la esclavitud, esa organización cargada de barbarie que sólo podía mantenerse por medio de la violencia y el miedo. Régimen que ori-

10. Juan J. Remos. *Historia de la literatura cubana*. (Miami: 1945. Vol. II), p. 152.

ginaría las insurrecciones de esclavos de 1839 a 1845, surgidas pocos años después de la salida de la Avellaneda de la isla pero que ponían bien a las claras, por la existencia del estado de rebelión de los esclavos y por la cruenta represión a que fueron sometidos los rebeldes, los factores ambientales que tan hondamente hirieron la sensibilidad de Doña Gertrudis. Se trataba de una realidad dolorosa que se convertía en materia literaria, ya fuera en el soneto «El Juramento» de Plácido, ya en los perfiles antiesclavistas de las novelas *Francisco* de Anselmo Suárez Romero, *Cecilia Valdés* de Cirilo Villaverde y la propia novela *Sab* de la Avellaneda a la que hemos aludido previamente.

En cuanto al fervor religioso, que tiene sus raíces según Varona en esta primera parte de su vida hubo de manifestarse muy ampliamente en la obra poética de Doña Gertrudis. Tres años antes del discurso de Varona ya Menéndez y Pelayo [11] señalaba entre las principales fuentes de inspiración de la Avellaneda, el amor divino. Baste sólo mencionar entre las numerosas poesías religiosas de la gran poetisa «Canto triunfal», «A la Ascensión», «Miserere», «Las Siete Palabras y María al pie de la Cruz», «Dios y el Hombre», «Soledad del alma» y su famosa «Dedicación de la lira a Dios». Todas ellas sin ser poesías místicas expresan su devoción religiosa.

Pero volvamos al estudio de Varona. A continuación de evaluar los factores condicionantes de la primera etapa de la vida de la Avellaneda en Cuba, éste realiza el análisis de los que condicionaron la segunda fase que transcurre medularmente en España, pues como se sabe sólo regresó a Cuba una vez, permaneciendo en la isla por un corto tiempo (1859 a 1863). Destaca Varona la impresión que en la sensible muchacha tuvo que producir el cambio de ambiente cuando a los veintidós años abandonaba Camagüey y se trasladaba a España. Nuestro crítico procede a realizar una evaluación de la España del momento en que la Avellaneda arriba a sus costas, haciendo notar que su llegada coincide con un momento singularmente crítico de la historia política y social de España. Desde luego está aludiendo a los conflictos sur-

___

11. Marcelino Menéndez y Pelayo. *Historia de la poesía Hispanoamericana*. (Madrid: 1911. Tomo I), p. 268.

gidos en ocasión de la muerte de Fernando VII, que producirían la primera guerra carlista. La dinastía española, afirma el crítico cubano, había sufrido una gran sacudida y surgía la convicción en los españoles de que podían aliarse las instituciones a las que todavía rendía culto el pueblo, con las nuevas ideas que llegaban un poco retrasadas a España, pero que contenían un mensaje de libertad.

Claro que todos estos cambios habrían de reflejarse en la literatura. Varona alude a la gran influencia que estaba produciendo el romanticismo, al que conceptuaba no sólo como movimiento literario, sino como gran movimiento de ideas que había penetrado en España, conmovía todas las conciencias y abría nuevos y espléndidos horizontes al país. Por ello destaca que nunca pudo presentarse a un espíritu nuevo y ansioso de luz, de nuevas ideas, de nuevos horizontes, como Doña Gertrudis, una situación más admirablemente adaptada a moverla hondamente y apasionarla. En fin, que el romanticismo produjo en la Avellaneda una impresión singular desde el punto de vista literario.

Aquí Varona hace una salvedad, pues nos habla que la influencia del romanticismo en la Avellaneda está limitada a ciertos aspectos de su obra literaria, es decir, a la forma y no al fondo de la misma. Dice textualmente:

«Porque si en la forma podemos reconocer la impresión indeleble de esta doctrina, no así en el fondo, en que continúa todavía visible en ella la tradición de la vieja poesía castellana que en sus versos sonoros se robustece y se acendra». [12]

Cabe preguntarse, sin embargo, si Varona ha pasado por alto el hecho de que el romanticismo tendía a una temática tradicional para hacer la afirmación precedente. En defensa del eminente crítico cubano hay que señalar que éste estaba muy consciente de que en el romanticismo se amalgamaban la renovación en la forma y la vuelta a una temática tradicional, y existen textos de Varona que corroboran esto plenamente, pero de todas maneras se trata de una afirmación no debidamente fundamentada.

12. Enrique José Varona. Op. cit., p. 428.

IV. *El aporte del criterio psicobiográfico de Sainte-Beuve*

Sentadas las bases de lo que el crítico cubano llama la atmósfera literaria en que según él se vigorizó el portentoso genio de la Avellaneda que ya se anunciaba, éste entra a considerar las condiciones personales de la poetisa. Aquí aporta al estudio el criterio psicobiográfico de Sainte-Beuve con lo que no hacía más que seguir los cánones preceptuados por la perspectiva positivista. Recuérdese al efecto que Hipólito Taine en su aludido prólogo a su *Historia de la Literatura Inglesa,* reconoció la importancia que el método psicobiográfico de Sainte-Beuve tenía en el propósito por el propio Taine asignado a la crítica literaria de encontrar al hombre íntimo que palpitaba dentro del hombre visible y de su obra. En efecto, Taine se consideró a sí mismo discípulo de Sainte-Beuve y muy a las claras señaló las deudas que su método crítico tenía con las ideas de Stendhal y Sainte-Beuve. [13]

Desde este punto de vista señala Varona como nota clave de la personalidad de la Avellaneda su carácter profundamente apasionado. Esta, afirma, es una escritora en prosa o en verso, en quien palpita siempre un profundo sentimiento. Ese fondo pasional, dice el crítico cubano, se manifestaba en su orgullo y en su religiosidad. También señala que las mayores de las grandes crisis de su vida estaban representadas por esa divergencia de sentimientos por la pugna de ambos y por la alternada victoria de unos sobre el otro. Además nuestro crítico subraya el gran conflicto de su vida cuando indica que un profundo dominador sentimiento de amor llenó casi toda su juventud, de amor —dice— por un hombre frío si no indiferente, que miraba con temor y a veces con reconcentrada desconfianza de sí mismo, la superioridad inmensa de la mujer que amaba.

En resumen, pese a la vida apasionada de Gertrudis Gómez de Avellaneda, pese a los amores casi adolescentes en la provinciana Camagüey, a los compromisos matrimoniales rotos, a los dos matrimonios, a su amor tormentoso por el poeta Tassara, fue su amor por Cepeda la fuente inspiradora de gran parte de su poesía amorosa. Hecho que Ramón Gómez

13. Hipólito Taine. *History of English Literature.* (New York: 1965. Vol I), p. 10.

de la Serna también reconoció cuando en su prólogo a una antología poética de la Avellaneda señaló que la mirada de ese hombre, Cepeda, actuó como alimento y acicate de su inspiración durante toda su existencia. [14]

Esta situación vital se refleja en la obra poética de la Avellaneda ya que, según Varona, muchas de las efusiones que presenta la obra de ésta no son producto del artificio literario, sino que constituyen genuinas expresiones de la profunda y verdadera pasión que la dominaba. Ese carácter hondamente apasionado es un elemento sustancial de acuerdo con su opinión, para su excelencia como poetisa lírica.

En efecto, una revisión, aunque sea muy panorámica, de su poesía amorosa confirma las afirmaciones del crítico cubano. Baste citar sus dos poemas titulados «A él», que por contraste se inician, uno, con un típico canto al despertar romántico: «En la aurora lisonjera / de mi juventud florida», y el otro con un profundo acento de desilusión: «No existe lazo ya / todo está roto», pero en los que se reflejan el dolor y la amargura que conlleva la vida amorosa de la poetisa; dolor presentido en el primero de los poemas aludidos y expresado angustiosamente en el segundo. Tanto estos poemas como su famoso «Amor y orgullo» están llenos de resonancias autobiográficas. En ellos, como en su soneto imitando a Safo y en sus Elegías, se reflejan las pasiones y los dolores de su vida.

V. *Importancia literaria de la Avellaneda según Varona*

Varona continúa su conferencia exaltando el genuino lirismo de Doña Gertrudis y aunque reconoce que lo que va a decir pudiera resultar apasionado o exagerado, incurre en generalizaciones donde sobreestima la grandeza lírica del siglo XIX de tal manera que produjo una respuesta de Pedro Henríquez Ureña, [15] en la que el destacado crítico dominicano salió a la defensa de la lírica del Siglo de Oro. Claro que un estudio de la obra de Varona revela su gran estimación por la

14. Gertrudis Gómez de Avellaneda. *Antología.* Prólogo y edición de Ramón Gómez de la Serna. Espasa Calpe. Argentina, S. A. Buenos Aires, 1945, p. 10.
15. Pedro Henríquez Ureña. «En defensa de la lírica española». *El Fígaro.* La Habana, 1914. XXX, 20, p. 235.

lírica y el teatro del Siglo de Oro, pero no hay dudas que contrariamente a la objetividad que caracteriza su obra crítica, las afirmaciones en cuestión resultaban como él mismo presintió que pudieran considerarse exasperadas y apasionadas.

Pero independientemente de las repercusiones de este aspecto de la conferencia, lo que interesa destacar aquí es lo que ya dijimos al estudiar el artículo de 1883, es decir, la gran apreciación que nuestro crítico exhibió por la poetisa cubana, de la que comparándola con Quintana y Espronceda, dice que ninguno le excede y ella en muchos puntos los supera, ya que considera su escala afectiva más rica y flexible.

Varona también comparó a la Avellaneda con tres destacados poetas hispanoamericanos, Heredia, Bello y Olmedo, y aunque reconoce los méritos de aquéllos, considera que como poeta lírica la Avellaneda los supera a los tres. Concluyendo esta parte de la conferencia afirma:

«Por eso me he atrevido a decir, y porque traduce perfectamente mi creencia, que es en su tiempo la Avellaneda el primer poeta lírico de la lengua castellana». [16]

Palabras que, como también ya hemos señalado, reflejan el producto de una convicción y no una mera exaltación oratoria y que repetiría casi textualmente cuatro años más tarde con ocasión de su conferencia sobre Luisa Pérez de Zambrana, en donde hizo referencia a la Avellaneda calificándola como la más excelsa poetisa que ha vertido sus rimas en lengua castellana. [17] Criterio que preludia el proceso de revalorización de Doña Gertrudis que siguió a la etapa de olvido en que la obra de ésta había caído.

La última parte de la conferencia estuvo dedicada a subrayar los méritos de la escritora cubana como dramaturga, considerando que estaba en primera línea entre los poetas dramáticos de su tiempo y que era muy excepcional su posición entre las mujeres que antes y después han llevado sus obras a la escena. Por último nuestro crítico comparaba a la Avellaneda con otras grandes mujeres que ocupan un lugar desta-

16. Enrique José Varona. Op. cit., p. 431.
17. Enrique José Varona. «La más insigne elegíaca de nuestra lengua». Op. cit., p. 441.

cadísimo en la literatura universal como son las novelistas George Sand y George Eliot y las poetisas Ackermann y Browning.

El discurso, al mismo tiempo de representar el reconocimiento de las grandes calidades literarias de la poetisa cubana por una gran figura de la intelectualidad hispanoamericana, en momentos en que la crítica literaria había tendido un manto de silencio sobre la obra de Doña Gertrudis constituyó, como apunté al principio, uno de los estudios más importantes de la crítica positivista en la América Hispana sólo comparable a la conferencia del propio Varona sobre Cervantes y a los estudios de Rodó sobre Juan M. Gutiérrez, Rubén Darío y Montalvo.

En el discurso que hemos analizado, Varona siguiendo los criterios orientadores de Taine y de Sainte-Beuve, aunque aplicándolos sin fidelidades rigurosas que no se avenían a la independencia intelectual que tanto le caracterizara, trató de encontrar en los factores ambientales y personales, las bases que justifican e interpretan la labor creativa de la eximia escritora. Es indudable que su estudio arroja mucha luz a la interpretación de la obra de ésta. El discurso evaluado constituyó uno de los puntos de partida del proceso de revalorización que la crítica hispana ha efectuado de la obra de la destacada literata cuya muerte, hace un siglo, estamos conmemorando en este Simposio.

223

LA DICOTOMIA AMOROSA DE LA VIDA
DE GERTRUDIS GOMEZ DE AVELLANEDA

JOSÉ R. DE ARMAS
Denison University

Hay vidas que parecen estar destinadas al escándalo público, al escarnio, a la calumnia, a la incomprensión; una de
ellas es la de doña Gertrudis Gómez de Avellaneda. Sus biógrafos, muchos por cierto, se han refocilado hurgando, buscando en su vida particular o privada para juzgar, con muy
poca piedad y comprensión, los actos de esta extraordinaria
mujer aunque sin analizar profundamente las causas u orígenes de los mismos. Solamente hoy día, y a la luz de la psi-
quiatría moderna, podemos hacer justicia a esta gran escritora. Por supuesto, en el pasado se han llegado a conclusiones muy personales, erróneas o injustas con la vida de la
Avellaneda ya que ella misma nunca trató de cubrir con falso ropaje sus más íntimos sentimientos, y si lo hace, es con
una altivez y soberbia que desconcertó por décadas a sus
críticos pero que son como un escape a las vicisitudes y tormentos de su vida emocional.

Pero sorprende mucho que lo que ha sido tomado o como escándalo o exageración romántica, son simplemente escenas reales vividas de su gran drama psicológico: el complejo de Electra. En otras palabras, el romanticismo es drama real y verdadero al igual que la sinceridad con que expresa sus sentimientos, los que han sido para muchos de sus
críticos, chocantes, simplemente falsos. Sin embargo, no existe una sola obra de *La Peregrina* que no muestre al desnudo,

al descubierto, su corazón, sin mojigatería, disfraces o inhibiciones aunque si con un profundo misticismo religioso que tanto nos recuerda al contemporáneo catolicismo.

Para mí, no hay duda que la nota sobresaliente de esta mujer es la sinceridad, sinceridad que se muestra en todas y cada una de las facetas de su obra literaria y también en su vida personal y la cual es el producto, por una parte, de una elevación de carácter poco común y, por otra parte, de ciertas circunstancias de su niñez, adolescencia y juventud que afectaron profundamente su psicología, moldeando su personalidad y consecuentemente formando su visión del mundo. Si aceptamos como ciertas las teorías de Segismundo Freud y sus seguidores, estaremos de acuerdo en que incidentes, sucesos y traumas de nuestra niñez pueden afectar e influir en nuestra vida futura y así, vemos o creemos ver, en la primera parte de la vida de la Avellaneda ciertos sucesos que afectan básicamente su personalidad y específicamente el concepto del amor que se presenta desgarradoramente y románticamente también en su gran dilema: realidad-ideal. Idealismo que se encarna temporalmente en muchos de sus amados, y casi permanentemente en Cepeda, y que contrasta con las reales y verdaderas cualidades o atributos de los mismos los que al ser descubiertos en su verdadera magnitud, llevan a nuestra autora a abismos de depresión. Unido a este proceso de idealización y destrucción del ídolo, y como un corolario o consecuencia del mismo, se presenta en la Avellaneda su concepto del matrimonio. Ambos conceptos amorosos se reflejan como una dicotomía en su vida personal y en su variada obra literaria.

Si seguimos de cerca sus «Confesiones», «Autobiografía» y «Cartas a Cepeda» podemos observar tres o más sucesos de su niñez y adolescencia que dejaron profunda huella en ella: la temprana muerte de su padre y nuevo matrimonio de la madre con Escalada, el rompimiento del concertado matrimonio con un pariente lejano con el consecuente escándalo, los escarceos amorosos con Loynaz con la aparente traición de su íntima amiga Rosa Carmona y por último la infelicidad matrimonial de su prima Angelita. Estos traumáticos incidentes de su vida que pasan desde el momento de fijación del complejo de Electra hasta su juventud y en un período de tiempo relativamente corto y en la época en que es más fácil influir en la formación psíquica de una persona son como pequeñas piezas que se unen y complementan unas con otras para la formación de un concepto ideal-positivo del amor y un concepto real-negativo del matrimonio.

Dejemos a la Avellaneda que tan sincera y explícita es explicándolo por sí misma. Hablando del matrimonio de sus padres nos dice:

«Sin embargo, mamá no fue dichosa con él; acaso porque no puede haber dicha en una *unión forzada*, acaso porque siendo demasiado joven y mi padre más maduro, no pudieron tener *simpatías*. Más siendo *desgraciados* ambos fueron por lo menos irreprochables».[1]

He aquí la primera impresión de la joven Gertrudis sobre el matrimonio: desgracias, unión forzada, falta de simpatía; sin embargo, junto a esta primera impresión adquiere o desarrolla otra: las cualidades básicas de su hombre ideal, que ve o cree ver en su muerto padre.

«En su vida pública y en su vida privada siempre fue el mismo, *noble, intrépido, veraz, generoso e incorruptible*».[2]

Ya aquí está enunciado el fundamento de su problemática amorosa: su padre tiene las características ideales que siempre buscará en sus modelos o amados, es decir, representa el ideal, ideal creado con la muerte del mismo y a consecuencia de la interrupción del proceso normal del complejo de Electra en su niñez. Junto a este ideal aparece una realidad: su madre *no fue dichosa con él,* es decir, el *matrimonio* no es la *felicidad*. Ella trata de explicarlo aunque su explicación no la convence. He aquí el gran dilema de su vida y obra.

La idealización de la memoria del padre que todavía lo ve como niña es clara cuando nos dice:

«...que mi padre era un *caballero* y gozaba de toda la estimación que merecía por sus *talentos* y *virtudes*».[3]

1. Gertrudis Gómez de Avellaneda, *Diario de Amor,* prólogo Alberto Ghiraldo, Ed. M. Aguilar, Madrid (sin fecha la edición), p. 20.
Todas las palabras en bastardilla que aparecen en las notas del trabajo son mías y no de las ediciones de las cuales fueron tomadas.
2. *Ibid.*, p. 20.
3. *Ibid.*, p. 19.

y más adelante:

> «Pronto cumplirán dieciséis años de su muerte; mas estoy *cierta, muy cierta*, que aún vive su memoria en Puerto Príncipe y que *no se pronuncia su nombre* sin *elogios y bendiciones*».[4]

No tenemos derecho a dudar de la veracidad de sus palabras pero sí vemos en la opinión del padre la idealización de una hija que lo pierde aún muy joven. Así, desde temprana edad, y muy románticamente también, crea la Avellaneda su arquetipo amoroso basado en las cualidades que vio o creyó ver en su padre prematuramente muerto. No es nada nuevo, Gertrudis-niña se identifica con el padre, mejor aún, con su memoria, y así lo idealiza creando un modelo que puede o no asemejarse a la realidad, pero que, en su mente, no hay duda que existe y que en peregrinación perenne buscará, hasta creerlo encontrar en Cepeda, no basada en las cualidades reales de sus amados, sino en la psíquica necesidad de hacer concreto su ideal.

Junto a este hombre-modelo, que siempre perseguirá y que jamás encontró, desarrollado a muy temprana edad la niña y joven Gertrudis recibe a más de su primera impresión del matrimonio que vimos fue negativa, otras impresiones causadas por sucesos de su vida que reafirmarán su posición negativista del mismo: el concertado matrimonio con un pariente lejano y el rompimiento del mismo y la desgraciada vida matrimonial de su prima Angelita.

> «Mi familia me *trató casamiento* con un caballero del país, pariente lejano de nosotros. Era un hombre de buen aspecto personal, y se le reputaba el mejor partido del país. Cuando se me dijo que estaba *destinada a ser su esposa*, nada vi en este proyecto que no me fuese *lisonjero*. En aquella época comenzaba a presentarme en los bailes, paseos y tertulias, y se despertaba en mí la *vanidad de mujer*. Casarme con el soltero más rico de Puerto Príncipe, que muchas deseaban, tener una casa suntuosa, magníficos carruajes, ricos aderezos, etc., era una idea que me lisonjeaba».[5]

Varios elementos debemos notar en el párrafo anterior y que no deben pasar inadvertidos si queremos seguir el pro-

4. *Ibid.*, p. 20.
5. *Ibid.*, p. 26.

ceso de su concepto negativo del matrimonio. Siendo aún una niña es prometida, sin ser consultada, a un hombre mayor que ella y al cual conoce poco; la reacción es normal, la adolescente ve en el matrimonio, al principio, sólo los aspectos materiales del mismo sin que ningún otro elemento o factor sea considerado. La joven es atraída por los carruajes, la casa, los vestidos, en fin, por la vanidad; el novio era como un nuevo juguete, y el matrimonio lo veía a la distancia de varios años, y sin que la preocupara mucho, precisamente por lo mismo: la lejanía.

La Avellaneda nos continúa diciendo:

«Por otra parte, yo no conocía el amor sino en las novelas que leía, y me *persuadí* desde luego que *amaba locamente* a mi futuro. Como *apenas le trataba, y no le conocía casi nada, estaba a mi elección darle el carácter que más me acomodase.* Por descontado me persuadí, que el suyo era *noble, generoso y sublime.* Prodígole mi *fecunda imaginación ideales perfecciones* y vi en él reunidas todas las cualidades de los héroes de mis novelas favoritas... Me enamoré de este *ser completo,* que veía yo en la persona de mi novio».[6]

Vemos aquí cómo la Avellaneda le atribuye dotes, características y virtudes al novio que apenas ve y conoce, pero que en su ardiente y joven imaginación realmente tiene. Es digno de notarse el uso del verbo *persuadirse* que indica perfectamente su ideal-realidad, ella se convence a sí misma de lo que no existía. Un doble proceso de idealización ha tenido lugar; por una parte, sustituye la imagen del padre por la del novio, pues vemos cómo utiliza adjetivos que anteriormente usó para describir al padre: *generoso, noble, grande,* y por otra parte, identifica al novio con los héroes de sus novelas; es decir, el padre y los héroes de las novelas van a formar el modelo ideal del amante, que es pura creación suya en nada semejante a la realidad. El novio es el padre y consecuentemente el típico ídolo de Electra.

Continúa ella misma explicándonos el proceso:

«Por desgracia, no fue de larga duración mi *encantadora quimera;* a pesar de mi preocupación, no dejé de conocer harto pronto, que aquel hombre *no* era *grande* y *amable* sino en *mi*

6. *Ibid.,* p. 26.

imaginación; que su talento era muy limitado, su sensibilidad muy común, sus *virtudes muy problemáticas.* Comencé a entristecerme y a considerar mi *matrimonio bajo un punto de vista menos lisonjero».* [7]

El matrimonio con el pariente lejano que tan lisonjero le parece al principio y que ella veía como algo lejano, pronto se va a convertir de quimera en pesadilla al querer la familia casarla antes de lo planeado y al darse cuenta de que la realidad era diferente de lo imaginado. Ello la lleva a un estado de exaltación nerviosa muy propio en ella, y atribuyéndole entonces todas las características negativas al que fuera modelo ideal, lo destruye, y con él, se destruyen sus ilusiones. El ciclo se cierra; el sustituto del padre es destruido y el ídolo original sale victorioso.

Pero hay algo más, la oposición de la familia a la ruptura del compromiso y la obstinación de la madre y padrastro en casarla por la fuerza la llevan al extremo de odio, temor y horror del cual nunca se recuperó totalmente.

> «Volvió en eso mi novio; pero yo no le vi sin una especie de *horror;* desnudo del brillante ropaje de mis ilusiones, parecióme un hombre *odioso* y *despreciable.* Mi gran defecto es no poder colocarme en el medio y tocar siempre en los extremos. Yo *aborrecía* a mi novio tanto como antes creía *amarlo».* [8]

Por supuesto hay en este período de la vida de la Avellaneda un incidente que influye también en la destrucción del novio: el amor-amistad con Loynaz.

En su carta a Cepeda de 25 de julio de 1839, por la tarde, nos dice:

> «No tardó (Loynaz) en granjearse la benevolencia de mamá y en ser *el más deseado de la tertulia.* Aunque muy joven su *talento* era *distinguido,* su *figura bellísima* sus *modales atractivos.*
>
> »Nuestras relaciones eran meramente *amistosas,* y toda la tertulia las consideraba así. En cuanto a mí *no me detenía* en examinar la naturaleza de mis sentimientos». [9]

7. *Ibid.,* p. 27.
8. *Ibid.,* p. 30.
9. *Ibid.,* p. 34.

Volvemos a notar aquí que la vanidad, más que ningún otro sentimiento, predomina en la Avellaneda en sus relaciones con Loynaz. Al ser *el más deseado de la tertulia,* y siendo de *figura bellísima, talento distinguido* y *modales atractivos* era normal que ella tratara de atraer su atención y coqueteara un poco con él aunque sin querer llegar muy lejos en esta relación. También hay con Loynaz un proceso de idealización aunque el desarrollo del mismo sea diferente de el del novio. Mientras el último estaba lejos y ausente esta circunstancia favorecía el uso libre de su imaginación, al paso que Loynaz con sus frecuentes visitas, iba descubriendo sus humanas faltas y así alejándolo más y más del arquetipo amoroso.

No obstante, ser los dos procesos diferentes el resultado es similar: rechazo del matrimonio con el novio y más tarde con Loynaz.

«Tratando a aquel joven (Loynaz) *nunca le hubiera amado,* porque su *frivolidad,* tan visible, era un antídoto colocado felizmente junto a cualquiera dulce emoción que me inspiraba; pero cuando *no le vi,* cuando le creí *desairado injustamente, ofendido* y *desgraciado* por mi causa, mi afecto hacia él tomó una vehemencia, que acaso jamás hubiera tenido de otro modo». [10]

En la cita anterior hay dos elementos importantes que hacer resaltar. Primero, el amor o afecto hacia Loynaz crecía inversamente a los contactos de la misma con él, es decir, cuando no le ve es cuando siente más afecto por él; segundo, aquí aparece por primera vez el sentimiento que prevalecerá en toda su vida en relación con el matrimonio: afecto, piedad, ternura, y que tan bien va a expresar más tarde en sus Cuartetas a Don Pedro Sabater. Es decir, temprano en su vida, se hace patente la dicotomía de su vida amorosa: el matrimonio como piadoso acto y el amor no sujeto al mismo como sentimiento pasional y perfecto. En Cepeda, la Avellaneda va a creer encontrar la unión perfecta de esta dicotomía, y así luchará para conquistarlo, porque lo ve como arquetipo y ser ideal para el matrimonio aunque sin la pasión

10. *Ibid.,* p. 40.

amorosa que ella tanto anhela pero que cuando la tiene la rechaza y así expresa en la Carta III:

> «Voy adquiriendo contigo una *resignación admirable,* de la que no me creía capaz; porque, a la verdad, vida mía, puedo muy bien decirte aquel verso de una comedia de Moreto:
> »¡Qué tibio galán hacéis!
> »Y, sin embargo, yo sufro todo con un estoicismo heroico». [11]

Ella lo ve tibio y lo desea amoroso, pasional y es precisamente por eso por lo que ella más lo desea. Pero la realidad es otra; debido a su desarrollado complejo de Electra si Cepeda hubiera sido agresivo y por lo tanto hubiera sido una amenaza a su verdadero amor: el padre, ella lo hubiera rechazado al igual que los otros.

Complica más aún psicológicamente este período de la juventud de la Avellaneda dos rompimientos, uno con su ínima amiga Rosa Carmona a la que acusa de tener relaciones amorosas con Loynaz y el escándalo como resultado de su rompimiento con su novio que la lleva a la picota pública cuando aún no estaba preparada para la misma. Ella misma se queja cuando nos dice:

> «Una especie de *fatalidad que me persigue,* hace que siempre tomen circunstancias y casualidades funestas para aparecer más graves mis *ligerezas;* digo ligerezas, aunque ciertamente no creo que lo fuese la de *romper un compromiso que mi corazón reprobaba».* [12]

No hay duda ya que tanto su familia como la sociedad de Puerto Príncipe van a acusar a la Avellaneda de lo que va a ser la cruz de su vida: su ligereza.

Pero volvamos atrás un poco más en su vida para encontrar otro suceso que afectó profundamente su formación psíquica traumatizándola: el matrimonio de su madre con don Gaspar Escalada, al que siempre llamará Escalada a secas. Primeramente debemos considerar que el padre de la Avellaneda muere siendo ésta una niña pequeña y esta muerte rompe con el proceso normal característico de las niñas que sufren del complejo de Electra y que, en la mayoría de los casos, después de cierto tiempo abandonan el amor por el

11. *Ibid.,* p. 93.
12. *Ibid.,* p. 44.

padre. En el caso de la Avellaneda el padre muere cuando todavía la misma no ha tenido el tiempo o las circunstancias necesarias para romper con el ciclo normal del proceso de Electra. [13]

Unido a la interrupción del ciclo normal de dicho proceso ocurre otro incidente que acelera la fijación de dicho complejo: el rápido matrimonio de su madre (a los nueve meses de muerto el padre) con un ser extraño para ella y que va a ocupar el lecho de su ídolo, su padre, al que ya hemos visto ha idealizado.

Profunda, inmensamente profunda, es a mi juicio, la influencia de este matrimonio en nuestra autora pues junto con la muerte del padre serán los factores básicos de su complejo de Electra que persistirá durante toda su vida en forma evolutiva hasta su muerte creando la ya mencionada dicotomía amorosa al igual que una actitud hostil hacia el padrastro. Toda su vida y obra estarán moldeadas por el mismo.

Veamos la opinión de la Avellaneda de este matrimonio:

> «Quedó mamá joven aún viuda, rica y hermosa (pues lo ha sido en alto grado) y es de suponer no le faltaran amantes que aspirasen a su mano. Entre ellos, Escalada, teniente coronel del regimiento que entonces guarnecía a Puerto Príncipe, joven

13. «(The Oedipus Complex of the Girl, Theory of Segismund Freud) By abandoning her clitoris masturbation, the little girl surrenders part of her active strivings. The passion side of her nature becomes dominant. In turning to the father, her passive instinctual impulses preponderate and assist her in this turning to the new love-object... But there is a further complication. The discovery of her castration may be an unpalatable fact which she cannot accept, and she may refuse to recognize her deficiency. This may exaggerate the active masculine side of her nature which hitherto was in evidence. And if by constitution the active side is, for a girl, unusually strong, she will take refuge in an identification with the phallic mother or the father».

«The typical affection of the girl for her father with corresponding jealousy toward the mother is, by Jung, called the Electra complex» (The Evolution of the Oedipus and Electra Complex. Theory of C. G. Jung) «In his individual history the child is closely conected with the family, especially with his parents; and therefore, often only with the greatest difficulty can he free himself from his infantile surroundings, where his personal history has been enfolded and developed. If adults are not able to free themselves spiritually, the Oedipus or Electra complex gives rise to conflict. From this conflict comes the possibility of neurotic disturbances. The sexually developed libido assumes a form engendered by the complex, creating feelings and phantasies which clearly reveal the existence of the hitherto unconscious complex. There follow intense resistance against the "immoral inner impulses" which have sprung from the now active complexes. In the case of the son, strong resistance against the father and a "typical" affectionate and dependent attitude toward the mother may arise. Or there may be an indirect outcome, that is, a "typical" submissiveness toward the father, with an irritated, antagonistic attitude toward the mother. In regard to the daughter analogous consequences may take place».

Patrick Mullahy, *Oedipus, Myth and Complex*, Grove Press, New York, 1948, pp. 49, 50, 136, 137.

también, no mal parecido y atractivo por sus dulces modales y cultivado espíritu. *Mamá le amó acaso con sobrada ligereza,* y antes de los diez meses de haber quedado huérfanos tuvimos un *padrastro.*

»Aunque tan niña *sentí herido por este golpe mi corazón;* sin embargo, no eran consideraciones mezquinas de intereses las que *me hicieron tan sensible* a este casamiento: era el *dolor* de ver tan presto *ocupado el lecho de mi padre».* [14]

La autora misma nos ha ido indicando el proceso de Electra en la ya mencionada idealización del padre, en la acusación implícita a su madre «le amó acaso con sobrada ligereza» y en el dolor que sufre al ver «ocupado el lecho de mi padre». Por supuesto, era muy difícil para la niña y más tarde mujer el comprender por qué su madre se volvió a casar. No puede comprender que el ídolo pueda ser sustituido aunque haya reconocido antes que sus padres no fueron dichosos en el matrimonio. Observemos también que las cualidades de Escalada, *joven, no mal parecido* y *atractivo por sus dulces modales* no corresponden con los atributos del padre o de sus amantes. Gertrudis no puede comprender la actitud de la madre al casarse porque la misma ha sustituido parcialmente al padre muerto y este abandono de la madre le hace ver el nuevo matrimonio como algo doloroso e inexplicable. Toda su vida mantendrá la Avellaneda una posición negativa frente al matrimonio al igual que los padrastros, buen ejemplo es el personaje de la reina Juana en su obra *El Príncipe de Viana* al igual que el Prólogo de la misma obra.

Finalmente hay otro suceso en su vida que afectará o contribuirá a afectar el concepto negativo del matrimonio: el compromiso y enlace de su prima Angelita (que sustituye en su afecto y amistad a Rosa Carmona) que es aceptado con alegría al principio pero que se torna en horror al saber que su prima es desgraciada e infeliz por la tiranía del esposo. Esta circunstancia será como el climax en su posición negativista del matrimonio.

«Mi única amiga era ya mi prima Angelita; era como yo, *desgraciada* y, como yo, lloraba un *desengaño.* Su marido, aquel amante tan tierno, tan rendido, se había convertido en un *tirano.*

14. Gertrudis Gómez de Avellaneda, *Diario de Amor,* prólogo de Alberto Ghiraldo, Ed. M. Aguilar, Madrid, p. 22.

¡Cuánto sufría la pobre víctima! ¡Y con cuán heroica virtud! Mi cariño hacia ella llegó al entusiasmo, y mi *horror al matrimonio nació y creció rápidamente*».[15]

No creemos que con este suceso nació su horror hacia el matrimonio, pues como hemos venido anotando, ha habido otros factores, pero sí creemos, que con esta circunstancia, Tula se da cuenta, por primera vez, de su real posición frente al matrimonio y vida conyugal y su rechazo al mismo, es decir, es entonces cuando ella tiene consciencia de sus sentimientos, y de aquí en adelante, mantendrá la misma posición hasta el día de su muerte.

Podemos decir que el amor se presenta en la Avellaneda en una doble perspectiva: el amor perfecto, ideal, pasional y libre que corresponde a las características ideales de un modelo basado en su padre y héroes de novelas; y el matrimonio como antítesis o negación del anterior, y que es, convencional, forzado, realista, piadoso y sujeto a la voluntad de la sociedad existente en su época.

Para concluir deseo apuntar que no he encontrado un sólo biógrafo o crítico de Gertrudis Gómez de Avellaneda que no enunciara o estableciera como elemento básico de su vida los conflictos o dilemas emocionales de la misma, ya sea Marquina, Varona (que mucho la comprendió), Carmen Bravo Villasante o cualquier otro autor; sin embargo, nadie trata de establecer o explicar las causas de los mismos, el por qué de esos dilemas que matizan toda su vida, el por qué de su atormentada vida y que tan bien se reflejan en cada uno de sus personajes literarios hasta llegar al ambivalente carácter de Baltasar que viene a culminar el gran proceso psicológico de su vida. Ahora bien, el análisis de la primera parte de su vida denota el desarrollo en la Avellaneda, según Freud, del complejo de Edipo o de Electra según Jung, con sus múltiples y complejas variantes o facetas que crea la dicotomía amorosa de su vida, dicotomía acompañada por una parte de las fantasías, imaginación y alucinaciones características de dicho complejo y que son exacerbadas por las lecturas románticas y que la llevan a la creación de un arquetipo amoroso basado en el amor al padre y trunco por su muerte y aumen-

15. *Ibid.*, p. 48.

tado por el traumático y temprano matrimonio de la madre con Escalada, arquetipo que no refleja la realidad, sino su calenturienta imaginación. Recordemos que por propia confesión de la Avellaneda la mayoría de sus obras literarias se producen de noche, bajo los efectos de un perenne insomnio, calenturas y fuertes dolores de cabeza, todo ello característico de la ansiedad neurótica típica del complejo de Electra.

Por otra parte, el sentido negativo del matrimonio que se observa en toda su vida y obra literaria es también una variante del mismo complejo: sentimiento de castración emocional por la muerte del padre y su sustitución por Escalada, las experiencias de su niñez y adolescencia, la incomprensión de la familia unida al concepto social y religioso del matrimonio en su época. Todo ello lleva a la autora a un caos emocional al no poder reconciliar su ideal amoroso con la realidad de la vida y produciendo una división entre lo que imagina y ama y lo que ve y odia y produciendo consecuentemente conflictos, dilemas, luchas internas, ansiedad, fantasía y misticismo pero creando también una excelente obra literaria que ha necesitado el transcurso de un siglo para poder ser evaluada, aquilatada y sobre todo comprendida.

LA AVELLANEDA Y CEPEDA: UN TIMIDO SEXUAL

Julio Garcerán

Por tratarse de un symposium nos hemos de referir, concretamente, a los caracteres de timidez sexual presentes en la gran pasión de la notable lírica cubana, Ignacio de Cepeda. Gran pasión que hizo de la vida sentimental de Gertrudis, más que doloroso drama, honda tragedia.

Caracteres del tímido observables en Cepeda

a) *Conducta frente a la mujer.* La busca, la persigue. Va tras ella a fin de hallar el ideal con que sueña: el fetiche, el prototipo femenino, al que condiciona la satisfacción de su instinto sexual.

Respuesta de la mujer a ese hombre es una pasión bien intensa. Amor profundo y verdadero. Es que el instinto femenino sabe valorar el sentimiento que experimenta el tímido y no precisamente su energía física, y le paga en buena moneda: profundo amor.

El tímido vive obseso por la búsqueda de su ideal femenino: la imagen materna. Al no encontrarlo irá de una a otra mujer «sin atreverse apenas a tantearlas, aún cuando la hembra acuda una y otra vez a su lado». [1]

Amiel, el tímido por antonomasia, nos dice: «Me doy cuenta de que seré capaz de amar perdidamente, pero sólo cuando encuentre la mujer que responda a mis sueños... mi movilidad, en apariencia constante, no es en el fondo más que

1. Gregorio Marañón, «Amiel». *Obras completas.* T. V. (Madrid: Espasa-Calpe, 1970, V), p. 188.

una investigación, una esperanza, un deseo y una preocupación, es la enfermedad del ideal».[2]

Cepeda no rehuye la compañía femenina, parece buscarla de modo constante. A Gertrudis, a quien persigue, cuando ésta se aleja para evadirla cada vez que ella acude a su llamada. Además, a las otras, a quienes no nombra, pero con las cuales —según manifiesta a Gertrudis— ha mantenido o mantiene relaciones[3] o ha sufrido un desengaño.[4]

Gertrudis, bien femenina pero de carácter fuerte y voluntarioso, siente por Cepeda amor profundo, pasión intensa, que no debilitan ni la actitud fría e indiferente de Cepeda,[5] ni los siete años de separación —tiempo que medió desde Sevilla a la reanudación de las relaciones en Madrid—, ni los amores con García Tassara ni el matrimonio con Sabater.

Gertrudis le escribe: «...Tú no eres un hombre, no, a mis ojos. Eres el Angel de mi destino, y pienso muchas veces al verte que te ha dado el mismo Dios el poder supremo de dispensarme los bienes y los males que debo gozar y sufrir en este suelo. Te lo juro por ese Dios que adoro y por tu amor y el mío, te lo juro que mortal ninguno ha tenido la influencia que tú sobre mi corazón. Tú eres mi amigo, mi hermano, mi confidente y, como si tan dulces nombres aún no bastasen a mi corazón, él te da el de su Dios sobre la tierra».[6] Y en la cara interna de un sobre le escribe: «...Para ti no tengo reservas, eres otro yo, es mi deber decir todo, todo lo que me pase, *tú eres mi Dios*».[7]

b) *Caracteres sexuales.* El tímido por superioridad acusa enérgicos atributos sexuales.

2. *Fragments d'un Journal intime.* 2v. Paris, Stock, 1927; I, p. 104.
3. Gertrudis Gómez de Avellaneda, *Diario íntimo.* Compilación de Lorenzo Cruz de Fuentes. Buenos Aires, Ediciones Universal, 1915: carta 1.ª, p. 53; carta 2.ª p. 54: «...no me coloqué en la lista de esas cuatro o cinco a quienes inspiró, sin pretenderlo, una pasión desgraciada»; carta 5.ª, p. 58: «...el que ha dado multiplicados amores»; carta 14, p. 81: «...amores que tuvo y que acaso tienes»; carta 15, p. 82: «...osé pedir su corazón todo entero y me indigné de verte pálido»; carta 15, p. 83: «Vd. es libre de continuar sus compromisos en otra parte»; carta 21, p. 96: «...que nuevos amores te ilusionan»; carta 32, p. 100: «¿Conque piensas casarte?...»; carta 44, p. 133: «...otra mujer de quien huyes».
4. *Ibid.*, carta 36, p. 116: «Celebro que no haya tenido efecto la semipensada boda de que me hablaste».
5. *Ibid.*, carta 12, p. 76: «¡Qué tibio galán hacéis!»; carta 17, p. 89: «¿Tienes de hielo el corazón? ¡Amame o mátame!».
6. *Ibid.*, carta 10, p. 74.
7. *Ibid.*, p. 87, nota 1. El subrayado es nuestro.

Cepeda parece poseerlos. Se conoce sólo un retrato de Cepeda.[8] Fotografía tomada en sus últimos años. Nos muestra unos ojos sin vida, casi muertos. Ignoramos si por la edad avanzada —cerca de los 90—, o por carencia de la brillantez —delatora del fuego interior—, expresiva de inteligencia. Por lo demás, ofrece todos los rasgos de una virilidad reciamente acentuada: la frente, la osamenta de la cara, la distribución de la barba, la forma de las cejas y del cabello, y la expresión del rostro, todo evidencia masculinidad.

c) *Repudio del contacto físico.* Es rasgo que, a simple vista, pudiera parecer contradictorio con la acusada naturaleza viril. Pero no es así. Lo presenta el tímido. Encuentra su raíz y razón de ser en el complejo de Edipo. Complejo que le hace aparecer la consumación amorosa, como algo brutal y, de modo específico, una agresión física a la mujer. Mujer, imagen de la madre.

En Amiel se puede observar el horror por la cópula. Amiel desea a la mujer. Vive obsesionado por el sexo. Su capacidad física para el amor es normal. Sin embargo, rehuye no sólo el matrimonio, sino hasta el ocasional contacto sexual. De aquí, al realizarlo por vez primera y única —a los 40 años de edad—, le dejara amarga desilusión: «...¿Y cómo debo titular la experiencia de esta tarde? ¿Es una decepción? ¿Es una borrachera? Ni lo uno ni lo otro. Por primera vez he tenido un éxito en amor y, francamente, al lado de lo que la imaginación se figura y se promete, es bien poca cosa. Es casi un cubo de agua fría... Veo el problema sexual con la calma de un marido y sé ahora que, al menos para mí, la mujer física no es apenas nada. La moraleja de la historia es que el afecto, la simpatía, la sumisión de una mujer es todo el bien que ella puede hacernos; y el *favor último* (el subrayado es nuestro) no aumenta o apenas aumenta la cuenta».[9]

Días antes había escrito: «Venus me ha excitado como a un muchacho y las curiosidades agudas del placer me cosquilleaban como a San Antonio. Me parece que mientras en

8. Emilio Cotarelo y Mori: *La Avellaneda y sus obras.* Ensayo biográfico y crítico. (Madrid: Tipografía de Archivos, 1930), p. 39, nota 1.

9. Henry Frederic Amiel, *Ecrits intimes. Philine: Fragments inédites du journal intime.* (París: La Pleiade, 1927), p. 93.

la práctica soy tanto más discreto, continente, escrupuloso, tanto más me tientan las lecturas libertinas. Mi ignorancia de la mujer viva me hace enrojecer cuando, gracias a las lecturas eróticas, me siento hombre, joven, apasionado, capaz de los placeres de Afrodita y del transporte de los sentidos. Avergonzado de mi inocencia de hecho y orgulloso de no tenerla en espíritu, me sucede como a las mujeres pudorosas; tomo mi revancha *in petto*: me cobro de las voluptuosidades perdidas en las lecturas solitarias... Yo no he tenido esposa, ni querida, ni pasión, ni aventura. Ignoro el placer por excelencia. He dejado huir la mejor edad. ¿No habré sido un necio...?».[10]

Lo mismo ocurre a Cepeda. En las cartas de Gertrudis no encontramos referencia a la más simple caricia.

En una, cuando la reanudación de las relaciones en Madrid, le dice: «Mira, ya hemos hablado bastante de la naturaleza de nuestro afecto; de la santidad que debe tener y de los peligros que puede correr ésta; creo que conviene no hablar de esto. Hay cosa cuyo solo recuerdo hace daño; la virtud es más fuerte cuando se piensa menos en aquello que la combate. Yo no te dejo a ti sólo la responsabilidad de ambos, no; sería egoísmo. Yo, sin confiar en mi necia mente, me atrevo a esperar que sabré conservar su estimación y la mía propia sin que te cueste mucho trabajo el sostener mi ánimo».[11]

En carta posterior: «...Por eso ayer todo lo más que decías lisonjeramente en tu carta era que me tenías predilecto afecto, en la misma carta en que tan satisfecho te mostrabas de mi amor, tan ciego lo creías, que me ofrecías defenderme de mí misma; tomar la responsabilidad de mi destino, o mejor dicho, salvarme con tu respeto de mi propia flaqueza ¿Sabes que nada tienes de galante? Eres singular... Como amante das poco, porque hasta ahora lo más apasionado que te he oído es que yo te entretengo, que te consume *el hastío, que no crees en la felicidad;* que te *vas a París,* y que amaste, o amas, a una mujer de quien huyes».[12]

Y en la que sigue: «...Pero no vuelvas a decirme que tú no

10. *Ibid.*, p. 80.
11. Gómez de Avellaneda, *Diario...*, carta 42, p. 130.
12. *Ibid.*, carta 44, p. 133.

sabes si me amas fraternalmente; no vuelvas a exagerar tu afecto diciendo cosas que quitan a la amistad su dulce y apacible e inofensiva ternura, para prestarle el peligroso encanto de otra pasión que temo, a la que he renunciado para siempre... Quiero verte y oírte; pero quiero que vengas a mí como un afectuoso *hermano* y que conozcas que el salir de los límites de esa *fraternidad* en lo más mínimo puede hacerme mucho mal...». [13]

En carta anterior le ha escrito: «...he examinado mi corazón y creo que, pasada la terrible excitación de anoche, en medio de la cual lanzó a mis labios un grito de pasión, creo, digo, que en efecto se ha calmado... El amor y la amistad, tal cual yo los considero, son otra cosa muy diferente de lo que ofrece el hombre material... Yo no quiero ni tu amor ni tu amistad si no puedes darme uno y otra tan grande y tan noble como yo los necesito, y dale el nombre que quieras; el nombre no mudará su ser... y la amistad que puede existir entre un hombre y una mujer de nuestra edad no será nunca sino un amor disfrazado... (y atiéndase a las palabras que siguen). Yo no creo que Dios condene ningún afecto noble. Dios es amor. Yo no escrupulizaré de amar. *Pero creo que Dios me prohibe buscar en ese sentimiento goces brutales, siempre que el mismo no me impone un deber de materializarlo por un objeto sano, cual es la maternidad.* Siento, además, que *yo no tengo una necesidad de arrancar al amor todas las perlas de su corona casta para devorarlas en placeres insuficientes para mi felicidad*». [14]

Otra carta es bien terminante con relación a la no consumación material de esos amores: «Paréceme a veces *que me sería tan imposible llegar a tus brazos con ardor de amante, como a los de mi propio hermano. No se me ocurre jamás desear pertenecerte para siempre, y alguna vez me parece que los impulsos de mi corazón a tu lado, que tanto me han alarmado, no se diferencian gran cosa de los que tendría por mi madre*». [15]

Una sola carta de la Avellaneda habla de caricias, es la escrita, si el compilador las agrupó bien, en vísperas del rom-

13. *Ibid.*, carta 45, p. 137.
14. *Ibid.*, carta 48, pp. 127 y 128.
15. *Ibid.*, carta 44 p. 133.

pimiento definitivo al marcharse Cepeda para París: «Pienso en ti, sí; y tan tenaz va haciéndose este pensamiento que no sé cómo libertarme de él ni un solo instante. Pero escucha: tu carta, que tengo ante mis ojos; algunas de tus palabras de esta noche, tus tiernas caricias, la dulzura y purísimo placer que en mi alma han derramado, todo me tranquiliza y me hace no condenar como un mal la fuerza que va adquiriendo en mi corazón el cariño que siempre te he conservado. Si tú me quieres; si me respetas; si estás resuelto a conservarte siempre digno de mi aprecio y a no hacer desmerecer del tuyo; si deseas y procuras prolongar tu permanencia en Madrid, yo debo considerar un bien y no una desgracia el afecto que me inspiras ¡Estaba mi alma tan sola!... El delito es intranquilo; nadie que es culpable es tan feliz como yo lo he sido al llorar hoy en tu pecho. Tú me dices que sea virtuosa; que tú no serás jamás un enemigo de la virtud; que la mía, si la alcanzo, aumentará tu cariño... Si hay momentos en que tu proximidad me agita y no sé qué inquietud dolorosa me hace sentir que algo falta a mi corazón, *luego que se pasa aquel momento de turbación y pasión, veo que lo que faltaba no era nada en comparación de lo que poseía; la satisfacción de haber conservado pura y tierna nuestra ardiente amistad vale cien veces más que todo aquello que hemos negado a nuestro amor.* ¿Te amaría más, por ventura, si fueras más mío, que te amo ahora? Llegará, sin embargo, un día en que tú me ames de otro modo; tendrás una mujer para tu cuerpo; sé que es preciso...».[16]

Lejos de poder inferirse la consumación, se deduce todo lo contrario.

Conducta, la de Cepeda, que sobrepasa los límites de la caballerosidad para rozar con la castidad de José en Egipto o de San Antonio en el desierto. Conducta capaz de ofender a la enamorada que se ofrece, dándole a entender que no interesa como mujer.

Ambos están en pleno vigor físico —primeros años de la treintena—. Se quieren. Son libres. Absolutamente libres. Gertrudis le escribe: «...*Yo no soy monja ni casada; tú no*

16. *Ibid.*, carta 46, p. 141. El subrayado es nuestro.

eres tampoco esclavo de ningún juramento que te haga un crimen del amor». [17]

La criolla es bella, apasionada, atractiva. Vive sola. Se ven de noche. Es viuda, ha tenido una hija con un amante: García Tassara. ¿Qué detiene al «tibio galán»? ¿Qué razón pudo existir para esa total ausencia, no ya de la cópula, sino hasta de caricias, no fraternales, tan propias de toda pareja enamorada?

Una sola causa detiene al osunés: la timidez sexual que padece y que lo fuerza a un constante «quiero y no me decido».

Lo que no pudo imaginar Gertrudis es que su ofrecimiento de entrega: «Llegará, sin embargo, un día en que tú me ames de otro modo; tendrás una mujer para tu cuerpo», habría de significar la huida de Cepeda, incapaz de acceder al ofrecimiento por su enfermedad. En efecto, al recibir esa carta, Cepeda decide, y fríamente se lo anuncia a la Avellaneda, marchar de inmediato para París.

Sin embargo, vamos a suponer —en gracia a la argumentación—, que las palabras de Gertrudis, antes mencionadas «tus tiernas caricias» [18] se refieren a la consumación del amor o a caricias de galán enamorado y no de hermano, entonces, nos confirmamos en nuestro aserto: Cepeda, como Amiel, queda desilusionado con el acto en que parece haber pensado durante 7 años. Tan desilusionado, que al día siguiente se presenta ante Gertrudis —que al igual que Philine en el caso de Amiel, está eufórica— la acusa de ser su verdugo [19] y le anuncia que parte para París. Inicio de un viaje que durará casi 7 años y durante los cuales no cesará de escribir a Gertrudis ni de hablarle de su inalterable afecto, hasta hacer que renazcan nuevas esperanzas en la triste viuda, que habla de volver a verse, en Madrid, tras el regreso de Cepeda.

d) *«Quiero y no me decido».* Avanzar hacia la conquista de la amada, para retroceder ante su entrega, es característica del tímido que confunde, pero que resulta perfectamente lógico y natural frente al cuadro de su timidez sexual. El tími-

17. *Ibid.,* carta 47, p. 148.
18. *Ibid.,* carta 46, p. 138.
19. *Ibid.,* carta 47, p. 141.

do se siente atraído por una mujer, la quiere, la busca. Pero, ante el sentimiento de su incapacidad o por considerar el acto como una agresión brutal a la que es imagen de la madre se detiene. Se aleja para volver a empezar en busca de su reconquista, culpando a la amada de ser la que abandona.

Esto ocurre primero en Sevilla: Gertrudis, ante la conducta de Cepeda, rompe las relaciones amorosas entre ambos y le escribe:

«Usted me ha dicho, juzgándome por ajenas opiniones, que soy inconstante..., soy, como ya le he dicho a usted, incapaz de imponer condiciones a sentimiento más espontáneo y más independiente, ni de admitir como amor todavía lo que ya no es más que el esfuerzo de un corazón noble y agradecido que quiere engañarse a sí mismo... Porque el amor que ya no se participa no es un bien, no; es un mal, una tiranía. Largo tiempo me he hecho ilusiones sobre tus sentimientos y he interpretado limpiamente la frialdad de tu conducta. En vano me decían cosas que debían desengañarme. Por fin te he visto anunciarme fríamente una separación acaso eterna; te he visto desechar sin conmoverte las proposiociones que una loca pasión me dictaba... vi por fin rasgado el velo que yo misma había puesto sobre mis ojos. ¡Sábelo Dios!: desde aquel momento miré rotos para siempre todos nuestros vínculos... Basta que sepas que me hallo con valor para renunciar a tu amor sin morir... ¿Acaso no te amo ya? Soy demasiado franca para ocultar que te amo tanto como el día que más te lo haya manifestado... sólo deseo hoy merecer una amistad menos viva, pero más durable, que aquella que me hizo algún tiempo tan dichosa. Todos los otros vínculos que nuestros corazones hayan imprudentemente formado quedan rotos desde hoy... ¡y ojalá pudiéramos aniquilar su memoria». [20]

Ante esa actitud de Gertrudis, Cepeda formula las quejas que veremos en inciso correspondiente. ¡Tal parece que es la lírica, inconstante, quien lo ha abandonado!

En Madrid ocurre igual. A una declaración de la criolla: «Te quiero esta noche casi tanto como antes de la maldita noche de mi dolor de estómago», [21] sigue un retroceso del ga-

20. *Ibid.*, carta 20, p. 94.
21. *Ibid.*, carta 39, p. 122.

lán. Se deduce de dos epístolas de Gertrudis: «...Has querido, sin duda, atenuar el disgusto que iba a causarme el saber que no habías dormido bien y que te sentías malo, con decirme que *me estimas profundamente y que eres el más sincero de mis amigos*. Te doy gracias por estas líneas de tu billete».[22] En la anterior le dice: «Yo no quiero ni tu amor ni tu amistad si no puedes darme uno ni otra tan grande y tan noble como yo los necesito y dale el nombre que quieras».[23]

Entre las dos cartas antes citadas —la 40 y la 41— el compilador parece haber suprimido alguna o algunas intermedias. Cartas que creemos importantes para conocer el sentimiento de Cepeda y como realiza su juego constante de avanzar y retroceder —«quiero y no me decido»—. Cruz de Fuentes da, como razón de la omisión «que no se han conservado».[24] Razón que desmiente la minuciosidad y cuidado del dueño de Almonte, que conservaba no sólo las cartas de Gertrudis y los borradores de las enviadas a la criolla, sino hasta los sobres de aquéllas. Incluso, los recibidos en su viaje por Europa. En esa última carta, expresiva del disgusto de la lírica —es corta y su despedida es seca—, se lee: «Tú me dijiste anoche clara y terminantemente las palabras subrayadas en mi anterior; por eso te las recuerdo. Las dijiste con franqueza que vale mucho, con un candor y una sencillez que no son de este siglo: te las oí con sorpresa, pero me ha agradado cada vez más esa veracidad un poco ruda, pero siempre estimable».[25]

Ante la actitud de Gertrudis tiene lugar un avance de Cepeda. La apasionada mujer que no comprende lo que le ocurre a su galán, le escribe: «Yo, menos prudente que tú, insistí en que prolongases tu visita, porque tenía un deseo irresistible de oírte una palabra de cariño; de darte una nueva prueba del que me inspiras. Pesado por demás estuvo G. pero no le falta ni talento ni bondad. Es que se ha acostumbrado a verme indiferente con todos, es decir, sin predilección por nadie, y no sospecha que entre tú y yo medie cosa alguna que nos haga enojosa su presencia. Se llenaría de pena si supie-

22. *Ibid.*, carta 40, p. 125.
23. *Ibid.*, p. 128.
24. *Ibid.*, p. 129, nota 1.
25. *Ibid.*, carta 41, p. 129.

se que nos había molestado».[26] Confiada en el amor que cree siente el de Osuna, la cubana le escribe transcribiendo partes de una carta de la madre en que ésta le expresa su gran entusiasmo ante el posible matrimonio con Cepeda. Avance de Gertrudis que la timidez del galán lo lleva a nueva retirada. Retroceso que disgusta a la enamorada: «Ya te lo dije ayer cuando te escribí mi última carta estaba descontenta de ti; no salió ella fría, la hice yo que lo fuera... Tú, según he comprendido, viniste a Madrid huyendo de un amor profundo, que acaso quieres vencer, amor que juzgaste tan fuerte que dijiste: *Yo no viviré mucho; cuando muera decidle que la he amado*».[27] La Avellaneda no comprende la conducta de su amado y le escribe: «...¿por qué quieres tú jugar con mi corazón como el niño que pone el fuego en la pólvora sin prever que puede él mismo abrasarse? Tú me agitas, me incitas, me ofendes en mi orgullo, me hieres en mi sensibilidad, todo con una calma admirable, sin comprender siquiera que estás jugando con fuego peligroso. Si yo te amo, tu conducta es cruel; si no te amo, es ridícula... Como amante das poco, porque hasta ahora todo lo más apasionado que te he oído, es que yo te *entretengo;* que te consume *el hastío,* que no *crees en la felicidad,* que *te vas a París,* y que amaste, o amas, a una mujer de quien huyes. Y para esto, sin embargo, dices que *me necesitas,* y *me buscas,* y *te enojas porque no estamos solos, y me preguntas si te amo tanto como amé a mi esposo».*[28]

Como es natural, el galán avanza. Avance amoroso —y no de hermano, precisamente— que se deduce de palabras de la gran apasionada: «Pero no vuelvas a decirme que tú no sabes si me amas fraternalmente, no vuelvas a exagerar tu afecto diciendo cosas que quitan a la amistad su dulce y apacible e inofensiva ternura, para prestarle el peligroso encanto de otra pasión que temo... ¿Sabes tú si una palabra tuya, si una mirada, pueden trocar el sosegado afecto que me inspiras en un sentimiento poderoso, irresistible, que vivió en mi alma y que dejó en ella restos dolorosos, calientes todavía? ¿Sabes tú si anoche un momento más hubiera bastado para producir

26. *Ibid.*, carta 42, p. 130.
27. *Ibid.*, carta 44, pp. 131 y 132.
28. *Ibid.*, carta 44, p. 134.

un trastorno completo en mi actual destino, sí, muy triste pero resignado, sin tempestades, sin dolores acerbos?... cuenta que no despiertas de súbito un recuerdo fecundo en agitaciones, y que por ocho, quince o veinte días que pases aquí no dejes años de lágrimas y de dolores crueles. No temo yo lo que *hagas,* no caigas en tal error; temo lo que sientes y lo que inspires. Las acciones se dominan, los sentimientos no. Temo *amarte.* Me creía incapaz de *amar de amor* (es decir, de amor carnal, no fraternal) pero sé generoso: no me quieras tanto, no vuelvas a decirme que yo te hago olvidar hasta tu país, hasta tus afecciones más dulces... No quieras que al oírte lo olvide yo todo, excepto que soy libre y que me amas».[29] Carta a la que sigue otra que demuestra el decidido avance de Cepeda y la declaración franca y sincera de amor de Gertrudis, que parece ya no tener miedo de amar a su antiguo Dios: «...he vuelto a leer tu carta y me parece cada vez más grata y lisonjera, y, y, y, otras mil y, y, ...Pienso en ti, sí; y tan tenaz va haciéndose este pensamiento que no sé cómo libertarme de él ni un solo instante. Pero escucha: tu carta, que tengo ante mis ojos; algunas de tus palabras de esta noche, tus tiernas caricias, la dulzura y purísimo placer que en mi alma han derramado, todo me tranquiliza y me hace no considerar como un mal la fuerza que va adquiriendo en mi corazón el cariño que siempre te he conservado. Si tú me quieres; si me respetas; si estás resuelto a conservarte siempre digno de mi aprecio y a no hacerme desmerecer del tuyo; si deseas y procuras prolongar tu permanencia en Madrid, yo debo considerar un bien, y no una desgracia, el afecto que me inspiras... yo no creo que Dios, ese Dios que es todo amor juzgue un crimen mi cariño hacia ti...; la satisfacción de haber conservado pura y tierna nuestra ardiente amistad vale cien veces más que todo aquello que hemos negado a nuestro amor. ¿Te amaría más, por virtuosa, si fueras más mío, que te amo ahora? Llegará, sin embargo, un día en que tú me ames de otro modo; tendrás una mujer para tu cuerpo; sé que es preciso...»[30]

Es el triunfo pleno de Cepeda: ha reconquistado, sin du-

29. *Ibid.,* carta 45, pp. 136 y 137.
30. *Ibid.,* carta 46, pp. 138-139 y 140-141.

das de clase alguna, a la poetisa. Sólo tiene que recoger el fruto de su éxito. Es, precisamente, cuando retrocede más allá del punto inicial y de modo igual que en Sevilla, donde anuncia una separación eterna, aquí llega adonde Gertrudis para decirle fría y tranquilamente, que la deja y que se va para París, y como siempre, tratando de «racionalizar» su conducta, acusa a la abandonada de culpable y de ser su verdugo, como se lee en la carta 47.

«La mujer a quien acusas, a quien llamas verdugo, te ha amado con un amor que no volverás a inspirar, con un amor que ninguna otra mujer es capaz de sentir. Ayer eras todavía a mis ojos el hombre de mis sueños, la adorada realidad del idealismo de mi juventud. En mi carta de ayer te he llamado mi vida, mi esperanza, mi bien; te pedía que vinieses a mí en aquel momento en que te escribía para jurar en tus brazos ser tuya hasta morir, y morir cuando te perdiese, cuando cesases de amarme. Viniste, en efecto, poco después y fue para decirme tranquilamente, tan tranquilamente, que no pude creer fuese verdad, que te marchabas mañana a París. ¡Y bien! ¿De qué te quejas? ¿De qué me acusas? ¿Hay algo que me reste hacer para probarte mi amor? Y si te lo he probado, si lo conoces, ¿podrás dudar que tu partida ahora me iba a destrozar el alma? Porque yo era delicada y generosa y no quería exigirte lo que sólo deseaba y esperaba deber a tu corazón, ¿debías tú, uniendo la injusticia a la más fría indiferencia lanzarme esa terrible palabra, me voy, como si me dieses la noticia más indiferente? Dijiste después que me huías a mí; y bien, ¿es esto más lisonjero que el decirme que te vas, porque nada valgo para ti, ni yo, ni mi amor, ni mi pesar? Tú te has decidido a irte ahora, sabiendo que poco más tarde hubiéramos podido hacer juntos el mismo viaje; sabiendo que ahora más que nunca me había de lastimar tu ausencia. Sea esta resolución tuya indiferencia y desamor absoluto; sea, como dijiste, *que me huyes por demasiado amor,* yo tendría que ser un ser degradado y privado de todo sentimiento si no viese en tu resolución el golpe que rompe para siempre toda clase de vínculos entre nosotros. Si te vas porque te soy indiferente, yo no debo, no puedo, ni quiero molestarte con mi cariño, ni con ningún recuerdo de los pesares que sufro. Si realmente me huyes, mi orgullo, al par de mi

247

corazón, gritan ofendidos y me mandan morir antes que continuar relaciones de ninguna especie con el hombre que huye de mi amor como de cosa que puede perjudicarle. Yo no soy ni monja ni casada; tú no eres tampoco esclavo de ningún juramento que te haga un crimen del amor; por consiguiente, amando y siendo amado, yo no concibo que nadie pueda huir, a menos que el objeto amado sea tan indigno que a toda costa quiera salvarse de sus redes... Tú no eres ya mi amigo; eres mi amante, el amante a quien adoro, a quien he entregado toda mi alma, toda mi existencia; si tú huyes después de esto, bastante causa es para que yo muera de dolor y de vergüenza; pero no para envilecerme hasta el punto de seguir contigo como si tal cosa. Para no sentirme herida hasta el fondo del alma e incapaz de volver a sostener tu mirada, sería preciso que yo fuese una mujer perdida, que con nada obliga ni se obliga. Yo no estoy colérica, no; estoy indignada, sí, y sobre todo, dolorida. Creo que si te hubiese visto como tú me viste, aún cuando el viaje fuese la cosa más urgente, más precisa, hubiera volado a devolver el billete y a decir a veinte amigos que fueran: no voy. Sí, eso hubiera yo hecho en *vez de pedir al cielo la muerte y llamar verdugo a la persona a quien haces infeliz;* eso hubiera hecho yo, si fuese tú, y luego te hubiera cogido en mis brazos y te hubiera dicho: perdóname; estaba loca cuando creí posible dejarte por mi voluntad; dame la dicha o la desgracia, lo que tú quieras, con tal de que te des tú con ella. El dolor, el remordimiento mismo, es dulce en tus brazos, cuando se bebe en tus labios... Esto hubiera yo hecho, porque yo tengo corazón. Tú haz lo que quieras, lo que has resuelto; pero olvida para siempre a una mujer que sería digna de lo que haces, si fuese capaz de sufrirlo pacientemente. ¡Tú rompes todos nuestros lazos antiguos y nuevos; todos! Tu amante ultrajada no puede ser tu amiga».[31]

Cepeda, como es habitual, cada vez que Gertrudis se retira, la busca, la incita. La Avellaneda le escribe: «...Te recibiré, pues, a las siete y estarás hasta las ocho, si gustas, pero ten entendido que no te recibo para reconvenirte ni para quejarme, *ni para mandarte que te quedes o que te vayas como*

31. *Ibid.*, carta 47, pp. 141-143.

tú me autorizas...; te declaro que nada tienes que ver conmigo en lo sucesivo, ni como amante, ni como amigo, ni como conocido; porque todo lo renuncio hoy: tu amor y tu amistad y tu recuerdo...» [32]

Sin embargo, esa carta y la ruptura tan terminante no son óbice para detener a Cepeda. Inicia un nuevo avance con nueva carta a Gertrudis. Esta le contesta —la última de la serie de Madrid—: «Siento que me digas que sigues enojado... Celebro que tus disposiciones actuales te parezcan menos amargas que las que dices haber tenido». [33] En esa misma carta, la agraviada pide la devolución de las cartas escritas en ese mes de octubre de 1847. Cepeda, al igual que hizo con el Cuadernillo, no realizó la devolución. Y no se limita a esa carta de Madrid, el tímido galán. Apenas llega a Burdeos escribe a la lírica. La respuesta de ésta tiene fecha 12 de noviembre, del año referido de 1847, y en ella se lee: «No he contestado antes porque he estado retirada algunos días en el convento de Loreto de esta corte». [34] Incluso, pocos meses antes de casarse —en junio de 1854—, escribe el latifundista de Almonte a la criolla y le pide conservar las cartas de la época de Madrid. Gertrudis, con fecha 26 de mayo le contesta: «Respecto a lo que me consultas sobre mis cartas sólo puedo responderte que no recuerdo exactamente lo que contienen. Ignoro si hay en esas cartas confidenciales cosas que puedan interesar al público, o si las hay de tal naturaleza que deban ser reservadas. Cuando nos veamos hablaremos de eso y examinaremos dichos papeles». [35] Entrevista que no se celebra porque Cepeda se casa en junio de ese año.

e) *Relaciones con Gertrudis.* Cepeda ama a Gertrudis. Parecerá un tibio amante, como le escribe la poetisa, citando versos de Moreto. [36] Tibio no, tímido. Pero la quiere. De otro modo carecerían de adecuada explicación su asiduidad —durante 14 años la sigue con sus cartas o con su presencia—, su

32. *Ibid.,* carta 48, pp. 147 y 148.
33. *Ibid.,* carta 49, pp. 144 y 145.
34. *Ibid.,* carta 50, pp. 145-146.
35. *Ibid.,* carta 53, pp. 155-156.
36. *Ibid.,* carta 12, p. 76.

curiosidad —que en ciertas ocasiones parece morbosa—, por conocer todo lo relativo al pasado amoroso de la Avellaneda. Además, sus quejas, sus celos. Porque Cepeda se cela y no pierde oportunidad, cada vez que la ocasión es propicia, de acusar a Gertrudis de fría, de falta de cariño, de inconstante.

¡Fría, quien vive ardiendo en amor por su persona!

Hemos hablado de la curiosidad de Cepeda por el pasado amoroso de la cubana. He aquí la prueba:

1. Pedir a Gertrudis le cuente su pasado. La respuesta es el *Cuadernillo* —que Cruz de Fuentes publica con las cartas y llama autobiografía—. Cuadernillo que la Avellaneda le entrega con la condición [37] —reiterada más tarde— [38] de que lo destruya de inmediato por contener, según dice ella, referencias a familiares de Gertrudis y de otras personas, que la poetisa considera nadie, excepto Cepeda, debe conocer.

Devolución o destrucción que no realiza Cepeda. Como tampoco devuelve las cartas que la Avellaneda le ha escrito —en el período de las relaciones en Madrid—, no obstante, la petición de la criolla de que lo haga. [39]

Incluso, después de la separación de Madrid, y cuando han transcurrido cerca de siete años, le escribe a Gertrudis sobre su deseo de conservar las cartas. Se deduce de la carta de Gertrudis —última que la poetisa le escribe—, donde le dice: «Respecto a lo que me consultas sobre mis cartas, sólo puedo responderte que no recuerdo exactamente lo que contienen. Ignoro si hay en esas cartas confidenciales cosas que puedan interesar al público, o si las hay de tal naturaleza que deban ser reservadas. Cuando nos veamos hablaremos de eso y examinaremos dichos papeles». [40]

Entrevista que no se llevó a efecto por el matrimonio de Cepeda.

37. *Ibid.*, p. 47: «...ahora recuerde usted mis condiciones. Este será reducido a cenizas tan luego sea leído. Nadie más que usted en el mundo sabrá que ha existido».

38. *Ibid.*, carta 2, p. 53: «Respecto al cuadernillo que di a usted, sabe usted mis condiciones... Por todo esto, no estaré tranquila hasta saber que ha sido quemado por usted mismo: lo ruego y lo exijo».

39. *Ibid.*, carta 49, p. 145: «...quisiera pedirle un favor, y es que me dejes tus cartas y me devuelvas las mías, es decir las que te he escrito desde que estás en Madrid. Ha sido un episodio extraño en nuestra amistad, y me darás un placer en devolverme esas páginas intrusas que te disgustaban por ser largas».

40. *Ibid.*, carta 53, pp. 155-156.

2. Tomar las cartas que Sabater ha escrito a la poetisa antes de casarse con ella:

«Te ofrecí anoche algunas cartas de mi Sabater; sagradas para mí, sólo a ti las fiaría, y créemelo, te doy al enviártelas la más alta prueba de estima y de confianza». [41]

3. Pedirle a su amigo Bravo que averigüe todo lo que se relacione con la Avellaneda —vida amorosa, naturalmente—, en Madrid. [42]

4. Querer entrevistarse con García Tassara, para que le hable de sus relaciones con Gertrudis: «Escucha: yo no temo que hables de mí con Tassara, porque yo te he dicho más de lo que por él puedes saber». [43]

5. Pedir o recibir —para el caso es lo mismo—, una carta que escribiera a la genial criolla, un joven sevillano que se enamoró locamente de ella. Tanto que a ella le dijeron había perdido la razón ante su negativa de casarse: Antonio Méndez Vigo.

Celos. Cepeda, el tibio galán, el «temperamento flemático y espíritu profundamente reflexivo», [44] siente y expresa celos: «Pero quisiera yo saber... [45] ¿esa curiosidad tuya, el disgusto mal disimulado con que me oías esta noche cuando te ensalzaba mi pasado ídolo, qué significan? ¿Me amas tú realmente? ¿Tienes celos?... Si tal creyera... no sé: sería infeliz pero tendría placer, doloroso placer. De exprofeso te hablaba de él esta noche; me extendía, ponderaba de intento; es la única vez que he visto en tu cara la expresión de la pasión, y esta confesión, que ahora te hago, te explicará por qué después he estado más cariñosa contigo. Sí, cuando te hablaba de T. me pareció que tenías celos; me pareció que me amabas; todo lo que dijiste no bastó a destruir en mí la impresión de aquella idea. Y bien, Cepeda: si tú me amases

41. *Ibid.*, carta 40, p. 128.

42. *Ibid.*, p. 107, nota 2: En carta de Cepeda —cuyos borradores conservaba y cada vez que Cruz de Fuentes lo considera oportuno los incluía en la compilación— se lee: «Mi amigo Bravo (Pedro Gómez Bravo y Pernia) está en ésa, y por si aún no te ha visto, pienso escribirle hoy mismo para que me hable mucho de ti, puedes estar prevenida porque mi encargo ha de ser que curiosee lo más posible».

43. *Ibid.*, carta 39, p. 122.

44. *Ibid.*, p. 87, nota 2.

45. No sabemos si los puntos suspensivos fueron escritos por la Avellaneda, o si se trata de una supresión más, que se permitió Cruz de Fuentes.

y tuvieras celos de un afecto anterior a mi casamiento serías más riguroso que aquel que me dio su nombre, pero no te tacharía de injusto... Severo has estado, muy severo y, sin embargo, siento que te perdonaría de todo corazón si fuese tu severidad efecto de celos. Si no es así no me lo digas, no; porque un rigorismo frío me parecería hasta ridículo...»[46]

«¿Te aflige que yo haya creído amar antes de conocerte? ¿Tendrías celos de ese pasado que no conoces sino por lo que yo misma te he dicho? En ese caso, tu pena me afligiría sin ofenderme, porque no es culpa tuya ser celoso si lo crees, pero haría por tranquilizarte lo que puedo, que es jurarte que no he amado a ningún hombre cual te amo a ti y que soy digna, Cepeda, de tu aprecio... ¿Provendrá, pues, tu pena de lo presente? ¿Hay algo en mi que te desagrada? Mi conducta, mis sentimientos, ¿qué cosa? ¿tendrás celos de alguno? ¡Oh, no! esto es imposible... y sabes harto que sólo a ti amo, que sólo a ti doy mi corazón. ¿Será que no te agrada el que vaya a las diversiones y tenga tantas amistades de jóvenes de tu sexo? Si fuera así, ¿no sabes tú que yo renunciaría toda sociedad, toda diversión, a una sola insinuación tuya?»[47]

Quejas. Cepeda, al mismo tiempo que reprocha a Gertrudis que use lo que él llama lenguaje de la imaginación —es decir, un lenguaje apasionado, con el cual la poetisa quiere expresarle lo mucho que lo quiere, lo profundamente que le ama—, no pierde oportunidad para quejarse de la frialdad de la Avellaneda y de echarle en cara su inconstancia o su poco amor.

Natural, las quejas de Cepeda —por no haber publicado Cruz de Fuentes, conjuntamente con las cartas de Gertrudis, los borradores de su amigo—, tienen que deducirse de las respuestas que le da la lírica cubana.

«¡Busco yo la opinión pública con preferencia a los más dulces afectos!... ¡Los más dulces afectos! ¿Es usted quien lo dice? Usted a quien mi corazón los ha prodigado. Usted que era mi universo, y por quien yo hubiera sacrificado no solamente los inconstantes y frívolos elogios del mundo, sino también todo aquello que no era usted... ¿Usted dice que yo

46. Gómez de Avellaneda, *Diario...*, carta 39, pp. 124-125.
47. *Ibid.*, carta 16, p. 86.

aprecio más que a los afectos el sufragio del mundo?... ¡Ah!, no sé si es ésta la sola vez que habla usted lo que no siente».[48]

Esta carta no parece haberse tomado íntegra a pesar de que Cruz de Fuentes no dice nada al respecto, ya que comienza: «Dos líneas más». Indicativo ese comienzo de una parte anterior que Cruz de Fuentes, actuando una vez más de censor, suprimió. Los repetidos puntos suspensivos no sabemos si se deben a la censura del compilador o a la voluntad de Gertrudis.

«Mi carta de ayer, dices, era menos afectuosa que la anterior a ella. Yo te dije más, te dije que era fría, y lo era en efecto. Para disculpar la inconsecuencia que parece resultar de algunas de tus palabras, comparándolas con las que contenía la otra, no te diré que esta última a que me refiero no te fue dada, sino que me la quitaste, y que con el hecho de no habértela enviado, te di una prueba de que mi corazón no la aprobaba, de que algo de su contenido no estaba acorde con mis deseos... ayer todo lo más que decías lisonjeramente en tu carta era que me tenías predilecto afecto, en la misma carta en que tan satisfecho te mostrabas de mi amor, tan ciego lo creías que me ofrecías defenderme de mí misma...»[49]

Para algunos puede parecer bien curiosa la conducta de Cepeda, ese buscar a Gertrudis, excitarla, dudar de lo verdadero de su amor para alejarse y mostrarse frío cuando la apasionada poetisa le expresa su amor y su delirio.

Sin embargo, no lo es. Resulta perfectamente natural dentro del cuadro de su timidez sexual, *ese quiero y no me decido,* que caracteriza a sus relaciones con la Avellaneda. Timidez que la Avellaneda no comprende ni comprenderá jamás.

No es que Cepeda busque en ese amor el cuerpo de Gertrudis —como piensa Cotarelo— y que su disfrute le enfríe y le aleje. No. Ya hemos visto que el amor no se consumó ni con el «favor último» —como eufemísticamente dice Amiel—[50] ni con las caricias más normales entre enamorados. Cepeda quiere a Gertrudis, pero es un tímido sexual y como tal no se decide: avanza hasta el punto de tenerla para sí, pero, enton-

48. *Ibid.,* carta 25, p. 102.
49. *Ibid.,* carta 44, pp. 132-133.
50. Amiel, *Philine: Ecrites intimes,* p. 93.

253

ces retrocede, se aleja, pide «no ser perturbado en sus estudios»,[51] «se le devuelva la parte de reposo» que Gertrudis le ha robado y que por algún tiempo le es indispensable,[52] o ruega a Dios la muerte,[53] cuando decide abandonar a Gertrudis y marchar a París.

En Sevilla, de modo reiterado, le pide a Gertrudis que modere sus expresiones de amor, «no usar expresiones que conmuevan demasiado y hagan mucho daño».[54]

La enamorada le escribe: «Cuando se pasee usted por los campos a la claridad de la luna, cuando escuche el murmullo de un arroyo, el soplo ligero de la brisa, el canto de un ruiseñor, cuando perciba el aroma de las flores..., entonces piense usted en su amiga, porque todos esos objetos son tiernos y melancólicos como mi corazón. ¡Perdón, no he olvidado nuestro convenio y contendré la pluma».[55]

«Ya ve usted mi buen amigo que le hablo de cosas que no son más que cosas; ya ve usted que evito un lenguaje que usted llama de la imaginación y que yo diría del corazón».[56]

En otra: «Me arrastra mi corazón, no sé usar con usted el *lenguaje moderado* que usted desea y emplea».[57]

Curioso, repetimos, bien curioso, de no tratarse de un tímido sexual. ¡Un enamorado que pide y exige a la amada que no le hable ni le escriba con pasión!

Sin embargo, cuando Gertrudis da por terminadas las relaciones amorosas comienzan las quejas e imputaciones de Cepeda. Busca, también, enhebrar un diálogo amoroso. En una carta la poetisa le contesta: «En efecto estoy algo mejor, moralmente, que en Sevilla, pero no en *amores,* como usted supone (que ya para mí no existen), sino porque aquí me he consagrado exclusivamente a la literatura».[58]

Ya antes, a los pocos días del rompimiento de las relaciones en Sevilla, Cepeda, con su conducta de siempre parece querer acercarse nuevamente al corazón de la poetisa. Y ésta

51. Gómez de Avellaneda, *Diario...,* carta 2, p. 76.
52. *Ibid.,* p. 82 (borrador de una carta de Cepeda).
53. *Ibid.,* carta 47, p. 143.
54. *Ibid.,* carta 6, p. 67.
55. *Ibid.,* carta 5, p. 63.
56. *Ibid.,* carta 6, p. 65.
57. *Ibid.,* carta 10, p. 74.
58. *Ibid.,* carta 26, p. 103.

le responde: «Tengo a la vista la grata de usted última. ¿Qué más podré decir respecto a ella?... Vale más no tocar nuevamente un asunto que hemos hablado ya». [59]

En otra posterior —bien significativa de los avances amorosos de Cepeda—, le dice Gertrudis: «No te mando mis poesías, no, ni te digo, si has entrado en algo en el pensamiento de alguna de sus composiciones». [60] En esa misma misiva, parece que Cepeda, con la intención de recuperar a Gertrudis, trata de dar alguna explicación de lo ocurrido en Sevilla y la Avellaneda le dice: «Me lisonjeas en tu carta para que envueltas en dulzura, trague las mentirillas que me envías y no eche de ver la sutileza de ciertas explicaciones». [61]

Cepeda le imputa olvido. La Avellaneda le contesta: «Si pudieras adivinar las ocupaciones, displicencias, disgustos y perezas que me agobian de continuo, bien segura estoy que no atribuirías a olvido mi silencio». [62]

Vuelve a disculparse la poetisa: «A pesar de tus *quejas* te creo profundamente convencido de lo mucho que te quiero». [63]

En Madrid, pocos días antes de abandonarla le dice: «*Deja correr tu corazón, no le opongas la menor resistencia; ámame cuanto puedas, que así lo necesito.* Por eso ayer todo lo más que decías lisonjeramente en tu carta era que me tenías predilecto afecto, en la misma carta en que tan satisfecho te mostrabas de mi amor, tan ciego lo creías». [64]

Tras la carta en que Gertrudis da por terminadas las relaciones amorosas entre ambos, en Sevilla, al contestar la de Cepeda, en respuesta a aquélla, escribe la poetisa: «No sé cómo entender aquellas palabras tuyas: Tú has amargado mi destino. Dios me es testigo que he deseado hermosearle en vez de amargarle, y que mi propia ventura me interesa menos que la de usted. Si hay un destino oscurecido, amargado, si hay entre los dos un porvenir destruido, no es el de usted, Cepeda, no...

59. *Ibid.*, carta 22, p. 97.
60. *Ibid.*, carta 28, pp. 105-106. El subrayado es nuestro.
61. *Ibid.*, p .105.
62. *Ibid.*, carta 29, p. 106.
63. *Ibid.*, carta 31, p. 108.
64. *Ibid.*, carta 44, p. 133.

«He visto huir de tu corazón el amor y, si he llorado, no he osado, al menos, quejarme. Es una desgracia para lo cual estaba preparada... Lo que no puedo soportar es la idea de que una separación eterna va a ponerse entre los dos, y que tú has tenido el valor cruel de anunciármelo.[65] Líneas antes transcribe la lírica el poco galante pensamiento de Cepeda: «¿Dice usted que mi imaginación vistió con sus galas el sentimiento vago, sin *calor* que yo le inspiraba y que le hizo elevar hasta el cielo para descender luego convertido en verdad?»[66]

Pero apenas pasan dos semanas formula la primera queja como si fuera el amante abandonado. Contesta Gertrudis: «Ignoraba que usted estuviese enfermo y al saberlo me ha sido extremadamente sensible. No estoy, como usted supone, tan preocupada con mis obras, que no sea sensible a todo cuanto tenga relación con usted y, ciertamente el éxito del drama me ocupa menos que su salud de usted. Cuidarse, querido, y no ser injusto otra vez».[67]

Otra queja, la segunda, pocos días después: «El haber tenido muy mala a mamá y el no estar tan ocupada, como usted supone, en *admirar mis obras,* es la causa de no haber vuelto a escribirle después de mi última...»[68]

En la última de Sevilla —escrita, justamente, una semana después de la anterior y la repetimos por ser bien probatoria de nuestro aserto—: «¡Busco yo la opinión pública con preferencia a los más dulces afectos!... ¡Los más dulces afectos! ¿Es usted quien lo dice? Usted, a quien mi corazón los ha prodigado. Usted, que era mi universo y por quien yo hubiera sacrificado no solamente los inconstantes y frívolos elogios del mundo, sino también todo aquello que no era usted... ¿Usted dice que yo aprecio más que a los afectos el sufragio del mundo?... ¡Ah!, no sé si es ésta la sola vez que habla usted lo que no siente».[69]

En fin, en Madrid: «Cuando así lo creíste lo aceptaste y aún dijiste: *Deja correr tu corazón, no le opongas la menor*

65. *Ibid.*, carta 21, pp. 95 y 96.
66. *Ibid.*, p. 95.
67. *Ibid.*, carta 23, p. 100.
68. *Ibid.*, carta 24, p. 100.
69. *Ibid.*, carta 25, p. 102.

resistencia; ámame cuanto puedas, que así lo necesito».[70]
Y, repetimos, en la carta 47 le escribe la cubana: «Creo que
si te hubiese visto como tú me viste, aún cuando el viaje fuese la cosa más urgente, más precisa, hubiera volado a devolver el billete y a decir a veinte amigos que fueran: *no voy.*
Sí, eso hubiera yo hecho *en vez de pedir al cielo la muerte* y
llamar verdugo a la persona a quien haces infeliz».[71]

f) *Proyectos matrimoniales.* Al igual que el tímido gine-
brino, pensamos que Cepeda trataba todo proyecto matrimonial como si fuera una cuenta corriente.

En efecto, Amiel, nos cuenta Thibaudet,[72] dividía una ho-
ja de papel en dos columnas. En una, la de la derecha, escribía las cualidades de la novia: belleza, sumisión, afecto, distinción, dote, etc. En la columna de la izquierda consignaba
lo que llamaba los pecados capitales. Entre ellos figuraban
la hipertrofia y la atrofia cardíaca. Cada cualidad o pecado
era calificado con una puntuación cuyo máximum era 6
—como era la costumbre para los exámenes de licenciatura
en Suiza—. Después sumaba las dos columnas y hacía el balance. Si la de la izquierda arrojaba una cifra superior, el
proyecto matrimonial era abandonado.

De extrema importancia, en este estudio, era el aspecto
económico: la dote que aportaría la futura cónyuge, y los
gastos que podría ocasionar con sus enfermedades. También
las molestias y disgustos que proporcionaría su vida en común, como las alegrías a que pudiera dar lugar.

Sin dato alguno al que referirnos —pues Cruz de Fuentes
aporta sólo aquellos que puedan servir para demostrar la profunda pasión que sintiera la Avellaneda por Cepeda—, tenemos que limitarnos a pensar en su posibilidad, porque al
igual que en Amiel, la cuestión económica era para el amigo
de Cruz de Fuentes, factor de primordial importancia. Parece
creer con el Arcipreste de Hita:

Como dize Aristóteles, cosa es verdadera:
El mundo por dos cosas trabaja: la primera,

70. *Ibid.,* carta 44, p. 133.
71. *Ibid.,* carta 47, p. 143.
72. *Amiel où la part du Rêve.* Paris, Hachette, 1920, p. 132.

17

Por aver mantenencia; la otra cosa era
Por aver juntamiento con fembra plazentera. [73]

Se casa, es cierto, pero pactado el matrimonio cuando viajaba por Europa, es decir, bien lejos de Sevilla o Huelva, es de presumir que se realizó el pacto por amigos y parientes y que el factor económico fue el determinante.

Con Gertrudis no hubo proyecto matrimonial alguno. Sin embargo, el amor de la criolla le habló a la poetisa de otros compromisos matrimoniales. Matrimonios que no se efectuaron, caso de haber existido, sin conocerse las razones de su ruptura.

Cepeda se casa algo entrado en años —38 cumplidos—. Tiene un solo hijo. No sabemos la fecha de su nacimiento ni la de su deceso. Parece un tanto anómalo que católico dogmático como era el osunés, según nos dice Cruz de Fuentes, evitará tener otros descendientes. ¿Por qué no los tuvo? La falta de datos, que no aporta el compilador, impide toda especulación al respecto. Sin embargo, no parece absurdo pensar que conforme a su característica de tímido y con el recuerdo de Gretrudis en lo íntimo de su ser, concurriera al tálamo nupcial en muy contadas ocasiones. Y no, precisamente, por falta de capacidad física, sino por aborrecimiento del acto sexual mismo.

g) *Relaciones secretas.* Aparte el no casarse con Gertrudis a la que amó —a su modo, pero la amó— encontramos en las relaciones de Cepeda con la poetisa otra actitud que no tiene otra explicación que el complejo de Edipo: el deseo de tender una cortina de silencio sobre esos amores, a fin de que permanecieran secretos. Conducta que logró éxito completo, pues hasta la publicación de las cartas, nadie tuvo la menor noticia de los mismos. Incluso se pensaba que las composiciones *A él*, habían sido dirigidas a otro sevillano: García Tassara.

Hasta la ruptura de las relaciones en Sevilla, Cepeda dirige sus cartas a Gertrudis, no a nombre de ésta, sino al de Amadora de Almonte, y las dirige, no a su casa, sino a la

73. Juan Ruiz, *Libro de buen amor.* Ed. introd. y notas de Julio Cejador Frauca, 10.ª ed. (Madrid: Espasa-Calpe, 1969), p. 132, copla 71.

Oficina de Correos, donde Gertrudis debe ir o mandar a recogerlas: «Si absolutamente no quiere dirigir las cartas a mi nombre, puede rotularlas a Doña Amadora de Almonte».[74] Sistema que termina cuando la Avellaneda da fin a las relaciones amorosas en Sevilla y le dice, «que en lo sucesivo, siempre que me escriba usted, rotule las cartas con mi nombre para lo cual ya he hablado al cartero diciéndole la hora en que debe traerme mis cartas, a fin de recibirlas yo misma de su mano».[75]

Gertrudis, al escribirle a Cepeda, generalmente utiliza el expediente de enviarle un libro, dentro de cuyas páginas va la carta,[76] o le escribe a la posada donde se hospeda en Sevilla.[77] A ocasiones las envía a mano.[78]

¿Se concibe esa actitud de tanto misterio en las relaciones de dos jóvenes, solteros y sin compromiso?

Aunque las relaciones no fueron formales ni llegaron a formalizarse, no había razón alguna para tal secreto. Secreto más propio de relaciones adúlteras, o relaciones contrariadas por la familia.

Es la última la causa, en nuestra opinión, de ese afán de Cepeda de que las relaciones entre ellos no sean conocidas. Cepeda no desea que lleguen a oídos de la madre —que suponemos vivía, aunque nada de ello nos dice el profesor de Huelva—. La madre, si vivía, o la hermana, que por una manifestación de Cruz de Fuentes, parece era mayor que Cepeda.[79] Es decir, la representación de la imagen materna.

Gertrudis no podía ser agradable en modo alguno, ni a la madre de Cepeda ni a la hermana:

1.º Era una extranjera, una criolla.

2.º Era una escritora, es decir, una intelectual. Intelectual, que para un centro rural como Almonte, debía resultar totalmente inadmisible. La mujer intelecual era apenas tolerada en los grandes centros culturales. —Años después se negó la entrada en la Academia a Gertudis por ser mujer. De

74. *Ibid.*, carta 5, p. 63.
75. *Ibid.*, carta 21, pp. 94-95.
76. *Ibid.*, carta 9, p. 71.
77. *Ibid.*, p. 71, nota 2. Posada de la Castaña.
78. *Ibid.*, carta 2, p. 75, nota 3; carta 12, p. 76, nota 2; carta 15, p. 82, nota 1.
79. Gómez de Avellaneda, *La Avellaneda...*, p. 292, nota 178: «Que siendo aún niño iba un día con su hermana Dolores».

modo igual, se actuó con posterioridad con la Pardo Bazán—. Recientemente, cambiando totalmente de modo de pensar, se ha aceptado a la Conde. Si en la Coruña llamaban a Gertrudis en sentido peyorativo, la doctora, ¿qué no ocurriría en el agreste Almonte?

Allí querían para Cepeda una campesina. Una campesina tildada de gran dama por el caudal que aportara. Campesina, cuya cultura se limitara a leer, escribir y administrar bien una casa.

Nada menos, pero sobre todo, nada más. Todo ribete intelectual significaría para Almonte no ser femenina, es decir, no ser una buena esposa.

«Almonte, nos dice Cotarelo, [80] era, antes de que el mismo Cepeda lo mejorase en parte, un lugarón grande situado entre Sevilla y Huelva, más cerca de la primera y muy aislado. El terreno es falso, arenoso, carecía de agua, pues hasta para beber se empleaba la de los pozos. Sin embargo, allí vegetaban cerca de tres mil personas, casi todas pobres».

Obsérvese que la viuda quiere que se conozca la gran pasión que Cepeda provocó en la Avellaneda. Pero, también, que se conozca que no fue correspondida. De aquí no publicar los borradores de las cartas que Cepeda escribía —y que al parecer conservaba cronológicamente ordenados—. [81] La viuda deseó mostrar que Almonte, la campiña, había triunfado sobre la ciudad; que una literata que tanta fama había tenido no había sido correspondida en sus amores. En breve que el medio rural había triunfado sobre la vida intelectual que la Avellaneda representaba.

Corrobora lo antes dicho sobre la actitud de la familia de Cepeda hacia Gertrudis, la circunstancia de que en ninguna carta se refiera la poetisa a ningún miembro de la familia de Cepeda. Ni para hablar de ellos contestando algo que Cepeda pudiera haberle escrito ni para enviarles un saludo. Sólo en dos cartas, en Sevilla, se refiere a un hermano, Fran-

80. La Avellaneda..., p. 41, nota 3.

81. Gómez de Avellaneda, Diario..., cartas, p. 55, nota 1 y nota 2 relativas a la carta de Cepeda de 3 de agosto de 1839; p. 56, nota 4, p. 51, nota 2, p. 70, nota 1, p. 86, nota 2, p. 108, nota 1, etc. No puede ser una casualidad que cada vez que Cruz de Fuentes desea aclarar algún extremo dicho por la Avellaneda y tratar de exculpar a Cepeda, se refiera a un borrador de su amigo. Incluso, copia largos párrafos de una carta escrita por el osunés a Gertrudis desde Turquía.

cisco. [82] Contrasta esta conducta con las referencias constantes de Gertrudis acerca de su familia y de los recuerdos que tienen para el de Osuna por quien se interesan.

Algo similar sucede con Amiel, cuyas hermanas y el ambiente universitario en que vivía se oponían a su matrimonio con Philene.

Otra razón derivada de la anterior, según creemos, es que Cepeda no desea comprometerse. Quiere el amor de Gertrudis, pero que no implique compromiso de clase alguna. Léase este curioso párrafo de una carta de Gertrudis: «Una queja me has dado anoche que me fue dolorosa. ¡Por Dios, no des motivo de que vuelvas a tenerla! ¡Cepeda! Tú no me has conocido, tú no has comprendido mi amor. Yo quiero tu corazón, tu corazón sin compromisos de ninguna especie. Soy libre y lo eres tú; libres debemos ser ambos siempre...» [83]

Natural, el compromiso significa publicidad. La publicidad, que lo sepa la familia, más concretamente, la madre o la hermana.

h) *Busca a la mujer de más edad.* Es otra característica del tímido. Nota que dimana del complejo de Edipo: la mujer de más edad le representa a la madre. La madre que le significa protección.

La mujer —limitamos el argumento a España y a esa época muy lejos de la revolución femenina actual— va al matrimonio en busca de protección. Busca en el esposo al protector. El tímido sexual —obseso por la imagen materna— busca en la mujer no proteger, sino ser protegido. Busca a otra madre.

Nada sabemos de las edades de las otras mujeres con las que dijo Cepeda tener proyectado el matrimonio. Tampoco la edad de la que fue su esposa. Pero en nuestra opinión, Cepeda fue al matrimonio impulsado por razones económicas y de conveniencia y no por amor a la mujer con quien se casó. En todo caso la excepción confirma la regla general.

Con respecto a Gertrudis ésta es mayor. Le lleva dos años. Pero se ha de tener en cuenta la época. En ese tiempo y prin-

82. *Ibid.*, carta 6, p. 63: «Informada por Concha de que no estaba en Almonte, sino en otra parte que designó su hermano», y carta 17, p. 88, «Curro le dijo a mamá».
83. *Ibid.*, carta 14, p. 81.

cipalmente en España, salvo los contados casos de matrimonios acordados por las familias, era bien difícil el matrimonio de dos personas de edad similar. Por regla general, el hombre al casarse le llevaba de 15 a 20 años a la mujer. La razón, justamente, el fin de protección que la mujer buscaba en el matrimonio, esto hacía que se casara con el hombre que entrado en años había logrado éxito y podía otorgar la protección esperada.

La mujer se casaba joven. Muy difícil después de los 25. A esa edad el hombre constituía, en el mejor caso, sólo una promesa, pero nunca una realidad. Realidad significativa de protección y seguridad para la mujer que se alcanzaba, por regla general, en la cuarentena.

Además, la Avellaneda, por su carácter impetuoso, incapaz de sufrir resistencia, [84] tenaz, voluntariosa y superior capacidad intelectual, tenía que aparecer a los ojos de Cepeda mucho mayor de lo que era.

i) Curioso punto de contacto entre Amiel —el tímido por antonomasia—, y Cepeda, es la minuciosidad. Amiel, en su *Diario*, registra los actos más simples e intranscendentes de su vivir cotidiano. De modo igual sus pensamientos más íntimos.

Cepeda no llevó un diario. Y si lo llevó ni la viuda ni Cruz de Fuentes creyeron conveniente su divulgación. Pero conservó todas las cartas que había recibido de Gertrudis. Al parecer por orden cronológico. Generalmente las cartas carecen de fecha. Pero se ha podido determinar por la fecha del sello de la Oficina de Correos, ya que Cepeda conservaba los sobres. Incluso los de las cartas que había recibido durante los 7 años que duró su recorrido por diversos países de Europa. También conservaba, por orden de fechas, los borradores de las cartas que escribió a Gertrudis.

¿Se puede pensar en mayor minuciosidad? El hecho sirve de prueba, también, para demostrar el gran interés que tenía en la genial lírica cubana. De otro modo Cepeda no se hubiera preocupado de conservar, celosamente guardadas, como si de un tesoro se tratara, las cartas y el cuadernillo de

---

84. Gómez de Avellaneda, «Autobiografía». *La Ilustración*, 2 de noviembre de 1850.

Gertrudis. Y en realidad constituían un tesoro para el tímido galán: le hacían revivir esos años de juventud, ese amor, esa profunda pasión. Amor que compartiera, aunque la timidez que le aquejaba le hacía aparecer con su constante —quiero y no me decido—, como un atolondrado «picaflor», sin alma ni corazón y no un sincero y real enamorado.

CONCLUSIÓN

De no ser un tímido sexual muy severamente habría que juzgar la conducta del rico propietario de Almonte. No tanto en Sevilla —donde tampoco era un niño—, sino en Madrid. Si Ignacio de Cepeda no estaba realmente enamorado de Gertrudis no debió, por simple capricho o mero pasatiempo, despertar en ese momento las dormidas ilusiones y esperanzas de la ilustre camagüeyana. Dormidas pero latentes. El osunés tenía 31 años cumplidos. Era, pues, hombre maduro y no un atolondrado joven. Por lo contrario, conforme a Cruz de Fuentes era «un temperamento flemático y espíritu profundamente reflexivo, quien poseía en alto grado la cualidad de la templanza».[85] Antes de avivar los rescoldos de la gran pasión que había producido en la poetisa debió meditar en el gran daño que iba a infligir en quien tan sincera y profundamente lo amaba.

Desdichada mujer que parecía resignada a tenerlo sólo como amigo, el mejor amigo. Mujer de temperamento romántico, es decir, bien sensible, y que acaba de sufrir golpes morales bien fuertes: fin de los amores con García Tassara, a quien «me empeñé en hacerme amar».[86]

Fruto de cuyos amores, una hija, había muerto, y la pérdida de su primer esposo: «el hombre que más amó; ¡el más digno de ser amado»![87] Muerte que le produjo tal impacto, que entró en el convento de Loreto en Burdeos, y renunció a la vida mundana.[88]

85. Gertrudis Gómez de Avellaneda, *Diario...*, p. 87, nota 2.
86. *Ibid.*, carta 39, p. 122.
87. *Ibid.*, carta 44, p. 134.
88. Gertrudis Gómez de Avellaneda, *Antología* (Poesías y cartas amorosas). Prólogo y edición de Ramón Gómez de la Serna. Buenos Aires - México, Espasa-Calpe, Argentina, 1945, p. 13.

Gertrudis le dice temer «el peligroso encanto de otra pasión a la que he renunciado para siempre, que colmaría hoy si la sintiese, la medida de mis desgracias. ¿Sabes tú si anoche un momento más hubiera bastado para producir un trastorno en mi actual destino, sí, muy triste, pero resignado, sin tempestades, sin dolores acerbos?... respeta este pobre corazón que tanto ha padecido y que por mi desgracia no está muerto todavía aunque haya sido destrozado». [89]

Con anterioridad le ha escrito: «...¿por qué quieres tú jugar con mi corazón como el niño que pone el fuego en la pólvora, sin prever que puede él mismo abrasarse? Tú me agitas, me incitas, me ofendes en mi orgullo, me hieres en mi sensibilidad; todo con una calma admirable, sin comprender siquiera que estás jugando con fuego peligroso. Si yo te amo, tu conducta es cruel, si no te amo, es ridícula». [90]

Ruego que no fue atendido. Y avivar nuevamente una honda pasión en una mujer de 33 años; hacer que se sienta feliz, eufórica —al considerar que su amor es correspondido—, para abandonarla al siguiente día, con la mayor tranquilidad e indiferencia, sin pensar un minuto en el dolor y el sufrimiento que habría de producir en ese espíritu atormentado, todo pasión y fuego, es conducta que se está tentado de calificar de vil, de criminal, pues, a veces es peor, mucho peor, ocasionar graves y profundas heridas morales, que causar la muerte física. Y, peor aún, producirlas con fría reflexión, por puro pasatiempo, por distraer el tedio. Unica justificación de la conducta de Cepeda —hombre «honrado, veraz, noble, leal, digno», según afirma la lírica— [91] es ser un enfermo: padecer de timidez sexual. Enfermedad que en los lances de amor fuerza a sus protagonistas a un «quiero y no me decido». Lo que hace que, al igual que el de Osuna, se culpe del fracaso a la víctima, al considerarla, por su ofrecimiento, la responsable del funesto acaecer.

89. Gómez de Avellaneda, *Diario*..., carta 45, p. 136.
90. *Ibid.*, carta 44, p. 134.
91. *Ibid.*, carta 37, p. 128.

NOSTALGIA DE CUBA EN LA OBRA DE LA AVELLANEDA

ROSARIO REXACH

Suele creerse, incluso entre críticos notables, que la Avellaneda se sintió siempre muy poco cubana. Y que el sentimiento patrio cuando aparecía en ella tenía un carácter retórico más que pura autenticidad. No comparto el criterio y trataré de fundamentar mi opinión.

Es previo dejar sentadas dos premisas. Una tiene que ver con lo que hoy se sabe de Psicología. Es esto. Los años de formación —niñez y adolescencia— tienen una influencia decisiva en lo que un adulto será. Y ello más allá de toda deliberación racional. Permancen como un fondo que matiza cuanto se hace o dice, se piensa o siente. Quedan de modo definitivo en el subconsciente y afloran en forma insospechada originando múltiples formas de expresión desde el gesto y los hábitos hasta el lenguaje.

La otra premisa se refiere al hecho —independiente de los años formativos —de que «todo tiempo pasado fue mejor» como poéticamente lo declaró Jorge Manrique. Razón por la cual muchos sentimientos sumamente profundos se nutren de un fondo de nostalgia. Razón también por la cual muchas grandes obras se han creado a partir de esta actitud En la vida y la literatura hispanoamericanas los ejemplos son innumerables. Baste citar los Comentarios Reales del Inca Garcilaso, La Araucana de Ercilla o la obra política y literaria de José Martí. Y quizás no se deba excluir de esa enumeración a la figura más europeizada de su época, a Rubén Darío.

En el caso de Gertrudis Gómez de Avellaneda y Arteaga ambos factores combinados constituyeron el suelo nutricio de un sentimiento cubano que creo auténtico, aunque se manifestara muchas veces en forma tan poco deliberada o consciente que es muy posible que ni la misma autora se diera cuenta. Fundamentaré lo dicho.

Como todos saben la Avellaneda nació en la entonces muy recoleta ciudad de Puerto Príncipe en 1814. Era entonces dicha ciudad muy provinciana y también muy conservadora como lo son siempre las ciudades interiores que no se abren al mar. En cambio era una sociedad en que florecía la riqueza proveniente de sus grandes haciendas. Situada en el centro de vastas llanuras que allí llaman sabanas, la ganadería ha sido siempre una de sus fuentes de riqueza así como sus maderas y productos agrícolas.

En esta ciudad rica y perteneciendo a una familia bien establecida, por parte de la madre, especialmente, la Avellaneda tuvo una niñez llena de abundancia, refinamiento y amor. Ella misma lo dice:

«Dábaseme la más brillante educación que el país proporcionaba. Era celebrada, mimada, complacida hasta en mis caprichos y nada experimenté que se asemejase a los pesares en aquella aurora apacible de mi vida». (*Diario de Amor*. Obra inédita. Prólogo, ordenación y notas de Alberto Ghiraldo. Madrid, 1928, pág. 24.)

Su padre, oriundo de Constantina de la Sierra, cerca de Sevilla; era bastante mayor que su madre. Y fue un padre tierno y cariñoso con aquella hija precoz y bella que pronto dio muestras de la singularidad de su espíritu. José de Armas y Céspedes solía llamarla «la niña genio». También hasta su juventud su abuelo materno la prefirió entre sus nietos.

Mas cierto sino trágico, parece haber presidido su estar en el mundo. Rafael Marquina lo señala cuando habla de la dualidad básica en que se debatió su existencia. Y es ese sino trágico el que la lanza a una vida plenamente romántica. Y por eso es tan justo el título del libro de Carmen Bravo Villasante: *Una vida romántica: la Avellaneda*. Barcelona, 1967.

La primera muestra de ese sino se revela en la temprana muerte de su padre. Ella sólo tenía entonces nueve años. La importancia que esto tuvo en el desarrollo de la pequeña Tula —como la llamaban— no puede ignorarse.

Es ella otra vez quien lo reconoce al escribir:

> «Compuse los primeros versos lamentando en ellos aquella irreparable pérdida en sentidísimos conceptos aunque con el desaliño consiguiente a mis cortos años». (Tomado de la Autobiografía de la Avellaneda de 1846 y citada por Emilio Cotarelo y Mori en *La Avellaneda y sus obras*. Ensayo biográfico y crítico. Tipografía de Archivos. Madrid, 1930.)

Dos consecuencias fundamentales se derivaron de esta muerte. Una, cierto sentimiento de rebeldía ante el destino que se revelará en mucho de su obra y de su vida hasta los años postreros. ¿Por qué tenía que pasarle esto a ella? ¿Por qué tenía que perder un padre tan adorable siendo tan niña?

Pero aun otro sentimiento tomaría cuerpo en ella por este suceso: la compulsión por visitar la cuna de su padre que él le había poetizado en sus conversaciones. A propósito de ello la Avellaneda escribirá:

> «...amaba a España y me arrastraba a ella un impulso del corazón. Disgustada de mi familia materna, anhelaba conocer la de mi padre, ver su país natal y respirar aquel aire que respiró por primera vez. Tomé, pues, un empeño en decidir a mamá a establecerse en este antiguo mundo». (D. de A., p. 50.)

Ambas actitudes —la rebeldía ante el destino y la añoranza por visitar la cuna de su progenitor— influyeron mucho en el carácter y la conducta de la Avellaneda hasta sus últimos días. No es por eso sorprendente que sea en Sevilla donde reposen sus restos pese a haber muerto en Madrid.

Mas la rebeldía ante el destino es una actitud antirreligiosa. Y la Avellaneda se crió en el seno de una familia profundamente católica. Por eso toda su vida luchará contra esa rebeldía. Y cuando se la lee se siente siempre la batalla que se libra en su espíritu entre la libre expresión de sus criterios racionales y emocionales acerca de la sociedad y de la vida y los principios de la religión en que tan hondamente creía.

Todo lo que escribe —para quien sepa leer entre líneas— da expresión a este profundo drama interno. Por eso tiene tanta razón Rafael Marquina al afirmar:

> «La vida de Gertrudis Gómez de Avellaneda es, por decirlo así, una vida dual, presidida por la dualidad, inserta en una órbita que el número dos preside y rige y ordena bajo signo dilemático». (Rafael Marquina. *Gertrudis Gómez de Avellaneda, la Peregrina*. La Habana, 1939, p. 14.)

Sus dramas, en la mayoría de los casos, no son sino la expresión de esta tragedia. Se condena en ellos la soberbia humana que se erige en rectora del destino a través de la razón y más allá de Dios en muy diversas formas. Pero sigamos.

Apenas muerto el padre —no ha pasado un año todavía— la madre vuelve a casarse. También con un español. Esta vez natural de La Coruña. La niña lo resiente profundamente. Y halla refugio en su hermano y en su abuelo. Años más tarde lo comentará diciendo:

> «Mamá lo amó acaso con sobrada ligereza y antes de los diez meses de haber quedado huérfanos tuvimos un padrastro... toda la familia llevó muy a mal este matrimonio; pero mi mamá tuvo para esto una firmeza de carácter que no había manifestado antes ni ha vuelto a tener después». (Diario de Amor, pp. 22-23.)

Para consolarse esta niña precoz lee ávidamente. Poesías. Obras dramáticas. Y las representa. O para decirlo con sus palabras: «Mi gran placer y única afición por aquella época era representar tragedias con otras muchachas de mi edad. Desde muy niña hacía versos y aun novelas» (Carmen Bravo Villasante. *Una vida romántica. La Avellaneda*, Madrid, 1967, pág. 17).

Y en la autobiografía que escribe para Cepeda dirá:

«Nuestros juegos eran representar comedias, hacer cuentos, rivalizando a quien los hacía más bonitos, adivinar charadas y dibujar en competencia flores y pajaritos. Nunca nos mezclábamos en los bulliciosos juegos de las otras chicas con quienes nos reuníamos. Más tarde la lectura de novelas, poesías y comedias, llegó a ser nuestra pasión dominante» (D. de A., pág. 25).

Hay que suponer que en un principio estas aficiones tuvieron buena acogida en el seno de la familia. Pero pronto despertó angustias y recelos. Ella nos lo cuenta:

«Mi familia llegó a concebir temores y mi madre me prohibió severamente volver a tomar en mis manos ninguna obra dramática. Pero ¿de qué servía aquella privación? No teniendo tragedias que leer yo comencé a crearlas». (De la Autobiografía de 1850. Véase Cotarelo y Mori, p. 596.)

El morbo literario la había invadido. Nada ni nadie la curaría de él. La llamaba a la literatura una profunda inclinación. Hoy diríamos vocación.

Camagüey, con su angosto mundo provinciano, era marco pequeño para sus ansias de vivir y de expresarse. Mariano Aramburo lo señala:

«Ocupada en estos breves vuelos iniciales siguió en la adolescencia, hasta que sintiendo estrecho el terruño para el poder ansioso de sus alas, confióse un día a las del viento, que amigas y sevidoras de su ambición, la llevaron por sobre el mar hasta las playas de Europa». (Mariano Aramburo Machado. Discurso Homenaje a Gertrudis Gómez de Avellaneda. Obras del Centenario. Habana, 1914, p. 9.)

¿Qué de extraño hay, pues, en que quisiera emigrar del sitio en que tan pocas oportunidades había para expandir su espíritu? ¿Autoriza ello a pensar que por esta razón, tan patente, su sentimiento por Cuba no existiera? ¿Acaso juzgamos que el hijo que se separa o vive alejado de sus padres para realizar una vida fecunda y madura —como tantos en nuestro tiempo— es desleal al amor filial? No lo creemos, ciertamente.

Son estas las razones por las que la Avellaneda acoge con beneplácito la primera ocasión que se le presenta para salir del solar nativo. La primera etapa será Santiago de Cuba donde el padrastro ha sido nombrado para una posición. Aunque renuente, la madre accede al traslado. Y Tula es feliz con el cambio. En la acogedora y pintoresca ciudad de la costa sur de Cuba pasa una temporada deliciosa. Luego escribirá:

«Santiago de Cuba es una ciudad poco más o menos como Puerto Príncipe, y más fea e irregular. Pero su bellísimo cielo,

269

sus campos pintorescos y magníficos, su concurrido puerto y la cultura de sus habitantes la hacen superior, bajo cierto aspecto. Tuve en aquella ciudad una aceptación tan lisonjera que a los dos meses de estar allí ya no era yo una forastera. Jamás la vanidad de una mujer tuvo tantos motivos de verse satisfecha... Entonces volví a tener gusto al estudio y a la sociedad». (Diario de Amor, p. 51.)

La estancia en Santiago no pasó de algunos meses. El padrastro —esta vez secundado por Tula— decidió marchar con la familia a La Coruña. Son demasiado conocidas las frases que ella escribió narrando la partida así como el soneto de despedida «Al partir» que es justamente famoso. Yo prefiero citar aquí lo que le dice a Cepeda al darle cuenta de su vida cuando inicia con él su amistad ya muy cerca del amor. En sus palabras se refleja la nostalgia de Cuba. Y no puede olvidarse que las escribe cuando casi acaba de llegar, cuando está llena de ilusiones y de euforia y cuando se siente enamorada de un hombre español. Dice:

«¡Perdone usted!; mis lágrimas manchan este papel; no puedo recordar sin emoción aquella noche memorable en que vi por última vez la tierra la Cuba». (D. de A., p. 53.)

Al salir de Cuba la Avellaneda ha cumplido ya veintidós años. Ha pasado toda su niñez y adolescencia en la tierra natal. Se ha impregnado del aire de la isla, ha correteado por sus campos siempre verdes, se ha embriagado con su luz y ha adquirido la cadencia de la lengua que es allí tan especial. ¿Cómo no puede haber dejado esto huella en alma tan profunda y sensible como la suya?

Durante la travesía la Avellaneda descubre la maravilla del mar. Y recuerda a Byron y a Heredia. En un cuadernillo de memorias que escribe a su prima Eloísa Arteaga le confiará:

«El ruido de sus olas agitadas, nuevo a mis oídos, tenía algo de terrible y amenazador que excitaba en el alma emociones tristes y profundas, a la par que sublimes». (Domingo Figarola Caneda. *Gertrudis Gómez de Avellaneda*, p. 250.)

Antes de llegar a La Coruña toca en tierra francesa. Ella lo cuenta así:

«...y en la mañana del 3 (junio 1836) con un sol hermoso, un mar bonancible y un viento fresco por popa, saludamos las risueñas costas de Francia. Eran las seis de la tarde cuando saltamos en tierra en el muelle de Polláx, y una multitud de gente se había agrupado allí para esperar a los viajeros. Cada dueño de hotel nos encarecía las ventajas del suyo, deseoso de ser preferido... Este ansia del dinero me chocó de un modo desagradable, porque aún es desconocida en nuestra rica Cuba». (Cuadernillo a E. Arteaga, p. 253. D. F. C. Gertrudis Gómez de Avellaneda.)

De Polláx se dirigieron los viajeros en un barco francés a Burdeos a través del Garona. A la cubana le parecen románticas y encantadoras las riberas del río.

Los días que pasa en Burdeos serán inolvidables. Los aprovecha para llenarse del aire de Francia en lo físico, en lo social, en lo espiritual. Visita los paseos de Quincouse y de Tourni. Va al teatro Principal a ver la ópera «Roberto el Diablo» en que hace gala de su voz Mlle. Falcón, hace una rápida visita a los museos de Historia Natural y de Pintura, se admira de la belleza de las catedrales de San Martín y San Andrés, va al cementerio, como buena romántica, y hace una excursión al Castillo de Breda mientras lee el «Sprit des Lois» de Motesquieu, que lo escribió allí. Son dieciocho días los que pasa en la interesante ciudad francesa. Nunca los olvidará. Yo no tengo la menor duda de que entonces adquirieron más solidez y fundamento muchas de sus ideas. Francia había pasado ya por la revolución del 93 y por el período napoleónico. Vivía en lo político una época de restauración aparente de viejas estructuras en tanto que en lo literario el movimiento romántico predominaba. Con toda seguridad la Avellaneda se hizo entonces el propósito de profundizar en aquella cultura.

Después de estos dieciocho días llega a La Coruña. El contraste era enorme. No fue fácil la vida allí para la inquieta y rebelde cubana que sentía palpitar dentro de sí la llamada de la vocación y la nostalgia de la tierra paterna. Añádase que ella y su hermano Manuel tenían derecho a ciertos bienes en Andalucía. Así se comprenderá que su estancia en La Coruña estuvo llena de reveses, el más importante el de sus amores fallidos con Ricafort. Y las diferencias con la familia de su padrastro que veía con recelo la elegancia y la independencia de criterios de la bella indiana. No es sorprendente pues que ambos hermanos convenciesen a la madre de dejarlos marchar a Andalucía. Al cabo ya eran adultos. Es muy posible, además, que la madre sintiera que ni aun trasladándose a otra ciudad de Galicia iba su inquieta hija a sentirse feliz.

Así pues, partieron para Sevilla. En aquella época el recorrido se hacía predominantemente por mar. Los hermanos visitaron en su recorrido Santiago de Compostela, Pontevedra, Vigo, donde tomaron el barco para Lisboa. Sorprende lo poco que la impresionó Santiago. En Vigo la admira su magnífico teatro digno en sus palabras de ciudad más importante. Y le atrae Lisboa. En la ciudad lusitana admira las plazas del Rocío y del Rey Don José. Los palacios sobre el Tajo, la capilla del Bautista en la iglesia de San Roque y sobre todo el Jardín Botánico que, por ser el primero que visitaba, le hizo mucha impresión. Sobre todo porque vio allí plantas tropicales que le recordaron su Cuba nativa y esta estrofa de Heredia:

No me condenéis a que aquí gima,
como en huerta de escarchas abrazada,
se marchita entre vidrios encerrada
la estéril planta de distinto clima.

(Segundo cuadernillo de memorias a Eloísa
Arteaga. D. F. Caneda, G. G. de A., pág. 272)

De Lisboa fueron los hermanos en el vapor Lodonderry a Cádiz donde la poetisa estuvo seis días. Allí conoció a Lista y quedó prendada del encanto coqueto que tiene Cádiz, tal vez por lo mucho que recuerda las ciudades cubanas. Y de Cádiz a Sevilla.

Ya en la capital andaluza se hace centro de todas las miradas y posiblemente de todos los comentarios. Envía a Don Alberto Lista algunas de sus poesías que se publican en diversos periódicos de Málaga, Granada y la propia Sevilla. Y escribe un drama, *Leoncia,* que a pesar de su éxito la autora suprimió de sus obras completas por no considerarlo con calidad suficiente. Y tal vez porque es demasiado autobiográfico en muchos aspectos.

En las poesías que escribe entonces el sentimiento patrio ya suele aparecer. En la poesía «A mi jilguero», por ejemplo, dice: «No verá el prado / Que vio otro día / La lozanía / De mi niñez, / Los tardos pasos / Que marque incierta / Mi planta yerta / Por la vejez...». O estos otros: «El sol de fuego / La hermosa luna / Mi dulce cuna / Mi dulce hogar / Todo lo pierdo / Desventurada / Ya destinada / Sólo a llorar». («A mi jilguero». Obras Completas. Tomo I, Madrid, 1869.)

A partir de entonces el recuerdo de la tierra natal aparecerá repetida e inconscientemente, como en ese soneto titulado «Sol de diciembre» que escribió en su primer invierno en Madrid en 1840.

Pero en Sevilla aún le aguarda una de las experiencias más intensas de su vida. El amor de Ignacio de Cepeda. No es hora de ahondar en ello. En otra ocasión será. Pero sí es cierto que cuando la desesperación frente a la frialdad del amado la acosa piensa en volverse a su Cuba adorada aunque luego no lo haga. Pero no sólo la desilusión amorosa la embarga entonces en Sevilla. La familia paterna no se ha portado a la altura de sus esperanzas. Y tiene problemas con su hermano Manuel. Así es que decide seguir su carrera sola. Y se va a Madrid. Es el otoño de 1840.

La capital le ofrece un ambiente cultural más amplio y también la ilusión de que el amado correrá en su busca. Engañada estaba. Cepeda la amó siempre tanto como la temió. Yo no tengo la menor duda de que la admiró enormemente y de que estuvo enamorado de ella. Pero precisamente por tener más talento del que suele atribuírsele se dio cuenta a tiempo de que su amiga era una estrella con demasiada luz para no sentirse en sombra a su lado. Y decidió dejarla brillar por sí, aunque en muchas ocasiones buscase su calor para bañarse en el resplandor que de ella dimanaba. Sólo así se explica el amoroso cuidado, no sólo vanidad, con que guardó sus cartas y el respeto que la hizo merecer de la que luego sería su esposa. Pues todo el mundo sabe que fue esta señora —después de muerto Cepeda en 1906— a los noventa años, quien dio a la publicidad el epistolario amoroso de la poetisa con su marido.

Durante su estancia en Madrid, la Avellaneda, en la plenitud de sus facultades, se entrega de lleno a la vida literaria. Escribe contínuamente. Poesías, dramas, comedias, leyendas. Novelas. Se introduce en el ambiente literario e intelectual y también en la Corte. Es famoso el ardid mediante el cual se introduce en el mundo literario. La introduce Zorrilla. Ella lo ha planeado todo en forma tal que el autor del Tenorio se sorprende al ver quién es el poeta a cuyos versos ha dado lectura en una sesión matinal del Liceo. Nos ahorramos relatar el suceso que todos conocen. Pero a partir de entonces la Avellaneda se hace el centro de la vida literaria.

A su salón concurren las figuras más eminentes de las letras de entonces. Se anuda su amistad con Don Juan Nicasio Gallego, con Quintana, con Nicomedes Pastor Díaz. Y con las figuras más notables del romanticismo: el Duque de Rivas, Hartzenbusch, el propio Zorrilla. El entonces muy joven Don Juan Valera se enamora perdidamente de ella. Y tiene su famosa aventura con el poeta Gabriel García Tassara que tan trágicas consecuencias tendría en su vida.

Mientras, su centro de atención va de la poesía al teatro y a la novela. Pero es en el teatro donde obtiene sus más resonantes triunfos.

Sin embargo, es en las novelas donde su amor a Cuba aparece con más insistencia. La primera de ellas, *Sab*, la había comenzado a escribir en La Coruña pero no fue publicada hasta 1841 en Madrid. Tanto por el asunto como por el tratamiento es netamente cubana. El ambiente, los personajes, el lenguaje, son típicos del mundo en que la Avellaneda vivió hasta los veintidós años. Por eso no podemos compartir el criterio de Carmen Bravo Villasante cuando señala que «destaca la rareza de los vocablos indígenas». Es que casi no los hay en el habla cubana porque la raza primitiva que allí encontraron los colonizadores apenas tenía un habla específica ni integraba una cultura milenaria al modo de los indígenas de México o Perú. Por eso el cubano habla un español muy próximo al que llevaron los conquistadores, cargado todavía de formas arcaicas para el lenguaje de hoy.

De *Sab* tomamos este párrafo que no es descriptivo. Al

cabo esto es lo menos ligado al alma. Sino que es lírico. En él se expresa ese sentimiento latente de la nostalgia y que da base a este estudio. Copiamos:

«Aquel que quiera experimentar en toda su plenitud estas emociones indescriptibles, viaje por los campos de Cuba con la persona querida. Atraviese con ella sus montes gigantescos, sus inmensas sabanas, sus pintorescas praderías; suba a sus empinados cerros cubiertos de rica e inmarchitable verdura; escuche en la soledad de sus bosques el ruido de sus arroyos y el canto de los sinsontes. Entonces sentirá aquella vida poderosa, inmensa, que no conocieron jamás los que habitan bajo el nebuloso cielo del Norte; entonces habrá gozado en algunas horas toda una existencia de emociones..., pero que no intente encontrarla después en el cielo y en la tierra de otros países. No sería ya para él ni cielo ni tierra». (*Sab*, Edición Carmen Bravo-Villasante, Salamanca, 1970, pp. 91-92.)

Después de leer esto ¿puede aún pensarse que la Avellaneda no sentía un profundo amor y una insoslayable nostalgia por su suelo natal?

Cuando vuelve a Cuba ya en los últimos años de su vida escribe en ella otra novela en que la presencia de la patria es obvia. El personaje principal no es cubano pero vivió allí años de paraíso hasta que el hado le arrebató la felicidad. La novela es *El artista barquero o los cuatro cinco de junio*. Es una historia de amor en que Cuba se evoca como una tierra de ensueño. La hija del protagonista así como su criada son cubanas, como cubana era la esposa prematuramente muerta. La nostalgia del bien perdido y de la tierra que le dio asiento la siente profundamente el padre, precisamente el hombre que no había nacido en su suelo pero que soñaba con él porque allí había vivido la felicidad mayor que es dable disfrutar en esta tierra. La del amor compartido. Muchas de las escenas de la novela tratan de reconstruir el paisaje de Cuba, su dulzura. Y el lenguaje es netamente cubano.

En las leyendas la presencia de Cuba es menos notoria. Excepto en una *El aura blanca*. Esta sí es una leyenda cubana por el tema y por la intención. En ella se refiere la historia bien conocida en Camagüey de cómo al morir el Padre Valencia el leprosorio por él fundado comenzó a decaer por carencia de fondos para su sostenimiento. Cuando las perspectivas eran menos optimistas apareció un aura blanca que

275

fue motivo de exhibición por su rareza. Los fondos así recaudados permitieron la continuidad del leprosorio. Y era leyenda que el aura representaba el alma del Padre Valencia resguardando su obra.

Esta leyenda es una de las más bellas y poéticas escritas por la poetisa. En ella Cuba aparece idealizada desde la nostalgia. Uno de sus fragmentos es éste:

«En el suelo —para mí querido— que riega el umbroso Tínima con sus cristales sonoros, en aquellas fértiles llanuras que señalan el centro de la Antilla Reina, y en la que se asienta la noble ciudad de Puerto Príncipe —que plugo al cielo darme por Patria— vivía en los ya remotos tiempos de mi infancia un venerable religioso de la orden de San Francisco a quien el vulgo llamaba comúnmente padre Valencia, por la circunstancia de saberse había nacido a las orillas del Turia». (Obras Completas, tomo V, 1871, p. 177.)

Dos veces aparece aquí su referencia cariñosa al lugar en que nació con inefable nostalgia y no disimulado orgullo. ¿Puede aún creerse que la Avellaneda no se sentía cubana?

En 1859 regresa la poetisa a Cuba acompañando a su segundo esposo que ha sido nombrado para una posición en la Isla. Este regreso reverdece sus sentimientos patrios. Y los prodiga en sus composiciones. De entonces son «La vuelta a la patria» —para mí muy retórica—, «A las cubanas», la «Serenata a Cuba» y muchas otras que no es del caso enumerar.

Cuba —salvo excepciones que nunca faltan, recuérdese el célebre soneto de Fornaris— la recibió con los brazos abiertos. Y le ofreció una bella corona de laurel en oro cuando su glorificación en el Teatro de Tacón de La Habana, más tarde Teatro Nacional, el día 27 de enero de 1860. Es muy interesante la descripción de esta velada. Puede leerse en el prólogo de sus Obras Completas publicadas en Madrid entre 1869 y 1871, bajo la dirección de la autora.

Durante su estancia en Cuba funda, dirige y prácticamente hace todo el periódico «El Album Cubano de lo Bueno y de lo Bello», dedicado a las damas.

Pero el sino trágico que preside su vida reaparece. Y su marido muere a principios de 1863. Su ilusión de arraigar en la tierra que la vio nacer fenece también. ¿Falta de amor?

¿Soledad interior? ¿Escapismo? ¿Desengaño? Quién pudiera saberlo. Posiblemente de todo un poco.

Es probable que sintiera demasiado el frío de sus compatriotas en un momento de desilusión y de depresión. Lo cierto es que a instancias de su hermano Manuel —quien va a buscarla— sale de Cuba por última vez en 1864 con el corazón ya muy maltrecho. Yo no tengo la menor duda de que uno de los motores de este viaje fue la decisión de preparar sus Obras Completas para su publicación, lo que logró entre 1869 y 1871.

En ese último viaje visitó a su regreso los Estados Unidos. Estuvo en Nueva York y fue a visitar el Niágara emulando a Heredia. Es de entonces una poesía ante el espectáculo que en modo alguno puede compararse a la del célebre iniciador del romanticismo en Cuba. Y antes de reinstalarse en Madrid pasa por Liverpool, Londres y París. Ya en la capital española se dedica con ahínco a la publicación de sus obras. El primer tomo se publica en 1869. En él hay una dedicatoria. Es a Cuba. Para muchos es retórica. Reza así: «Dedico esta colección completa de mis obras, en pequeña demostración de grande afecto, a mi Isla natal, a la hermosa Cuba. Gertrudis Gómez de Avellaneda».

No veo retórica en esta dedicatoria. Tampoco resentimiento por el proceso que le denegó a la poetisa cubana su entrada en la Academia. A mí me parece mejor destacar el otro lado de la medalla. Es éste. En octubre de 1868 había estallado la primera guerra de independencia en Cuba, la que luego se llamaría la Guerra Grande o de los Diez Años. Entre sus jefes había un camagüeyano muy conocido y destacado: Ignacio Agramonte cuyo centenario también se celebró en 1973. La Avellaneda vivía en Madrid. ¿Por qué no pensar que publicar sus obras dedicadas a Cuba en aquel momento era casi un desafío? ¿Un acto más de rebeldía en una vida de por sí cargada de rebeliones? ¿Y un acto de adhesión, además? No puede olvidarse que un poema dedicado a la reina Isabel II había dicho:

Recuerda que en los mares de Occidente,
Enamorando al sol que la ilumina
Tienes de tu corona

La perla más valiosa y peregrina;
Que allá olvidada en su distante zona,
Con ansia aguarda que la lleve el viento
—De nuestro aplauso en el gozoso acento—
Lo que hoy nos luce espléndida esperanza.

(Obras Completas. Tomo I, Madrid, 1869,
págs. 163-64)

¿A qué esperanza se refiere la poetisa? ¿No sería a la de la libertad de los esclavos y a la libertad y autonomía de su tierra? Todo pudiera ser. Por ello ese gesto de dedicar sus obras a Cuba, andando la Guerra Grande, sigo yo considerándolo como un gesto auténtico y no retórico. Y además un gesto nacido no sólo del amor, sino también de una conciencia de su deber de cubana en aquel momento.

Ya después la Avellaneda sólo será sombra de sí misma. Nunca ha habido que yo sepa un documento que lo acredite, pero estoy segura de que debe haber leído con emoción los partes de guerra que entonces publicaban los periódicos de Madrid y que yo he tenido la oportunidad de leer. Y estoy casi segura también de que como en su lejana juventud el amor a la libertad debe haber entibiado su corazón ya cansado. No se olvide que en su poema «Adiós a la lira» había escrito:

Jamás cautiva te tuve
al umbral de regia estancia
ni de enseñados partidos
atizaste la venganza.

Ni que en muchos otros casos cantó a la libertad como «Baltasar» al decir:

¡Que en la infausta soledad
Es el llanto nuestro acento...
Y alas no halla el pensamiento
Donde no hay libertad.

Es esa la causa tal vez de que una atmósfera de distancia y soledad la acompañara en sus últimos años. ¿Por qué?...

278

Murió el 1 de febrero de 1873. Su entierro estuvo muy lejos de ser apoteósico. De hecho muy pocos la acompañaron en el último viaje. Y poco eco tuvo su deceso en la prensa diaria. Un periódico madrileño publicó lo siguiente:

«El día 2 acudimos a la casa mortuoria, a ver por última vez a nuestra amiga y acompañarla hasta la última morada. Creímos encontrar allí a todos los escritores de Madrid; no podíamos suponer que habría uno solo que prescindiera del deber de rendir el homenaje de sus respetos a los restos mortales de la dignísima señora, de la esclarecida escritora... No había allí más que seis escritores...» (Gertrudis Gómez de Avellaneda. Domingo Figarola Caneda, p. 21.)

Y Don Juan Valera, uno de los pocos asistentes, referirá el hecho así:

«Yo asistí al entierro de la poetisa. No llegaban a diez los individuos que la acompañaron a su última morada. Entre ellos D. Luis Vidart era el único que yo conocía. Desdén fue aquel harto extraño si se atiende a la frecuencia con que hoy se prodigan las apoteosis póstumas y hasta las estatuas». (Rafael Marquina. Ob. cit., p. 239.)

¿Hacen falta más argumentos? El «desdén harto extraño» a que se refiere Valera debe haber tenido muchos motivos. Pero no es osado pensar que aquella dedicatoria de sus obras a su patria, cuando se empeñaba en independizarse, fuera uno de los principales. La escritora dejaba de ser considerada como española y se le hacía el vacío. El cortejo que salió aquella mañana de la madrileña calle de Ferraz era el cortejo de una cubana muerta en exilio voluntario, aunque tal vez ella nunca lo calibró totalmente.

¿En qué se fundan, pues, los que motejan a la Avellaneda de poco cubana? Sin duda alguna en hechos irrefutables.

El primero de todos éste. Cuba, como entidad política independiente, no fue sentida por la Avellaneda. Cuando abandonó sus playas en 1836 el movimiento de liberación era apenas palpable. Menos aún para una joven como ella. Luego se arraigó en España. En ella hizo su fama y se casó dos veces. Siempre con españoles. Y fue aceptada en los círculos intelectuales y sociales más selectos. Sólo pecando de ingrata —lo que nunca fue y siempre criticó— hubiera podido actuar de otro modo. De ahí que sea tan importante señalar, como a pesar de todo ello, su amor por Cuba permaneció indeleble, cómo se sintió orgullosa siempre de proclamarse cubana y cómo también consideró que la obra escrita por los hispanoamericanos en España pertenecía, más que a ella, a la patria de origen. O para decirlo con sus palabras:

> «...me parecía que la naciente literatura hispanoamericana tenía sus condiciones propias, sus defectos y bellezas juveniles, que requerían un cuadro aparte del que ocupara la experta y antigua literatura propiamente española». (Carta de la Avellaneda al Director del periódico El Siglo y publicada en el mismo el 3 de enero de 1868. Véase: D. Figarola Caneda. Ob. cit., p. 239.)

Para terminar, pues, la Avellaneda no puede considerarse —sin incurrir en pecado contra la verdad— como una cubana militante en el sentido político. Tampoco nunca lo pretendió. Pero negarle su condición de cubana por sentimiento y voluntad es ir más allá de lo que su vida y obra autorizan, en mi modesta opinión. Por eso este trabajo se ha titulado «Nostalgia de Cuba en la obra de la Avellaneda». Porque la nostalgia es un sentimiento, no una decisión. Y eso fue Cuba para ella. Una nostalgia amada y añorada de la que nunca se repuso y que, al cabo, la condenó a morir en soledad y destierro espiritual.

Por eso Cuba la guarda en su memoria.

SESION V: NARRATIVA

EL PERSONAJE *SAB*

CONCEPCIÓN T. ALZOLA
Western Maryland College

Sab, y sus héroes afines de la novela indianista,[1] corresponde a uno de los temas literarios que, partiendo del descubrimiento de América pero con hondas raíces en la antigüedad clásica y en la edad media cristiana, iba a cobrar su apogeo en el siglo XVIII, con las doctrinas de Rousseau, y a constituir uno de los temas favoritos del período romántico de las literaturas occidentales: el tema del salvaje noble.

Como bien ha indicado Hoxie Neale Fairchild:[2]

> «...la común restricción del término 'salvaje noble' a los indios americanos carece de base lógica. Los negros, los habitantes de las islas del Sur y otros tipos de salvajes han sido a menudo contemplados en la misma luz que los hombres de piel cobriza».

Y añade:

> «Para mí un salvaje noble es un ser libre y fiero (wild) que extrae directamente de la naturaleza virtudes que engendran du-

1. Las fuentes para el estudio de los orígenes del tema indianista han sido exploradas por Concha Meléndez en su conocida monografía *La novela indianista en Hispanoamérica* (1832-1899), ediciones de la Universidad de Puerto Rico, Río-Piedras, 1961. Todas ellas son válidas también para el tema del salvaje noble, pero siendo este concepto más amplio, es natural que las fuentes para trazar los orígenes del tema del salvaje noble sean más variadas. En este trabajo intentamos suplementar las fuentes de la señora Meléndez, poniendo énfasis solamente en aquellas obras que ella no reseña, por la índole parcial de su enfoque.

2. Fairchild, Hoxie N., *The Noble Savage*, a study in Romantic naturalism, (N.Y., Columbia University Press, 1928), pp. 1-2.

das acerca del valor de la civilización. El término hasta puede ser aplicado metafóricamente a los rústicos románticos y a los niños, cuando la comparación entre su inocente grandeza y la del salvaje ilumina el pensamiento del período (romántico)».[3]

La génesis del tema había sido ya detalladamente explicada por Gilbert Chinard,[4] quien basándose en los estudios del mitólogo Graf, explicó cómo el mito pagano de una edad de oro de la humanidad, una edad de abundancia e inocencia primievales, se fundió durante la edad media con la noción cristiana de un paraíso perdido y con la noción de unas islas de la abundancia, hacia el oeste, que debían ser el asiento de ese paraíso. De hecho en el momento del descubrimiento de América, en pleno Renacimiento, la edad de oro, el paraíso perdido, las islas hacia el oeste, los monstruos de los bestiarios y las cosmografías, los países utópicos, y aún las propias utopías políticas y sociales eran una misma cosa en busca de una tierra que las sustentase, les otorgase corporeidad, «confirmara o refutara las teorías existentes».[5]

Tanto Colón como Vespucio expresaron su convencimiento de que habían encontrado el paraíso terrenal. Las islas hacia el oeste, las «islas de la abundancia y la paz» no tardaron en ser identificadas precisamente con las islas del Caribe y, como observa Fairchild, el salvaje noble debió mucha de su popularidad al hecho de que, de entrada, vivía, no meramente en el Nuevo Mundo, sino en las Islas Afortunadas mismas.[6] El salvaje noble —afirma —es originalmente un habitante del Caribe.[7]

Si a esto añadimos que tanto Colón como Vespucio tenían detrás de sí el marco cultural específico del renacimiento italiano, donde «todo era idilio» por esa fecha:[8] la poesía bucólica, la novela pastoril; tendremos un cuadro bastante aproximado de las líneas de pensamiento y las líneas estéticas que seguirían a continuación.

3. *Ibid.*, p. 2.
4. Chinard, Gilbert, *L'exotisme Américaine dans la littérature Française au XVIe siècle* (Paris: Librairie Hachette et Cie, 1911).
5. Chinard, G., Op. cit., p. 16.
6. Fairchild, H. N., Op. cit., p. 6.
7. *Ibid.*, p. 10.
8. Chinard, G., Op. cit., p. 7.

El paso previo, la documentación de los modos y hábitos de vida del salvaje americano es la obra conjunta de exploradores, conquistadores, cronistas, geógrafos, historiadores, teólogos, misioneros y simples viajeros, a medida que el continente americano va desplegándose a los ojos de Europa. Y, como afirma Chinard, esta literatura inicial sobre América «es sobre todo una literatura europea que debería ser estudiada para que fuera completa en forma conjunta». [9]

Ahora bien, el momento en que cada país se alerta con respecto al descubrimiento y sus consecuencias varía, así como también varía el grado de interés con que cada uno de ellos va a ir siguiendo el desenvolvimiento de los asuntos americanos. Es evidente que siendo España y Portugal las primeras y principales potencias europeas envueltas en la colonización de América, lo americano sea en ambas, y desde el principio, una cuestión nacional. Es también evidente que siendo Francia e Inglaterra las otras dos potencias que aspiran a poseer territorios en América el interés de ambas se encuentre mucho más avivado que el interés que puedan haber experimentado Alemania o Italia, fragmentadas políticamente y sin ninguna aspiración a disputar a los españoles sus posesiones, si bien la Italia del siglo XVI es a menudo el escenario de disputas teológicas acerca de la condición de los salvajes y sirve de refugio a los españoles disidentes. [10]

Consecuentemente, el grueso de esta literatura europea inicial sobre América es contribución española. [11] Y más allá de la simple documentación, en terreno propiamente literario, los siglos de oro de la literatura española arrojan a cada paso temas, referencias, alusiones, obras de asunto americano. Los historiadores Mendoza y Mariana dan tratamiento de salvaje noble a los moros y a los conversos, respectivamente. [12]

La descripción de la corriente del salvaje noble, según lentamente progresa, y la elaboración también lenta del arque-

9. *Ibid.*, p. 220.

10. Chinard menciona la colección de viajes de Ramusio, 1550-59, como la mejor de las colecciones italianas, frecuentemente reimpresa. Como presencia del tema americano en la literatura propiamente dicha recuerda la profecía del descubrimiento de América en la *Jerusalén Libertada* de Tasso.

11. Solamente por mencionar algunos nombres: Cortés, Las Casas, el Inca, Gómara, Ercilla, Oviedo, Oña, Saavedra, Castellanos, Centenera, Díaz y tantísimos otros.

12. Chinard, Op. cit., p. 225.

tipo en el siglo XVI francés, es sin duda la más valiosa contribución de Chinard, que examina la acumulación paulatina de atributos y elementos en la obra de exploradores y geógrafos, en las obras de Dodelle y Ronsard y, definitivamente, en la obra de Montaigne. La llamada «novela del viaje extraordinario» del siglo XVII [13] tiende un puente magnífico, siempre dentro del marco de la cultura francesa, para alcanzar a Juan Jacobo Rousseau y a los románticos del siglo XIX.

Aunque la idea del salvaje noble es una concepción típicamente «latina», [14] Inglaterra contribuye desde sus orígenes a reforzar algunos elementos básicos. Aunque no con carácter exhaustivo, Fairchild hace la reseña de la contribución inglesa al arquetipo literario del salvaje noble, partiendo del *Viaje de Sir Francis Drake desde la Nueva España hasta el Noroeste de California,* en 1577, seguido de los viajes de Amadas y Barlow y el discurso de Sir Walter Raleigh sobre la Guayana. La condición natural del hombre ocupa a los filósofos Hobbes, Locke, Humes y Shaftesbury. La expresión *salvaje noble* aparece con Dryden. El resto de la reseña, hasta finales del siglo XVIII abarca los nombres de Dennis, Behn, Steele, Addison, Swift, Gray, Lyttleton (agrupado con los del XVIII [15] por su tratamiento satírico) y Daniel Defoe. [16]

Nos interesa destacar muy especialmente la novela *Oroonoko* de Aphra Behn (1688) y las dos novelas de Defoe *Robinson Crusoe* (1719) y *Colonel Jacque* (1722).

El protagonista de la novela de la señora Behn es un negro llevado fraudulentamente desde Africa a Surinam, en aquella época colonia inglesa. Entre las convenciones que esta novela parece haber establecido definitivamente la primera es dotar al protagonista, del mismo nombre, de sangre

---

13. Atkinson, Geoffroy, *The extraordinary Voyage in French litterature.* Vol. I, before 1700. Vol. II: from 1700 to 1720, (N.Y.: Burt Franklin, Bibliography and Reference Series No. 96, reprinted from the original editions of New York, 1920 and Paris, 1922). Sin fecha la reimpresión.

14. Fairchild, Op. cit., p. 12

15. Esta relación según Fairchild.

16. Chinard, al referirse brevemente a Inglaterra en los capítulos finales de su obra tantas veces citada, recuerda también la *Utopía* de Tomás Moro, *La tempestad* de Shakespeare, las ediciones de libros de viaje de Richard Eden; los historiadores Cumingham, Frampton y Humphrey; el viaje del capitán Frobisher, escrito por Settle, en 1577, y una novela temprana, *Margarite of America* de Sir Thomas Lodge, 1596. Puede verse también la obra de Benjamín Bissell *The American Indian in English Liteture,* Archon Books, 1968.

real. Oroonoko es hijo del rey de Coromantien, y su porte continuamente delata su noble origen. La segunda convención consiste en desvirtuar todos los rasgos negroides que pudiera poseer: Su color es como el ébano, no el de un negro ordinario; su nariz es levantada y romana, en vez de africana y chata; su boca de la forma mejor modelada que pudiera verse, «lejos de esos labios enormes y vueltos tan naturales en el resto de los negros»;[17] su pelo, por último, llega a los hombros, porque él mantiene exquisito cuidado en peinarlo convenientemente. La tercera convención es que Oroonoko habla como si hubiese leído mucho, y «las cortes más ilustres no habrían podido producir un juicio más sólido, un ingenio más vivo y una conversación más dulce y entretenida».[18]

Imoinda, la heroína de quien está enamorado Oroonoko es también negra, pero en adaptaciones posteriores de la novela a la escena,[19] en vista de que de ella se dice repetidamente que los blancos la cortejan incansables, los adaptadores hacen de Imoinda una mujer blanca. Los amantes sufren una separación y Oroonoko, aunque ya herido, muere por su propia voluntad.

En las dos novelas de Defoe mencionadas encontramos también otras interesantes figuras de salvaje noble. Mouchat de *Colonel Jacque,* negro africano, es la prueba viviente que Jack presenta a su amo para convencerlo de la bondad natural de los negros. Mouchat expresa repetidamente su devoción al joven mayoral: «que me azoten, que me ahorquen, para que no lo ahorquen a usted; que me maten a mí, para que usted no muera; yo no permitiría que nada malo le sucediese estando yo vivo».[20]

Mouchat muestra la misma ciega devoción de su inmediato antecesor, Man Friday de *Robinson Crusoe,* un habitante del Caribe, negroide «con un curioso tinte de oliva en la piel».[21] Crusoe, que ha llegado a su isla mediante una tormen-

17. Caracterización resumida por Fairchild, op. cit., p. 36.

18. *Ibid.,* p. 37.

19. La primera puesta en escena tuvo lugar en 1696. Fairchild, op. cit., p. 40.

20. Defoe, Daniel: *The history and remarkable life of the truly Honourable Colonel Jacque, commonly called Colonel Jack* (London: J. M. Dent & Co., 1895). T. I., p. 166.

21. Defoe, Daniel: *Robinson Crusoe* (London: Toronto and New York, by J. M. Dent & Sons Ltd. 1923), p. 146.

ta y un naufragio, se encuentra con que Friday es un ser humano como él mismo; un ser humano con:

> «...los mismos poderes, la misma razón, los mismos afectos, los mismos sentimientos de bondad y de deber, la misma pasiones y el mismo resentimiento del mal que reciben, el mismo sentido de gratitud, sinceridad, fidelidad todas las capacidades de hacer el bien...»[22]

El salvaje noble en su más pura encarnación, un habitante del Caribe, ha sido identificado con el hombre europeo.

Si volvemos ahora nuestra atención hacia Alemania encontramos que, como en el caso de Italia, y por razones análogas, tampoco este país reclama su parte del botín americano y, aunque interesado en las exploraciones y viajes concentra la mayor parte de su actividad en la publicación de extractos y resúmenes de viajes. La colección de De Bry[23] constituirá durante dos siglos el principal arsenal de los alemanes, para obtener información sobre América. El único viajero temprano alemán, Hans Staden, 1566, regresa desilusionado y esto quizás refuerza la actitud alemana de no participar.[24]

El interés en el continente americano no parece reavivarse, sino con la visita de Franklin a Alemania y la revolución americana de 1776, y el subsiguiente regreso de 17.000 mercenarios «que dieron una narración vívida de sus experiencias en el hemisferio occidental».[25] Para alimentar este interés ahora tumultuoso se comienza la traducción masiva de obras referentes a América y, en general, literatura inglesa y francesa. Alemania tiene su gran paladín del salvaje noble en la persona de Herder, digno predecesor de Humbolt.

---

22. *Ibid.*, p. 150.

23. Chinard, Op. cit., p. 241.

24. Hubo desde el mismo momento del descubrimiento de América, y paralela a la corriente del salvaje noble, otra corriente contraria que consideraba al salvaje en una luz negativa, y le daba tratamiento de bárbaro, idólatra y caníbal. Es ésta la corriente que parece favorecida en Alemania, antes de Humbolt. Otros autores alemanes citados por Chinard son Transylvanus y Munster.

25. Weber, Paul C., *America in imaginative German Literature in the first half of the nineteenth Centry* (N. Y.: Ams Press Inc., 1966), p. 23. Contiene un recuento desde los orígenes, aunque el área de concentración sea la mitad del XIX.

El siglo XVIII señala para Alemania el Renacimiento con el redescubrimiento y revaloración de la cultura clásica antigua y el abandono, finalmente, del latín como lengua culta en favor de la lengua vernácula. En estas circunstancias y aprensivos como se mostrarían los alemanes con respecto a revoluciones políticas y sociales, como la francesa, era casi inevitable que la revolución alemana fuera una revolución del espíritu; su medio legítimo de expresión la literatura y su instrumento favorito de demolición el lenguaje. En otras palabras, el movimiento *Sturm und Drang*.

Werther (1774) es la obra monumental de ese movimiento, y su protagonista del mismo nombre una especie de divino endemoniado cuyos modales y maneras chocan continuamente con las del medio en que se desenvuelve. De hecho, sólo se siente feliz a solas, en el marco de la naturaleza y de sus relaciones con otros seres humanos únicamente cosecha desprecio, despecho y desilusión. Sus emociones tienen una intensidad salvaje. La pasión que concibe por Carlota es tan fiera que sólo podría culminar en la realización o la muerte. Werther es el hombre romántico por excelencia y posee muchos de los elementos constitutivos de un salvaje noble. Como no se trata de un salvaje en la acepción exacta de la palabra, el conflicto que padece no es uno de «civilización contra barbarie», sino de sentimientos contra convenciones o, como seguirían después explorando otros novelistas, el conflicto entre las almas superiores y las acomodaticias, acompañado del mal del siglo, la melancolía, y una violenta escisión con el mundo como si habitase su propia isla intransferible.

Antes de que finalice el siglo XVIII, Bernardin de Saint-Pierre combinará los elementos dispersos: isla, hijos de la naturaleza, separación de los amantes, tormenta, naufragio, cartas, presencia de negros, domésticos y cimarrones, cartas, para darnos en un marco idílico tropical, todavía a través de un viajero narrador, esa pequeña joya imperecedera que es *Pablo y Virginia* (1787). Lo más sugestivo y sugerente de la obra, sin embargo, es el reto contenido en el *avant-propos*, del cual no podría desentenderse, andando el tiempo, ningún hispanoamericano:

289

«No le falta más a la otra parte del mundo que unos teócritos y unos virgilios para que encontremos allí cuadros al menos tan interesantes como los de nuestro país».[26]

La figura de Chactas, en *Atala* de Chateaubriand (1801), es una de las últimas encarnaciones del salvaje noble[27] antes de que irrumpa, con la técnica conocida como realismo formal, la novela del siglo XIX en todo su esplendor. El romanticismo, por su parte, hará entrar en escena otros tipos de salvajes: el proscrito con sus máscaras diversas de verdugo, bandido, pirata o, como en el caso de Sab que nos ocupa, de esclavo.[28]

La condición de salvaje noble de Sab viene dada de entrada en su propia personalidad, ya que se trata de un ser interiormente libre y fiero, «cuya mera existencia engendra dudas acerca del valor de la civilización» (V, 2 supra). Vive en Cuba, isla del Caribe, asiento inicial del arquetipo (V. 7 supra), donde nació.

Si resumimos ahora las características y elementos que se acumulan alrededor del salvaje noble en los intentos novelados anteriores al siglo XIX, vemos que casi todos ellos están presentes en Sab. Como Oroonoko, Sab es de sangre real, hijo de una princesa del Congo. Es un mulato prácticamente blanco (excepción de los labios, que la Avellaneda, dentro de la necesidad de verosimilitud del nuevo realismo en novela debe dejar gruesos y amoratados) y habla, no como un negro criollo que es, sino como los restantes personajes de la obra (lo cual la Avellaneda, por la misma razón, explica atribuyéndole una formación pareja a la de su joven ama). Como Oroonoko, Sab muere de un voluntario buscar la muerte, si no por propias manos, mediante la exacerbación de su enfermedad romántica por excelencia, la tisis.

Como la devoción de Mouchat por su amo, la devoción de Sab por Carlota no conoce límites de sacrificio personal y permanece intacta, exterior e interiormente, aún después de

---

26. Bernardin de Saint Pierre, Jacques-Henri, *Paul et Virginie*, suivi de *La chaumière indienne* (Paris: G. Charpenter et Cie, sin fecha).

27. Fernand Letessier, en la introducción a *Atala, René, Les Aventures du Dernier Abencérage* de Chateaubriand (Paris: Gernier Frères, 1962).

28. Bravo Villasante, Carmen, «Las corrientes sociales del romanticismo en la obra de la Avellaneda», en *Cuadernos Hispanoamericanos*, No. 228, diciembre de 1968.

haber sido declarado libre. En sus sentimientos, pasiones, emociones, Sab, como su antecedente caribe Friday, es un ser humano cualquiera.

Como Werther, Sab es la creación juvenil de un talento preferentemente lírico y dramático y un héroe romántico por excelencia. [29] Su pasión sólo puede culminar en la realización o en la muerte. El conflicto de ambos es sentimental y social, aunque el de Sab también es un conflicto racial. Ambos aman a una mujer del mismo nombre, rodeada de circunstancias familiares parecidas.

Finalmente, como Pablo, Sab es el hijo de la naturaleza en una isla del trópico, enamorado de su compañera de infancia y de juegos.

El romanticismo triunfante, trasvasando fronteras, ha vuelto a producir una especie de literatura común europea donde un arsenal que es propiedad de todos provee asuntos, temas, rasgos, elementos. Cuando el tema del salvaje noble atraviesa nuevamente el Atlántico, en dirección contraria, el continente americano ha germinado y son ahora los propios salvajes y sus descendientes los que hacen literatura. Son los americanos quienes verdaderamente recogen el reto de Saint-Pierre, y antes de que medie el siglo XIX, donde se decía «unos teócritos y unos virgilios» comienza a entenderse «unos Cooper y unos Sarmiento».

La Avellaneda pudo haber sido la protagonista de *Indiana*, de Jorge Sand. Pero los tiempos eran otros y fue en cambio la autora de *Sab*.

29. Percas Ponsetti, Helena, «Sobre la Avellaneda y su novela Sab», en *Revista Iberoamericana*, vol. XXVIII, No. 54, julio-diciembre, 1962.

REALIDAD Y FICCION EN *SAB* [1]

MILDRED V. BOYER
The University of Texas at Austin

«Presentada por mí, quedó aceptada en el Liceo, y por consiguiente en Madrid, como la primera poetisa de España la hermosa cubana Gertrudis Gómez de Avellaneda.

»Porque la mujer era hermosa, de grande estatura, de esculturales contornos, de bien modelados brazos y de airosa cabeza, coronada de castaños y abundantes rizos, y gallardamente colocada sobre sus hombros... Era una mujer; pero lo era sin duda por un error de la naturaleza, que había metido por distracción un alma de hombre en aquella envoltura de carne femenina.

»A mí, no viendo en ella más que la alta inspiración del privilegiado ingenio, no me ocurrió siquiera que la debía las atenciones que la dama merece del hombre en la moderna sociedad; y la encontraba en el Liceo, en los cafés y en los teatros como si no fuera más que un compañero de redacción, un colega y un hermano en Apolo». [2]

El autor de esta bien conocida y en nuestros días algo divertida descripción es por supuesto José Zorrilla, el joven y brillante poeta cuya lectura pública de los versos de Avella-

1. Es un placer reconocer que la investigación para este ensayo fue respaldada por el Instituto de Estudios Latinoamericanos de la Universidad de Texas en Austin, por medio de una subvención durante el verano de 1973. La ponencia, pronunciada en el inglés original, ha sido traducida al español por Luis Ramos García y María Rocha.
2. José Zorrilla, *Recuerdos del tiempo viejo* (Madrid: Tipografía Gutenberg, 1882; vol. 3, pp. 131-132).

neda contribuyó a la presentación de aquélla en la vida social de Madrid de 1840.

La llegada de Tula a la capital fue en sí un acontecimiento de considerable importancia en esa época de fervor romántico. Y cuando la exótica isleña publicó, al año siguiente, su novela *Sab*[3] y el primer volumen de sus poemas, podemos estas seguros de que tanto admiradores como lectores curiosos se entregaron a buscar diligentemente cualquier trocito autobiográfico que pudiera entresacar de ambos libros.

Algunos datos, tal como el ambiente cubano de la novela, eran obvios. Otros —desconocidos realmente o escondidos adrede de la vista del público por discretos críticos contemporáneos—[4] difícilmente pudieron ser confirmados hasta la primera parte del siglo actual, cuando fue publicada la primera y más revelante autobiografía de Tula, junto con las extraordinarias cartas de ella a su gran amor, Ignacio Cepeda.[5] Incluso ya mucho después de la publicación por la viuda de Cepeda de esta evidencia documental, los rastros de la experiencia personal de Tula en su temprana novela no han sido aún detallados.[6] Cómo y en qué medida lo real y lo ficticio se entrelazan en *Sab* será el tema de este ensayo.

La fecha de la composición de la obra es un problema aún no resuelto.[7] Avellaneda dice en el prólogo de su novela

3. Lorenzo Cruz de Fuentes cree que la novela puede no haber estado impresa hasta los primeros meses de 1842, ya que Alberto Lista, a quien *Sab* se dedicó, no acusó recibo hasta el veinte de marzo de 1842. Cruz de Fuentes, *La Avellaneda* (*Autobiografía y Cartas*), segunda edición (Madrid: Imprenta Helénica, 1914), p. 279, nota 110. Todas las referencias a Cruz de Fuentes están tomadas de esta segunda edición, la cual contiene material no incluido en la primera (Huelva, 1907).

4. Ver, por ejemplo, el prólogo de Juan Nicasio Gallegos a las *Poesías* de Avellaneda, reimpreso en sus *Obras literarias... Colección completa...* (Madrid: Imprenta y Estereotipia de M. Rivadeneyra, 1869-71; 5 vols.). Gallego sonríe con condescendencia al tedio y las lamentaciones de la poetisa, atribuyéndolas más bien a la moda literaria del momento, que a motivos personales. Las notas biográficas de Nicomedes Pastor Díaz (1850, reimpresas en la misma colección) también omiten referencia alguna a los amores tempranos de Avellaneda.

5. Para el orden de composición y las fechas de publicación de las varias piezas autobiográficas de G. G. de Avellaneda, ver Emilio Cotarelo y Mori, *La Avellaneda y sus obras* (Madrid, Tipografía de Archivos, 1930), p. 6.

6. Que yo sepa, el crítico que ha ofrecido más sobre el tema es Carmen Bravo-Villasante en su *Una vida romántica: La Avellaneda* (Barcelona: EDHASA, 1967). Hablando en términos algo generales, ella encuentra varosimilitud en el ambiente, en el uso del lenguaje local, y en la familiaridad de la autora con el fracaso amoroso y los matrimonios por conveniencia. Ver también el mismo crítico en la edición de *Sab* de 1970 (Salamanca, Ediciones Anaya).

7. Ver la autobiografía de Avellaneda de 1850, citada en Cotarelo, p. 23, en donde ella declara que el libro fue empezado durante su primer viaje a España. Edward

que ésta fue terminada en 1838. En privado le indica a Cepeda que diez capítulos se habían entregado a un amigo para su lectura a mediados de 1839, y que seguía trabajando en ella a mediados de 1840. Ya que los años 1839 y 1840 son precisamente los de más intensidad en sus relaciones secretas, es fuerte la tentación de concluir que el prólogo no es otra cosa que un encubrimiento con la intención de despistar al público. Sin la evidencia corroborada contenida en esta autobiografía íntima, ella debe de haber estado segura de que la dinamita emocional de su novela sería intepretada como pura ficción —como en verdad lo fue.

Afortunadamente no necesitamos repetir aquí la trama, ni señalar que el Romanticismo flota intensamente en el ambiente de esta novela, ni citar la trillada crítica de que *Sab* es comparable a *Atala*, de Chateaubriand, debido a su fondo americano. En cambio, sí debiéramos tal vez detenernos (si hubiera espacio) a examinar las sugerencias de que Avellaneda fuera o abolicionista o feminista ya para 1841. Acaso lo que tenemos en este trabajo juvenil no sean convicciones firmes, sino inquietudes sobre ambos temas. Más tarde ella se desarrolló en confirmada feminista, y con amplia razón, como se sabe. Pero en lo que se refiere a la abolición de la esclavitud, por lo menos *como institución*, dudo que se pueda demostrar que Avellaneda jamás diera cabida a tales opiniones, incluso en sus años tardíos. Tanto la escritora como su personaje Sab insinúan que la esclavitud es lamentable, pero al fin irreparable.

Sea esto como fuere, la importancia de *Sab* no consiste, a mi juicio, en ser literatura abolicionista o feminista, sino más bien en ser una novela romántica con evidentes rasgos de realismo. Estos rasgos pueden verse no sólo en la fidedigna descripción de locales, vegetación, pájaros y mariposas isleños, y en el uso acertado de un léxico regional; sino

---

Bucher Williams, en *The Life and Dramatic Works of Gertrudis Gómez de Avellaneda* (Philadelphia: The University of Pennsylvania, 1924), comenta que *Sab* fue empezada en Lisboa, durante su viaje al sur de la península. Bravo-Villasante (*Sab*, p. 15) informa que la mención de Lisboa se encuentra en una carta de Avellaneda a Antonio Neira con fecha del 28 de febrero de 1843. Como en otros asuntos, Tula parece contradecirse acerca de cómo y cuándo ella empezó la composición de esta novela. La fecha de su terminación es igualmente incierta: ver Cruz de Fuentes (op. cit., pp. 104 y 160) y *Sab*, «Dos palabras al lector».

también en los numerosos elementos autobiográficos que podemos identificar gracias a una carta de Tula, fechada en julio de 1839 y compuesta de veintiuna páginas.

Esta carta, la primera y más larga dirigida a Cepeda, [8] narra su vida hasta el momento en que ella le conoció. Afortunadamente para nosotros la orden de que aquél destruyera el documento tan pronto como la leyera fue desatendida, circunstancia que nos permite comparar los hechos proporcionados por la misma Avellaneda, con el contenido de su primera novela. En este trabajo citaremos algunos ejemplos, los cuales fácilmente podrían multiplicarse.

Primero, tenemos la identificación de la novelista con su personaje principal femenino, Carlota —identificación dada tanto en el ambiente como en el marco temporal de la novela—. La acción se centra en el pueblo cubano de Puerto Príncipe y sus contornos. En este pueblo nace Tula en 1814, y su heroína por los años de 1802. El nivel social de la familia de Carlota es idéntico al de Tula: ambas familias pertenecen a la clase terrateniente que monopoliza los vastos ingenios de azúcar de la isla. Carlota era todavía una pequeña cuando murió su madre, tal como lo era Avellaneda al perder a su padre.

Ambas, Carlota y Tula, tenían cinco hermanos. En el caso real hubo dos hermanos de padre y madre más tres hermanastros, de quienes la novelista estaba muy encariñada. En la contraparte ficticia, hay también cinco niños menores muy queridos. Ninguno de éstos es material para el adelanto de la trama, con la posible excepción de un hermano, cuya repentina enfermedad obliga al padre a salir para La Habana. Sin embargo, necesarios o no, los niños figuran dentro de la novela: la autora parece seguir acorde a su propia experiencia vital.

El compromiso matrimonial de Carlota con Enrique Otway es arreglado de antemano por su familia, tal como lo fue el de Avellaneda, comprometida al ricachón Loynaz. En la vida real e igualmente en la novela existen parientes fuera de la familia inmediata, los cuales se entrometen en el planeamiento financiero que requiere tal matrimonio. El estado de

8. Cruz de Fuentes, p. 39.

ánimo de las dos novias es también idéntico: Tula en su autobiografía declara que ella no sabía nada del amor excepto lo que había leído en las novelas, pero que encontrándose comprometida, ella dotó a su prometido con toda virtud que le parecía que un hombre debía tener —nobleza, generosidad, sensibilidad, etc.—. El injerto de virtudes que Carlota hace a Enrique es precisamente lo mismo, y el lector se da cuenta de que cada una está enamorada de un ideal de su propia creación.

Ambos, el Loynaz de Tula y el Otway de Carlota, eran unos caza-fortunas. En la vida real, Tula tuvo la aniquilante experiencia de enterarse de esa verdad de boca de su abuelo al confesarle ella que quería romper su compromiso. En la novela se le protege a Carlota de una revelación paralela, aunque la clemencia de tal procedimiento pudiera ponerse en tela de juicio.

Repetidas veces a través de la novela observamos el derramamiento de gruesas lágrimas y hay numerosos casos de enfermedades no identificadas y repentinas indisposiciones. La autobiografía de la vida real revela notas similares de sentimentalismo: Tula derramó lágrimas en el mismo papel donde escribió; y uno de sus pretendientes andaluces la había amenazado con pegarse un tiro, a menos que ella se casara con él en el término de tres meses. El margen entre la vida y la literatura se atenúa bastante en esos años. Por entonces el Romanticismo era un elemento de la realidad y no se limitaba al ambiente literario, como lo atestigua el suicidio de Larra en 1837.

Pero hay además otra clase de realismo que el confiado lector puede pasar por alto. En la novela, Carlota y su prima Teresa están notablemente libres de obligaciones domésticas. Ellas flotan en un ambiente de irrealidad a través de una existencia en la que lo más cercano al quehacer hogareño es el recoger flores en el jardín. Se podría suponer que las tareas domésticas son como las no mencionadas camisas limpias en las novelas de caballería. Como el ventero le recordó una vez a Don Quijote, no es siempre «menester escribir una cosa tan clara». En el presente caso, sin embargo, el dejar de mencionar las tareas domésticas no es una mera técnica novelística: es un verdadero reflejo de la clase de educación que realmente recibía una joven cubana de la categoría de Tula (y de Carlota).[9] De nuevo, en este detalle como en muchos otros de la novela, Tula está describiendo gráficamente su propia experiencia, no inventando.

Sin embargo, y con todo, Avellaneda no procede como una simple cronista. Dos diferencias entre vida y novela son de suficiente magnitud como para ilustrar este punto. La primera es la llamativa disparidad entre Carlota y su creadora en cuanto a agudeza y aspiraciones intelectuales. Carlota es sumisa a su padre, a Otway, y al estrecho rol prescrito para ella por la sociedad: como decoración y presumiblemente como futura madre. Es fácilmente engañada y acepta al pie de la letra las acciones de los que la rodean. Si ha leído un libro desde que dejó la escuela no lo sabemos; y la más exigente obra literaria que realiza es una carta a Otway, urgiéndole terminar sus negocios y regresar pronto al ingenio de azúcar. Tal mujer está lejos de ser la autora que se celebra en este simposio —intelectualmente madura, extremadamente independiente y una ambiciosa y productiva artista literaria de alto orden—. Con todo su parecido, Carlota definitivamente no es Tula.

La segunda diferencia importante entre realidad y ficción es que Carlota —sin percatarse al principio— fue el objeto y beneficiaria de un gran amor, suficiente para llenar una vida completa. Su creadora indudablemente la envidiaba por esto. En contraste los dos novios de Tula y el desfile de sus más o menos serios pretendientes del sur español eran hombres ordinarios, sentimentalmente superficiales. Incluso el mismo Cepeda, que le parecía tan por encima de los demás, resultó exasperantemente flemático. La ficción tampoco prefigura su experiencia de años venideros. Ninguno de los hombres que aparecieron después en la vida de la escritora llegó a las poéticas alturas alcanzadas por Sab. Tassara carecía de perseverancia y aparentemente le faltaba también algo de honor. Y los dos esposos que sucesivamente la enviudaron —Sabater[10] y Verdugo— eran sin duda buenos hombres, pero no la

9. *Ibid.*, p. 72.

10. Helen Edith Blake, en el prólogo a su traducción de *Guatimozín* (*Cuauhtemoc, The Last Aztec Emperor*, México: F. P. Hoeck, 1898), afirma sin explicación que Avellaneda probablemente adoptó el nombre «Sab» de Sabater. A ser verdad, esto suge-

encarnación de ese amor apasionado que Tula anheló en vano a lo largo de su vida. Casi se podría decir que en lo que se refiere a los asuntos del corazón el destino fue tan cruel con Avellaneda como lo fue con el mulato Sab.

La conjunción de estos dos nombres nos lleva a un tercer y final aspecto del trato de la realidad y la ficción en Avellaneda. Primero hemos visto elementos de su propia vida incorporados directamente dentro del personaje de Carlota: su clase social, la época y el ambiente, el esquema general de la situación familiar con un pariente vivo y hermanos menores, amén de la expectativa de un casamiento por conveniencia. Segundo, tenemos elementos francamente inventados, principalmente el amor sublime que la autora otorga a Carlota a través del personaje Sab. Finalmente, tenemos aquellos elementos en los cuales realidad y ficción están fundidos por medio de una técnica de desplazamiento o redistribución. Es en este último grupo donde mejor podemos apreciar la mano artística de Avellaneda. Veamos algunos ejemplos.

Recordemos el desagrado de Tula cuando su madre contrae segundas nupcias, los desacuerdos familiares y la incompatibilidad de la novelista con su padrastro. No será por casualidad que hay una odiosa madrastra en la novela, encubierta y adecuadamente relegada a segundo término. Este personaje, sin duda una mutación del aborrecido padrastro de Tula, aparece tenuemente en la novela como la malvada madrastra de Teresa, prima de Carlota.

Tula describe en su autobiografía sus celos hacia dos jóvenes amigas quienes se enamoraron y subsecuentemente la olvidaron por sus novios. En la novela estos mismos sentimientos son expresados, pero transferidos ahora a Teresa, envidiosa del feliz compromiso de Carlota.

En su carta autobiográfica nuestra autora muestra un claro conocimiento de la causa de muchas de sus dificultades personales hasta la edad de veintitrés años, lamentando que ella no fuera lo que la gente consideraba una «mujer sensata [una de] esas mujeres que no sienten ni piensan; que

---

riría la posibilidad de que Tula hubiera reconocido en Sabater, ya desde 1841, una vena amorosa tan profunda como para permitirle bautizar al ardiente esclavo con su nombre. Tula y Sabater no se casaron hasta 1846, pero creo que bien pudieron conocerse mucho antes, ya que ambos colaboraron en el *Semanario Pintoresco* de Sevilla.

comen, duermen [y] vegetan». El paralelo novelístico se ve en Sab, quien quisiera ser menos inteligente, o menos civilizado, para así no sentir tan amargamente su desgracia.

Una cantidad de otras peculiaridades enlazan a Avellaneda con el carácter de Sab. La idea de suicidio es compartida por Tula con el esclavo mulato y no con Carlota, su contraparte más superficial. La penetración psicológica que la autora muestra en sus relaciones con Loynaz y Ricafort es otra habilidad que ella transfiere al mulato y no a Carlota. Es Sab también quien es el portador de las ambiciones intelectuales de Tula, ambiciones frustradas en ambos debido al accidente del nacimiento. La comparación social entre mujer y esclavo —inconcebible para la mentalidad de Carlota— es puesta por Tula en la mente de Sab. El también es el personaje que expresa la pasión y la frustración del amor de Avellaneda por Cepeda. No tengo prueba objetiva de esto. La trama la acepto como una invención y tal vez el borrador fue terminado antes de que Cepeda apareciera por primera vez. Pero estoy convencida de que la entrevista a la orilla del río, y la carta del moribundo Sab, sólo pudieron escribirse después de los sucesos emotivos de 1839-40 de la autora. Bastaría contrastar el esquema romántico convencional del argumento con las honduras sentimentales a las que llega Sab en sus confesiones orales y escritas, para reconocer la autenticidad de estas últimas.

De esta manera la artista literaria da el paso final. Primero escribe desde su propia experiencia, identificándose con uno de sus personajes. Después, inventa. Y tercero, ella escoge entre los elementos de su propia vida —algunas veces conflictivos— y los acomoda en un nuevo mosaico, distribuyendo creativamente trozos de sí misma, entre los varios personajes de su novela. De estos tres procesos novelísticos, el último es seguramente el más difícil. La escritora, al lograr hacerlo con buen resultado, ha demostrado que es consciente de sí misma de una manera objetiva, novelable. Ella distingue también lo ajeno y lo incluye en sus caracteres inventados. Pero lo que es más, entiende ese curioso fenómeno de la mirada de matices *entre* la identidad propia y la ajena, entre el yo y el no-yo. Reconoce partes de sus propios pensamientos, acción y motivación en una infinita variedad de almas humanas, algunas admirables y algunas no tan admirables. Avellaneda ya había abordado este principio a los veintitantos años. Este hecho presagia su desarrollo como artista creativa, y nos pone sobre aviso para la inteligencia que más tarde idearía los grandes dramas que se avecinaban.

SAB Y FRANCISCO: PARALELO Y CONTRASTE

ALBERTO GUTIÉRREZ DE LA SOLANA
New York University

Concha Meléndez en su libro *La novela indianista en Hispanoamericana,* afirma:

«Las novelas de Gertrudis Gómez de Avellaneda (1814-1873) son un documento importante en el estudio de los orígenes del arte novelesco hispanoamericano. Cronológicamente se anticipan a las novelas escritas en Hispanoamérica: *Sab,* compuesta en Galicia entre los años 1836 y 1838, se publica en Madrid en 1841 y es, después de la obra de Fernández de Lizardi, la primera novela de algún valor literario escrita por autor hispanoamericano».[1]

Si Concha Meléndez hubiera usado la palabra *publicada,* su aseveración sería irrebatible, pero como dice *escrita,* su afirmación podría —y debe— aplicarse también a *Francisco. El ingenio o Las delicias del campo,*[2] de Anselmo Suárez y

---

1. Concha Meléndez, *La novela indianista en Hispanoamérica* (1832-1889). (Madrid: Imprenta de la Librería y Casa Editorial Hernando, 1934), p. 74.

2. Anselmo Suárez y Romero, *Francisco, El ingenio o Las delicias del campo,* ed. Mario Cabrera Saqui, Cuadernos de Cultura, Octava Serie 1 (La Habana: Publicaciones del Ministerio de Educación, Dirección de Cultura, 1947). Todas las citas que se hagan en este estudio se referirán a esta edición.
Uncle Tom's Cabin: or Life Among the Lowly comenzó a publicarse en forma de folletín periodístico el 5 de junio de 1851 en *The National Era;* la serie completa constó de cincuenta partes que terminaron de publicarse en abril de 1852. En forma de libro se publicó por primera vez en 1852. En cambio, *Francisco* fue terminado en 1839; por tanto, precedió al primer folletín de *Uncle Tom's Cabin* en 12 años, y al libro en 13 años. Pero *Francisco* no pudo ser publicado hasta 1880 (en New York), año en que fue promulgada la ley aboliendo la esclavitud en Cuba. Antes de 1880 *Francisco* sólo circuló entre unos pocos lectores amigos, en forma manuscrita, y no pudo publicarse en vida del autor.

Romero, que ya estaba totalmente escrita en 1839, que indudablemente tiene «algún valor literario» y que, según José Antonio Portuondo, es superior a *Cecilia Valdés* desde el punto de vista estilístico.[3] Además, ambas novelas fueron terminadas en 1839, pues la Avellaneda, en carta a don Antonio Neira, le dice: «Pasó algún tiempo sin que volviese a ocuparme de la poesía; pero en ratos de ocio escribía desaliñadamente el *Sab*, que comenzó en Lisboa el año 1838 y concluyó en Sevilla en 1839».[4]

También coinciden dichas novelas en el hecho de que fueron las primeras de la literatura hispanoamericana que iniciaron la transformación de la idealización romántica del *bon sauvage* (la sublimación utópica de Rousseau, Voltaire,

La suerte tan diferente de ambos libros —a pesar de que tenían el mismo fin— es, en parte, consecuencia lógica de los distintos regímenes políticos existentes en los dos países. *Francisco* fue rechazado por la censura, y fue prácticamente desconocido. En cambio, el libro de Harriet Beecher Stowe no tuvo dificultades para ser instantaneous furor. 3000 copies were sold the first day; within a year more than 300,000 volumes had been sold, and 8 power presses were kept running day and night 300,000 volumes had been sold, and 8 power presses were keps ruming day and night to satisfy the demand. It was translated into 20 languages.» *The Britannica Library of Great American Writing*, ed. Louis Untermeyer, (Chicago: Britannica Press, 1960), I, 532.

Lydia Maria Child (1802-1880), norteamericana abolicionista, escribió panfletos y alegatos antiesclavistas, y editó en New York un periódico semanal, el *National Anti-Slavery Standard* (1841-1849), pero no precedió a Suárez Romero con una novela abolicionista.

Félix Tanco Bosmeniel (1797-1871), que nació en Bogotá, Colombia, en 1797, pero se trasladó con su familia a los 12 años a Cuba, y se educó, trabajó, vivió y escribió en Cuba, y fue muy amigo de Domingo del Monte, en cuyas tertulias literarias participó activamente, escribió *Escenas de la vida privada en la Isla de Cuba*, consistente en una serie de cuadros de la vida real, pero sólo uno de ellos, «El niño Fernando», también conocido como «Petrona y Rosalía», se ha conservado. Este fragmento del libro constituye por sí una pequeña narración antiesclavista de gran colorido local en que se narran los abusos sexuales cometidos con las esclavas Petrona y Rosalía por sus amos (padre e hijo) hasta llegar al incesto, y los castigos que ellas reciben por esas faltas y sus sufrimientos. También se relatan las infidelidades conyugales de la madre del «niño Fernando». Esta escena tiene 32 páginas, contando el preámbulo «Al que leyere», donde el autor explica sus puntos de vista sobre la situación en Cuba. Tanco terminó su libro (que, como he dicho, se ha perdido, menos la escena relatada) unos meses antes que Suárez Romero, pero permaneció inédito hasta que en 1924 se encontró dicha escena y se publicó en 1925.

Es importante resaltar que ambas narraciones antiesclavistas —la de Suárez Romero y la de Tanco— fueron fruto de las reuniones de la tertulia de Domingo del Monte.

En 1839 Cirilo Villaverde publicó la primera parte de *Cecilia Valdés*, que también es antiesclavista, pero esta novela no se publicó en su totalidad hasta 1882, en New York.

3. José Antonio Portuondo, *Bosquejo Histórico de las Letras Cubanas* (la Habana: Editora del Ministerio de Educación, 1962), 27.

4. Citado en Gertrudis Gómez de Avellaneda, *Sab*, ed. Carmen Bravo Villasante (Salamanca: Ediciones Anaya, 1970), p. 15. Todas las citas de esta novela que se hagan en este estudio se referirán a esta edición.

Marmontel, Saint-Pierre y Chateaubriand) en legítimo, genuino y verdadero regionalismo hispanoamericano. Fernando
Alegría estima que ambas narraciones dieron comienzo a la
novela indianista hispanoamericana, que se inicia en forma
de protesta contra la esclavitud.

>»La novela indianista hispanoamericana parece haberse ini-
ciado en Cuba como protesta contra la esclavitud con *Francisco*
de Anselmo Suárez —escrita en 1838, publicada en 1880— y con
Sab (1839) de Gertrudis Gómez de Avellaneda; continuó, luego,
en forma de admiración romántica por los aspectos exóticos del
indigenismo en *Guatimozín* 1846), de esta misma autora».[5]

No obstante, hay opiniones muy diversas entre los críticos respecto al tema básico de *Sab*. Algunos estiman que no
es una novela antiesclavista, otros no le reconocen originalidad como novela cubana y de América, si bien es verdad que
éstos son la minoría. La autora le dedicó la novela a Alberto
Lista, y éste le escribió dos cartas casi iguales, ambas de
fecha 20 de marzo de 1842. En una de ellas expresa: «No se
olvide usted de que el mérito principal de su novela consiste
en haber sabido interesar a favor de los amantes no corres-
pondidos».[6] Otro crítico ilustre de la época de la Avellaneda,
Nicomedes Pastor Díaz, escribió en *El Conservador* lo siguiente:

«No es *Sab* una novela española, ni menos inglesa o francesa. *Sab* es una novela americana, como su autora. No es una
novela histórica ni de costumbres. *Sab* es una pasión, un carácter, nada más... El sentimiento que respira en la obra de
la señorita Avellaneda es muy natural, muy generoso en ella.
El primer espectáculo, que se hubo de ofrecer a sus ojos en
aquellas regiones y herir desde sus más tiernos años su sensibilidad, fue el espectáculo de la esclavitud. Espectáculo horrible... Bajo esta impresión profunda está concebida la novela,
o más bien está escogido su héroe... Sab, sin embargo, pudiera
haber sido tomado en otra condición y en otra sociedad, y acaso, a lo menos entre nosotros, puede ser que tuviese más interés teniendo más verosimilitud. Por lo demás, el carácter y la

5. Fernando Alegría, *Historia de la novela hispanoamericana*, 3ra. ed. (México:
Ediciones de Andrea, 1966), p. 81.

6. Domingo Figarola-Caneda, *Gertrudis Gómez de Avellaneda*, ed. Emilia Boxhorn
Vda. de Figarola (Madrid, 1929), p. 151. En la página 152 aparece la otra carta, y en
la nota (1) que comienza en la página 152 y termina en la 153 hay una amplia explicación acerca de ambas misivas.

pasión de Sab, que es toda la novela, están descritos con un pincel de fuego. Hay páginas magníficas, hay rasgos sublimes».[7]

Veamos los criterios de algunos críticos posteriores a los citados. Guillermo Díaz-Plaja manifiesta:

«*Sab* es la novela-tipo de la exaltación del hombre de la Naturaleza, el salvaje, el hombre de color, convertido en héroe sentimental. Sab es el esclavo que sueña y que ama y que siente exquisitamente su dolor. La raza blanca está representada por el frío raciocinio; la negra por el sentimiento. Esta es la lección que se extrae de su lectura».[8]

Allinson Peers opina que «*Sab* (1841), historia de un esclavo mulato enamorado de la hija de su amo, presenta una situación de romántica antítesis, envuelta en un ambiente de sentimentalismo y teñida profundamente de colorido local americano».[9] Carmen Bravo Villasante también le da mayor trascendencia al aspecto pasional de la novela y al canto a la naturaleza americana y estima que el elemento abolicionista es lo de menos:

«No obstante los alegatos contra la esclavitud, no tiene sentido comparar la novela *Sab* con *La cabaña del tío Tom...*, pues no se propuso la Avellaneda hacer algo semejante, sino pintar la pasión de naturalezas de fuego y los amores contrariados e imposibles. En *Sab* el elemento abolicionista es lo de menos, y lo más importante es el canto a la naturaleza americana, tropical, exuberante, desconocida, y sobre todo describir el sentimiento de un mundo primitivo y la fuerza pasional de los temperamentos sensibles».[10]

Emilio Cotarelo opina que lo que le da valor y fisonomía singulares a *Sab* es el ser americana, cubana y el contener

7. Citado por Luis Vidart-en «La novela en la edad moderna. Obras literarias de la señora doña Gertrudis Gómez de Avellaneda, Tomo IV», en *Obras literarias de la señora doña Gertrudis Gómez de Avellaneda* (Madrid: 1871), V, 378.379. En este extenso trabajo (reproducido en la citada colección de las obras completas de la Avellaneda) Vidart lamenta mucho que la autora no incluyera en el tomo IV de sus obras completas las novelas *Sab*, *Dos mujeres* y *Guatimozín*, las cuales encomia mucho.

8. Guillermo Díaz-Plaja, *Introducción al estudio del romanticismo español* (Madrid: Espasa-Calpe, 1936), p. 212.

9. E. Allison Peers, *Historia del movimiento romántico español*, 2da. ed. (Madrid: Editorial Gredos, 1967), II, 135.

10. Carmen Bravo-Villasante, *Una vida romántica. La Avellaneda* (Barcelona-Buenos Aires: Editora y Distribuidora Hispano Americana, 1967), p. 85.

hermosas descripciones de la naturaleza y las costumbres de Cuba; que es digno de aplauso que la influencia francesa sea poco visible; que la autora se entregó a su propia inspiración y que «no hay nada de protesta contra la esclavitud más que el hecho de admitir en el héroe el impedimento de aspirar a su dicha». [11] Otra de las biógrafas modernas de la Avellaneda, Mercedes Ballesteros, se pronuncia en sentido similar: «En 1841 publicó su novela *Sab,* dedicada a Lista, cuyo mayor interés reside en el ambiente americano y las descripciones de la naturaleza». [12] Anderson Imbert y Florit estiman que el tema es la esclavitud, que la Avellaneda se basó en cosas vistas en Cuba, y que sabe describir la realidad cubana. [13] Alberto Zum Felde opina que *Sab* contiene un vigoroso alegato contra la esclavitud y que está escrita bajo la inspiración artística de la novela de tesis de George Sand, y que debe atenderse a sus cuadros de ambiente, en los que predomina un sentido poético que es el mejor de la literatura cubana en la época. [14] Y Max Henríquez Ureña explica:

> «*Sab* (1841), a pesar de ser la primera en el tiempo, es acaso la más interesante y digna de aprecio: porque, como la trama se desarrolla en Cuba, la autora está describiendo paisajes y costumbres que conocía desde su infancia; porque en ella revela la Avellaneda finas dotes de narradora; y, en fin, porque *Sab* es la primera novela que se inspira en la esclavitud y la condena y repudia... Pero hay que hacer un distingo: *Sab* no es una obra de tesis ni de propaganda; la Avellaneda pinta ahí la realidad que conoce, y son los hechos mismos los que hablan y provocan en el lector las reacciones consiguientes». [15]

Raimundo Lazo encuentra el énfasis mayor de la novela en la exaltación del amor platónico de Sab: «Más que un

11. Emilio Cotarelo y Mori, *La Avellaneda y sus obras. Ensayo biográfico y crítico* (Madrid: Tipografía de Archivos, 1930), p. 75.

12. Mercedes Ballesteros, *Vida de la Avellaneda* (Madrid: Ediciones Cultura Hispánica, Colección Hombres e Ideas, 1949), p. 52.

13. Enrique Anderson Imbert y Eugenio Florit, *Literatura hispanoamericana* (New York: Holt, Rinehart and Winston, 1960), p. 260.

14. Alberto Zum Felde, *Índice crítico de la literatura hispanoamericana. La narrativa* (México: Editorial Guarania, 1959), II, 137-138.

15. Max Henríquez Ureña, *Panorama histórico de la literatura cubana* (New York: Las Américas Publishing Co., 1936), I, 221. En el párrafo citado Henríquez Ureña se refiere a *Sab* como la primera novela antiesclavista publicada, pero en las notas correspondientes aclara que *Francisco* y *Petrona y Rosalía* ya estaban escritas en 1839 y 1839, respectivamente, y que en 1839 ya se había publicado la primera parte de *Cecilia Valdés* de Cirilo Villaverde.

relato antiesclavista, es un romántico embellecimiento de un esclavo».[16] Para Salvador Bueno la Avellaneda «no tenía talento de novelista», y *Sab* carece de valor:

«La acción se desarrolla sin animación, los personajes presentan rasgos psicológicos muy endebles. Sab, el mulato esclavo, no representa la denuncia de la esclavitud. En realidad a la Avellaneda le interesa su personaje como símbolo del «hombre natural», primitivo, que los escritores franceses del siglo XVIII, como Bernardino de Saint-Pierre y Juan Jacobo Rousseau pusieron de moda».[17]

José Antonio Portuondo no menciona el aspecto abolicionista de *Sab*, y duda de la cubanidad de la Avellaneda:

«Las notas cubanas en la obra de la Avellaneda son puramente incidentales y en algunas de sus producciones, como la novela *El mulato Sab* o la leyenda camagüeyana *El aura blanca*, ni el paisaje descrito como escenario ni alguna feliz captación de situación y de ambiente son suficientes a acreditar su discutible cubanidad. Son obras románticas españolas en las cuales la pintura del trópico, a la que fueron tan aficionados los adeptos al romanticismo, los franceses sobre todo, resulta menos falsa por la persistencia de recuerdos juveniles en la autora».[18]

Helena Percas Ponseti examina algunos de los puntos antes señalados en su estudio «Sobre la Avellaneda y su novela *Sab*», y sostiene que la autora proyectó su obra como una novela contra la esclavitud, pero terminó convirtiéndola en una novela psicológica de tono romántico en virtud de su amarga experiencia con el frío y calculador Cepeda, y que la riqueza psicológica es lo más valioso de *Sab*.[19]

Las citas que anteceden prueban suficientemente la diversidad de opiniones sobre el tema, la originalidad, el regionalismo y otros aspectos de *Sab*. La mayoría de los críticos la clasifican como original, americana, cubana, y exótica, pe-

16. Raimundo Lazo, *La literatura cubana* (México: Universidad Nacional Autónoma de México, 1965), p. 86.

17. Salvador Bueno, *Historia de la Literatura Cubana*, 3ra. ed. (La Habana: Editora del Ministerio de Educación, 1963), p. 141.

18. Portuondo, *Bosquejo Histórico de las Letras Cubanas*, p. 31.

19. Helena Percas Ponseti, «Sobre la Avellaneda y su novela *Sab*», *Revista Iberoamericana*. XXVIII, No. 54 (julio-diciembre, 1962), p. 352.

ro otros tienden a desvalorizarla en cuanto a esos elementos y a considerarla como una novela española romántica más, o como una simple copia de los románticos europeos. Están más cerca de la verdad los críticos que reconocen la genuina originalidad cubana y americana de *Sab*, pues a lo largo de toda la obra hay muchas descripciones, escenas y voces cubanas, y menciones de la flora y la fauna de Cuba, además de la exteriorización del candente problema de la esclavitud. Todos esos elementos son aportaciones originales traídas en tempranísima fecha por la Avellaneda a la novelística de lengua española del siglo XIX. La autora, con legítimo y exacto conocimiento de lo que describe y pinta, emplea todos esos elementos de su tierra natal para narrar con originalidad y tono cubano sin incidir en un pintoresquismo exagerado ni en una patriotería ridícula. Al no incurrir en excesos nacionalistas, la Avellaneda supo mantener un justo equilibrio artístico que realza el valor permanente de su novela, lo cual permite que conserve aún su frescura y su lozanía y que se lea todavía con deleite a los ciento treinta y dos años de publicada.

También hay discrepancias entre los críticos en cuanto al abolicionismo. No obstante, el antiesclavismo es un factor tan evidente que no puede dejar de observarse desde el comienzo de la novela, cuando Sab y Enrique Otway se encuentran por primera vez, hasta el final de la obra, cuando Carlota lee la carta de Sab, pasando por diversos pasajes que lo confirman, como los vaticinios de la vieja Martina. La disparidad de los críticos respecto a este aspecto proviene de la comparación de *Sab* con *Uncle Tom's Cabin* y de la confusión entre el propósito de la autora, la forma de expresión del antiesclavismo y la pasión trágica del protagonista. Para entender mejor este aspecto de *Sab*, procederemos ahora a analizar el abolicionismo en *Francisco*.

En contraste con *Sab*, la crítica no ha dudado nunca en clasificar la novela *Francisco* como abolicionista. Las razones son obvias: existen cartas cruzadas entre el autor, Del Monte y González del Valle que prueban que *Francisco* se originó en el cenáculo que se reunía en casa de Domingo del Monte, y que Suárez Romero —que apenas contaba veinte años— la escribió con el fin específico de que fuera parte de un álbum de composiciones antiesclavistas que Del Monte entregó a Richard R. Madden para ayudar en la campaña abolicionista. [20]

Además, Suárez Romero, con técnica totalmente distinta, trató de alcanzar sus fines morales, sociales, políticos y jurídicos mediante la pintura detallada de los sufrimientos de los esclavos y los abusos de los dueños. El autor narra minuciosamente los diferentes castigos, la arbitrariedad en la aplicación de éstos, y la crueldad y el sadismo de los amos y de sus representantes. Suárez Romero describe, entre otros abusos, la atrocidad de obligar al esclavo a contar los azotes que estaba recibiendo, y si se equivocaba comenzaba nuevamente el castigo y la cuenta. Francisco recibe así en una ocasión treinta zurriagazos adicionales sólo por crueldad (p. 44). Otros castigos eran el novenario, nueve o más azotes diarios durante nueve días consecutivos (p. 80), los grilletes (p. 49), y el cepo (p. 80). La cura de las heridas producidas por los latigazos era una bondad aparente y un sadismo evidente: consistía en restregarle al esclavo las nalgas heridas varias veces al día con paja seca de maíz mojada en un menjurge de aguardiente, orines, sal y tabaco.

Suárez Romero también señala la disolución de la moral y las costumbres como consecuencia del desequilibrio social

20. Domingo del Monte (1804-1853) fue, según José Martí, «el más real y útil de los cubanos de su tiempo», (*Patria*, New York, 22 de julio, 1893). Del Monte fue una figura preclara, animó la cultura cubana con sus dotes personales, sus vastas lecturas y sus escritos. Casi todos los poetas y escritores de su tiempo recibieron su estímulo y su orientación. En las tertulias literarias de su casa se estudiaban y comentaban los libros y las ideas de Europa y América, y se daban a conocer, se leían y se criticaban los trabajos de los asistentes, que eran lo más granado de la intelectualidad cubana.
Richard R. Madden ejerció el cargo de Comisionado británico ante el Tribunal Mixto de Arbitraje en asuntos de la trata, creado por el tratado entre España e Inglaterra de 23 de septiembre de 1817, ratificado el 22 de noviembre del mismo año.
Dice Suárez Romero en la «Advertencia» de su libro escrito en 23 de julio de 1875: «cuando emprendí, en 1838 y acabé en 1839, aquella novela, excitado por Domingo del Monte, a quien había pedido Mr. R. Madden algunas composiciones de escritores cubanos con objeto de saber el estado de la opinión acerca de la trata y de los esclavos, entre los jóvenes pensadores de Cuba. Desde el campo remitía yo los borradores a José Zacarías González del Valle para que los corrigiese y copiase, y un traslado que él sacó con el título de *El ingenio o las delicias del campo*, más apropiado, en concepto de Del Monte, que el de *Francisco*, pasó a poder de Mr. Madden, permaneciendo desde entonces los borradores en la misma forma en que salieron de mi pluma.» (p. 39).
José Zacarías González del Valle (1820-1851), abogado, profesor, escritor y amigo íntimo de Suárez Romero, copió y corrigió los borradores de *Francisco*. El y Del Monte aconsejaron al autor para que el lenguaje del esclavo fuera adecuado a su condición y capacidad, evitando sutilezas, distinciones filosóficas, inspiraciones poéticas y arengas subversivas inverosímiles e impropias, advirtiéndole que la moralidad y las ideas políticas de la obra resaltarían mejor como cosa espontánea, sin pregonarlas.

producido por la esclavitud. Esto puede descubrirse en la caracterización psicológica de los personajes. La propietaria no vive en su ingenio, lo visita cada dos o tres años, pertenece a la aristocracia de los criollos ricos con ideas de grandeza y de orgullo, exige respeto y obediencia ilimitados y se enfada en cuanto encuentra oposición a sus gustos o caprichos, a pesar de que es dulce de genio. Por otro lado es débil en la educación de su hijo: lo mima y es incapaz de mortificarlo en nada. El ingenio está en manos del hijo, joven malcriado, cruel, egoísta, despótico, soberbio, carente de principios, producto lógico del exceso de cariño de la madre, de las malas compañías, de la ociosidad de la riqueza y de la subordinación y la sumisión de todos sus súbditos por el sólo hecho de ser el hijo de su mamá. Los esclavos le deben sumisión absoluta, los operarios libres son sus subordinados; con éstos es soberbio, con aquéllos es cruel e injusto, con todos es despótico. La sevicia del mayoral es otro ejemplo del desequilibrio social por falta de valores éticos: es cruel con los esclavos no sólo por su carácter duro y sádico, sino por complacer al Niño —el hijo de la dueña que administra el ingenio—. Otro producto del régimen social esclavista es el contramayoral: es negro, pero es más cruel con sus subordinados negros que los amos blancos o el mayoral.

Dentro de ese inhumano cuadro de descomposición general de la sociedad esclavista, el autor pinta a los esclavos Francisco y Dorotea como seres más dignos que todos los otros personajes, con sentimientos puros de amor, sentido de fidelidad conyugal y concepto del honor, a pesar de su condición de siervos, para elevarlos moralmente y hacerlos merecedores de la dignidad y los derechos humanos que por la fuerza les habían sido arrebatados.

Suárez Romero presenta la tragedia del esclavo mediante hechos, cuadros vivos tomados de la realidad. *Francisco* es un documento que describe la degradación social general y las atrocidades e injusticias que se cometen con los esclavos. Todo ello va dirigido a probar la idea principal que el autor quiere trasmitir al lector: la esclavitud es una gangrena social; hay corrupción de las costumbres y debilitamiento moral y cívico en todas las clases sociales a consecuencia del régimen social producto de la eslavitud. Suárez Romero es el primer novelista americano que escribe este tipo de ficción de denuncia social realista antiesclavista, pues terminó su novela doce años antes de que Harriet Beecher Stowe comenzara a publicar *Uncle Tom's Cabin.*

Es evidente la diferencia de presentación y de técnica seguida por Suárez Romero y la Avellaneda. Esta no pinta ningún acto de crueldad física de los amos de Sab, ni contra éste ni contra ningún otro esclavo. Por el contrario, los amos de Sab son modelos de bondad, lo elevan a la posición de mayoral, y en definitiva le otorgan gratuitamente la libertad. La Avellaneda no presenta una sociedad corroída y en decadencia a consecuencia del cáncer social de la esclavitud. No obstante, *Sab* es una novela abolicionista. La diferencia está en que el antiesclavismo de la Avellaneda es presentado en forma de sólidos, válidos e incontrovertibles alegatos de fondo filosófico, religioso, moral y humano.

De ahí nacen las diferencias de opinión de los críticos, pues *Sab* es un tipo de protesta totalmente diferente de *Francisco* y de *Uncle Tom's Cabin,* sin que ello signifique que no es una novela antiesclavista. Los cuadros realistas que pinta Suárez Romero nos hacen sufrir el dolor de los esclavos y sentir compasión por ellos y aversión por la esclavitud. Es un tipo de dolor social y moral. En cambio, los alegatos de Sab fuerzan al lector a repudiar ética e intelectualmente la injusticia de la esclavitud.

De esas diferencias nacen también los distintos criterios sobre la existencia o no de un definido propósito abolicionista de la Avellaneda al escribir su novela. No existe respecto a este punto una prueba concluyente como la que tenemos de Suárez Romero, pero las vehementes quejas y los justos alegatos de Sab, más la declaración expresa de la autora: «sea por la repugnancia que sentimos en alterar lo que hemos escrito con una verdadera convicción (aun cuando ésta llegue a vacilar), la autora no ha hecho ninguna mudanza en sus borradores primitivos» (p. 37), prueban suficientemente que la Avellaneda tenía un conocimiento cierto de la trascendencia de sus acusaciones y un propósito tenaz de mantenerlas. Además, su firme convicción se corrobora si recordamos que no fue remisa a modificar otros escritos suyos cuando quiso.

Otro aspecto que ha contribuido a la diversidad de interpretaciones de *Sab* es la gran pasión amorosa del protagonista. Por esa pasión algunos críticos estiman que no es más que una novela romántica, y no la consideran antiesclavista. Es verdad que *Sab* es la historia de un amor imposible, un amor más fuerte que la esclavitud, pues Sab prefiere seguir siendo esclavo antes que separarse de su ama, y en definitiva se sacrifica por ella. Pero si observamos que la imposibilidad del amor de Sab es a causa de la esclavitud y del prejuicio racial, comprobaremos que hay perfecta unidad entre ambos factores, y que la esclavitud desempeña el papel del destino implacable que ha de convertir al protagonista en un héroe trágico. La originalidad de la Avellaneda y su precedencia en relación con los novelas de su época (que no han sido todavía plenamente reconocidas) consistieron en encontrar la base del conflicto trágico de Sab en un problema candente, real y verdadero de su época. Mientras los otros escritores románticos basaban sus conflictos en leyendas medievales o exóticos nudos sin base en la realidad, la cubana, al principio mismo de su carrera literaria, supo captar y aprovechar un elemento real de la vida de su patria para crear su infausto héroe. La Avellaneda entrelazó la romántica, platónica y sacrificada pasión de Sab y su condición de esclavo para crear un destino trágico irreversible y atacar la esclavitud.

También se ha discutido la verosimilitud de semejante pasión en un esclavo. Para hacer posible y lógico ese amor, la autora hace compañeros de juegos y de estudios a Sab y Carlota desde la más temprana edad, y lo presenta a él como un hombre instruido y aficionado a la lectura por haber tenido acceso a todos los libros de ella y su padre. Además, la condición fuertemente insinuada de que Sab era hijo del hermano del padre de Carlota también contribuye a hacer más verosímil el trato benigno y los privilegios que disfruta. Por otro lado, la historia literaria de Cuba presenta el caso (que la Avellaneda debe haber conocido) del poeta cubano Juan Francisco Manzano, que nació esclavo de los Marqueses de Jústiz y Santiago, que tuvo una infancia relativamente plácida hasta los once años por el afecto que le tenía la Marquesa, que después que ella murió sufrió tormentos físicos y morales bajo su nueva ama, que componía décimas a los doce años, que publicó su primer libro de versos siendo esclavo (con permiso especial, pues a los esclavos no se les permitía publicar libros), cuya libertad fue comprada por medio de una colecta iniciada por el grupo de literatos de la tertulia de Domingo del Monte. El caso inventado por la cubana no es absolutamente increíble, además de que no es obligatoria la verosimilitud en todas las obras de ficción. La Avellaneda presenta los dolores y los tormentos morales, espirituales y amorosos de un alma privilegiada, de un espíritu de selección, de un hombre de sentimientos superiores. Pero como Sab ha tenido la oportunidad de instruirse, su sufrimiento es mayor porque está consciente de su tragedia y sabe que podría aspirar a la gloria, el poder y el amor si no fuera por el color de su piel. Sab tiene las cualidades mentales y morales para triunfar si el impedimento social-jurídico inventado e impuesto por la sociedad no se lo impidiera. Consecuentemente, la trama es verosímil, y la autora acierta al obligar al lector a razonar sobre la iniquidad que destruye las legítimas aspiraciones de Sab. El destino trágico del héroe viene predeterminado por una injusticia social que la autora denuncia sin temor.

Sab y *Francisco* también coinciden en ser de las primeras novelas hispanoamericanas que inician en el siglo XIX el largo recorrido hacia el regionalismo hispanoamericano que tanto éxito ha tenido en el siglo XX. En *Sab* tenemos las descripciones de la naturaleza, de las Cuevas de Cubitas, del río Máximo o de los Cangilones, de los Paredones, de las costumbres y de los vestidos, algunos atisbos sobre la psicología de los extranjeros y los nativos en Cuba, y la esclavitud. En *Francisco* el aspecto regional es mayor. Suárez Romero describe detalladamente el ingenio y sus dependencias, las faenas, las obligaciones, los castigos y el baile del tambor de los esclavos, y presenta una pintura general de otros muchos aspectos, como las costumbres, los amos, el mayoral, etc. Es decir, ambas novelas tienen aspectos formales que señalan una transición hacia el regionalismo costumbrista hispanoamericano aunque es mucho más visible en *Francisco*, donde hay escenas tan realistas como aquella en que él «se tiró en el suelo a revolcarse como acostumbraban los negros de nación cuando estaban desesperados, arrancándose las pasas y mordiendo la tierra» (p. 175), que son de un verismo que imparte gran vigor realista regionalista a la obra.

El paralelo entre *Sab* y *Francisco* también se puede extender al romanticismo. El platónico y trágico amor imposible de Sab y su sacrificio por su amada ideal, el amor imposible de Teresa, su sacrificio y su decisión de meterse monja, la intensidad de los sentimientos y las emociones en general, el agudo contraste de los personajes, y ciertos detalles de la naturaleza le dan un tono romántico a *Sab*. En *Francisco* son románticos los esclavos Francisco y Dorotea por la intensidad y delicadeza de sus nobles sentimientos, por su acendrado sentido de fidelidad conyugal y el honor, por su resignación, por sus inmerecidos sufrimientos, por el fatalismo trágico de sus amores y de sus respectivas vidas, y por el sacrificio de su honor que hace Dorotea por salvar a su amante y el suicidio de él por ese motivo. También pueden considerarse románticos el contraste de los personajes buenos y malos, la violencia y la persistencia de la maligna pasión sexual de Ricardo y el tono general melancólico y triste. Además, en ambas novelas se emplean ciertas técnicas propias de los románticos, como la abundancia de lágrimas y sollozos y de los signos de exclamación y de interrogación, y en *Sab* los puntos suspensivos.

Por otro lado, la Avellaneda revela su perspicacia en el perfil psicológico de sus cuatro personajes principales. Sab representa al hombre impetuoso e idealista del romanticismo, que existió en la realidad. Su antagonista, Enrique Otway, personifica al hombre mercantilista, calculador y egoísta de todos los tiempos en todas partes del mundo, y pudiera ser imagen del ambiguo y comedido Ignacio Cepeda de la vida real. Carlota es la personificación de la joven idealista, soñadora y romántica que también existió en la realidad en vida de la autora, y que según Helena Percas Ponseti representa «el eterno romanticismo femenino».[21] Teresa, una mujer de mayores complejidades, es reservada, introvertida, abnegada y noble, y se halla situada por la vida en una circunstancia delicada, intrincada y difícil. No es arriesgado afirmar que los rasgos psicológicos principales de Sab, Carlota y Teresa

21. Percas Ponseti, «Sobre la Avellaneda y su novela *Sab*», p. 352.

forman parte de la mente analítica y la rica personalidad noble, idealista, apasionada y generosa de la autora. En cambio, las observaciones psicológicas de Suárez Romero sólo tienden a dar énfasis a lo que conduzca a su tesis abolicionista. Ricardo es un joven egoísta y cruel, sin principios ni concepto del bien y del mal. Es una abstracción, no tiene variantes en su carácter, es totalmente maligno pero los diálogos a través de los cuales lo presenta el autor son tan vigorosos y realistas que se convierte en un hombre de carne y hueso, en un caso patológico que repugna como símbolo del dueño de esclavos. La madre de Ricardo tiene más complejidades de carácter: es dulce de genio por naturaleza, no quiere ser cruel con los esclavos, desea perdonar a Dorotea y a Francisco, pero sólo ve por los ojos del hijo malcriado, y actúa con la rigidez correspondiente a una ama de esclavos. Suárez Romero prefiere no atacar a la mujer cubana, pero tampoco puede dejar de pintar los defectos provenientes del régimen social esclavista, por lo que este personaje resulta muy real y verosímil. El mayoral representa al hombre racista que odia y desprecia a los negros, abusa de su poder y se complace en cumplir con sadismo los caprichos del Niño; es un personaje secundario en la trama, pero principal en la pintura del envilecimiento a que conduce la esclavitud. Las otras figuras menores, como el médico y el contramayoral, son símbolos repugnantes del sistema. Hay más riqueza en el análisis psicológico que hace la Avellaneda porque Suárez Romero tenía un propósito único al cual subordinó todos los elementos de su ficción.

Pero *Sab* es totalmente diferente de *Francisco,* y no existe semejanza alguna entre ambas novelas en cuanto a la denuncia global que hace la Avellaneda de otros privilegios e injusticias. Veamos algunas de ellas. Carlota lamenta la extinción de los indígenas en Cuba y la «historia sangrienta de la conquista de América» (pp. 113-114), y Sab relata la muerte del cacique Camagüey (pp. 112-113). Por supuesto, estas quejas son de carácter romántico, pues nada podía hacerse ya y posiblemente sólo son producto de las lecturas de la autora sobre la leyenda negra, pero no deben desecharse totalmente como signos de la rebeldía innata de la Avellaneda, pues el siboneyismo fue posteriormente parte destacada de la literatura separatista cubana, y se creó una mítica continuidad patriótica del indio y el cubano como forma de oposición al dominador extranjero. Mucho más fuertes —y hasta subversivos— son el vaticinio de la india Martina de que los negros serían los terribles vengadores de los cobrizos (p. 113), y las palabras de Sab a Teresa: «Imbécil sociedad, que nos ha reducido a la necesidad de aborrecerla, y fundar nuestra dicha en su total ruina» (p. 153). En su carta *in articulo mortis*, Sab ataca la iglesia porque le aconseja sumisión al esclavo (pp. 220-221), denuncia apasionadamente la falta de libertad de las mujeres, a quienes considera en situación peor que la de los esclavos (p. 227), ataca los privilegios de las grandezas y prerrogativas hereditarias (p. 226), y su grito de rebeldía se hace general cuando vaticina: «En vano lucharán los viejos elementos del mundo moral contra el principio regenerador; en vano habrá en la terrible lucha días de oscuridad y horas de desaliento... El día de la verdad amanecerá claro y brillante» (p. 228). Todas estas denuncias son tan amplias, claras y enérgicas que llegan a convertise en subversivas. Es pues, *Sab*, además de una novela antiesclavista, un canto general de la libertad que revela el carácter noble, libre y rebelde de su autora, pero ésta no ataca nunca a Dios, sino a los hombres y a la sociedad, que destruyen la justicia y la armonía divinas. Ese sentido general de libertad explica también el antiesclavismo de *Sab*, no hay que pintar la esclavitud en sus horrores físicos (castigos, abusos, etc.) para repudiarla, basta la servidumbre que impide el libre albedrío, la espontánea voluntad del hombre. Por eso el clamor de libertad de la Avellaneda resuena todavía con vigor, ya que puede extenderse a las nuevas formas de esclavitud y de tiranía que han aparecido en algunas partes del mundo disfrazadas bajo nuevos nombres y consignas sociales y políticas. [22]

22. Para comprender mejor el fondo decididamente antiesclavista y revolucionario de *Sab*, es preciso repasar la historia de Cuba y con perspectiva histórica situar la novela en su candente momento histórico. Hay que recordar las insurrecciones de los negros entre los años 1839 y 1845, la frase del diputado español a las Cortes, don Vicente Sancho, «Cuba, si no es española, es negra, necesariamente negra», y el fantasma de una república negra en Cuba que sirvió para no admitir a los diputados cubanos a las Cortes de 1837, la famosa conspiración y causa de La Escalera, que sirvió para fusilar, conjuntamente con otros, al poeta mulato Gabriel de la Concepción Valdés (Plácido) y para acusar a José de la Luz y Caballero, y la intervención de

En resumen, las coincidencias, semejanzas y diferencias entre *Sab* y *Francisco* son las siguientes:

1. — Son las dos primeras novelas de valor literario escritas por autor hispanoamericano después de la obra de Fernández de Lizardi.

2. — Son las dos primeras novelas americanas que que plantean el problema del negro esclavo en América.

3. — Son las dos primeras novelas hispanoamericanas de valor literario que inician la transformación de la idealización romántica del hombre primitivo en genuino, legítimo y verdadero problema regional hispanoamericano.

4. — Si se acepta el concepto amplio de novela indianista para comprender también a la novela que trata del negro —tal como lo hace Fernando Alegría— *Sab* y *Franscisco* son las dos primeras novelas hispanoamericanas que inician la ficción indianista en Hispanoamérica porque exponen el problema del negro esclavo en Cuba, y por tanto en América.

5. — Ambas novelas son cubanas, y por ende americanas, porque fueron escritas por cubanos, pero, además, porque el tema de la esclavitud en Cuba, los lugares de la acción, las descripciones, la naturaleza, las costumbres, la flora y la fauna y las expresiones y el lenguaje coloquial (lo último especialmente en *Francisco*) son cubanos.

6. — Una y otra son novelas de transición en que se mezclan elementos románticos y costumbristas, pero el costumbrismo tiene más preponderancia en *Francisco*.

7. — Hay más riqueza en el análisis psicológico de los personajes en *Sab*, pues se pueden encontrar rasgos del carácter de la Avellaneda en su protagonista negro y en Carlota y Teresa, y de Ignacio Cepeda en Enrique Otway, mientras que

---

Inglaterra y los Estados Unidos en los asuntos cubanos de aquella época. Vista la novela en su tiempo histórico cubano, que era difícil, revolucionario y complejo, se evitan los errores de perspectiva y se comprende mejor la rebeldía y la valentía de la Avellaneda al expresar sus pensamientos a favor de la libertad de los esclavos y de la libertad del hombre en general en aquellos críticos momentos. Además, hay que recordar que *Sab* no pudo circular en Cuba, y que existe información de que la novela fue recogida de las librerías españolas. Aunque Cotarelo estima que lo último no es cierto porque él vio el libro en las librerías de Madrid, no se sabe si fue recogido en fecha posterior a aquella en que él recuerda haberlo visto, o el éxito y la extensión de la recogida.

en *Francisco* el autor subordinó todo al propósito abolicionista.

8. — Sab es un protagonista trágico activo que resalta en la obra y domina la acción. Francisco también es un protagonista trágico pero pasivo; sólo sufre las acciones de los otros personajes, por lo que el verdadero protagonista de *Francisco* es la esclavitud.

9. — Las dos son novelas antiesclavistas, pero totalmente distintas. *Francisco* es una novela-documento. Es la primera ficción abolicionista americana que pinta en forma vívida, realista y aborrecible la esclavitud. Fue concebida y escrita con ese único propósito. Su plan y su técnica están encaminados total y exclusivamente a ese fin. Es en el fondo y la forma una narración exclusivamente abolicionista. Su ataque social y moral contra la esclavitud y su defensa de los siervos de la gleba precede en doce años a *Uncle Tom's Cabin*, que es similar. *Sab* es la primera novela abolicionista americana en que se combate la esclavitud mediante alegatos intelectuales. La autora se opone a la servidumbre ética y racionalmente, pero no describe los horrores y los abusos físicos que sufrían los esclavos.

10. — En *Sab* también se denuncian otros privilegios e injusticias, como la falta de libertad de las mujeres, y se augura una época nueva de libertad y justicia tras la destrucción de las viejas sociedades. En este aspecto dicha novela es una denuncia diferente y mucho más amplia que *Francisco*.

11. — Por último, *Sab* y *Francisco* forman parte de la historia mundial de la lucha del hombre por la libertad, y son paradigma evidente del largo e inacabable combate de los cubanos por la libertad y la justicia en su patria.

VARIACIONES EN UN TEMA INDIANISTA
DE LA AVELLANEDA: EL EPILOGO DE *GUATIMOZIN*
Y *UNA ANECDOTA DE LA VIDA DE CORTES*

JULIO E. HERNÁNDEZ-MIYARES

Kingsborough Community College, CUNY

La *Avellaneda* revisó cuidadosamente sus creaciones para editar la colección completa de sus *Obras Literarias* durante el período de 1869 a 1871.[1] De la parte narrativa excluyó tres de sus novelas más interesantes y polémicas que, significativamente, habían recibido excelente acogida de la crítica de la época. Nos referimos a *Sab* (1841), *Dos mujeres* (1842-43) y *Guatimozín, último emperador de Méjico* (1845). De esta última conservó un fragmento que pasaría a la mencionada colección de sus obras con el título de *Una anécdota de la vida de Cortés*. En nota al pie se aclaraba:

> «Esta anécdota, tomada de su novela Guatimozín, es lo único que la autora ha querido conservar de dicha obra, suprimida de la presente colección a causa de no haberle permitido su falta de salud revisarla y corregirla, según juzgó necesario».[2]

Basados en la anterior declaración, parece que los críticos y estudiosos de su obra —con su silencio sobre el tema—, han aceptado que el fragmento o anécdota conservado por la

---

1. Véase: Gertrudis Gómez de Avellaneda. *Obras Literarias* (Madrid: Imprenta M. Rivadeneyra, 1869-71, 5 vols.).

2. Véase el volumen V de las *Obras Literarias*. Este relato se encuentra en la página 159. Lo copiado aparece textualmente en la nota (1) al pie de la página. Cada vez que citemos un párrafo de esta versión, diremos: *Anécdota* y la página en que aparece, del volumen V de la edición de 1870.

autora es una transcripción literal del Epílogo de *Guatimo-zín*. Sin embargo, si se coteja dicho epílogo con el texto de *Una anécdota de la vida de Cortés*, resulta obvio que la revisión de este fragmento llevada a cabo por la escritora, no es de simple redacción y estilo. Por el contrario, con los cambios introducidos, se han variado la sustancia, la perspectiva y las motivaciones de los personajes centrales del relato original, aunque éste se mantenga dentro del marco y del escenario primitivos de *Guatimozín*. Estas variaciones, aunque sin duda lograron sumar algunos méritos estilísticos y dar una mayor dignidad a la anécdota y a la conducta de los protagonistas, hacen de la nueva versión un producto distinto, a pesar de estar construido con los mismos materiales.

No debe extrañarnos este tipo de revisión y cambios que realizó la *Avellaneda*, pues así lo hizo con la mayoría de sus creaciones; lo que llevó a manifestar al propio Emilio Cotarelo Mori, después de un estudio minucioso de las obras de Tula:

> «Es preciso decirlo una y cien veces. Son dos escritoras distintas la *Avellaneda* de las primeras ediciones de sus obras y la que en 1869 a 1871 escribió otras diferentes tomando aquéllas como base».[3]

Al examen de las variaciones introducidas a la anécdota contenida en el Epílogo de *Guatimozín*, dedicaremos las siguientes páginas de este trabajo.

Desde 1844, la *Avellaneda* tenía terminados los dos primeros tomos de *Guatimozín*, según manifiesta en carta al poeta García Tassara.[3 bis] Sin embargo, hasta 1845 no se empieza a publicar la novela en forma de folletín en el *Heraldo* de Madrid y más tarde, en 1846, aparece por primera vez en forma de libro. La obra mereció varias ediciones posteriores, entre ellas, la mejicana de J. R. Navarro, en 1853, en la que basaremos nuestras citas del texto.[4]

3. Emilio Cotarelo Mori. *La Avellaneda y sus obras* (Ensayo biográfico y crítico, Madrid: Tipografía de Archivos, 1930). Véase el final de la nota 5, en la página 127 de dicha obra.

3bis. *Ibid.*, p. 131.

4. Para las distintas ediciones de las obras de la *Avellaneda*, véase: Domingo Figarola-Caneda. Gertrudis Gómez de Avellaneda, Biografía, bibliografía e iconografía.

El asunto de la novela se refiere íntegramente a la conquista de la Nueva España. Según palabras de la propia autora, *Guatimozín* es «un estudio profundo de la conquista, del
estado de la civilización azteca, del carácter de Cortés y compañía, apreciando con imparcialidad y exactitud los hechos y
las circunstancias...». [5] Para lograr su objetivo la *Avellaneda*
se basó casi totalmente en los textos de varios cronistas de
Indias e historiadores posteriores, llenando con su fantasía
las lagunas de los relatos históricos que utilizaba. [6]

La anécdota en cuestión, a cuyo examen vamos a proceder, está tejida alrededor del siguiente fragmento de la obra
de Bernal Díaz del Castillo, que la propia autora cita textualmente:

> «Andaba Cortés mal dispuesto y pensativo después de ha-
> ber ahorcado á Guatemuz y su deudo el señor de Tacuba sin
> tener justicia para ello, y de noche no reposaba, é pareció que
> saliéndose de la cama donde dormía á pasear por una sala en
> que había ídolos, descuidóse y cayó, descalabrándose la cabeza;
> no dijo cosa buena ni mala sobre ello, salvo curar la descala-
> bradura, é todo se lo sufrió callando». [7]

Dejando correr su fantasía sobre la posible causa de esta
herida misteriosa de Cortés, la *Avellaneda* hilvana, dentro del
marco histórico, un relato de venganza, pasión brutal y celos, con el que epiloga su afamada novela *indianista*. [8]

La trama de la anécdota está enmarcada dentro de una
sencilla estructura que presenta tres partes bien definidas:

(Madrid, 1929, 292 pp.). En especial, para la novela *Guatimozín*, véanse las páginas 85-86. Las citas que hagamos de esta novela se referirán a la edición mejicana
de 1853, de J. R. Navarro. Diremos: *Guatimozín* y luego la página del texto citado.

5. Cotarelo Mori, op. cit., p. 132.

6. Efectivamente, la autora hace uso de los textos de cronistas e historiadores,
especialmente de: Hernán Cortés, Bernal Díaz del Castillo, Antonio de Solís, el
P. Francisco Javier Clavigero y el historiador escocés Dr. William Robertson (1721-93),
que en 1777 escribió su famosa *History of America*. Para más noticias sobre sus
fuentes, consúltese: Isabel Hernández de Norman. *La Novela Romántica en las Antillas* (Nueva York, Ediciones Ateneo Puertorriqueño de Nueva York, 1969), p. 154-8.

7. Este trozo está tomado literalmente de la novela *Guatimozín* (p. 178), tal y
como lo presenta la autora, que a su vez lo toma de la obra de Bernal Díaz del Castillo, *Verdadera historia de los sucesos de la conquista de la Nueva España* (1632).

8. Para un completo estudio de la llamada *novela indianista* en América, debe
consultarse el valioso trabajo de investigación: Concha Meléndez. *La novela indianista
en Hispanoamérica* (1832-1889) (Río Piedras, Universidad de Puerto Rico, 1961). Específicamente sobre *Guatimozín*, véanse las páginas 80-83. También debe consultarse:
Guillermo Zellers. *La novela histórica en España* (New York, 1938, p. 72).

1) los preparativos para la ejecución de los príncipes aztecas, 2) la entrada de Guatimozín a la plaza y su ignominiosa muerte, y 3) el fracasado intento de venganza de Gualcazintla y su muerte a manos de la apasionada doña Marina.

En la que llamamos primera parte de la estructura narrativa se describe el espectáculo de la horca, tan ajeno a los primitivos habitantes de Acala, así como un lucido movimiento y despliegue de tropas. A la vez, por medio del diálogo entre doña Marina y doña Guiomar, se busca justificar la cruel decisión del jefe español: ejecutar a Guatimozín. La simpatía de la autora por los vencidos, de la que está llena la novela, más que expresada en esta anécdota, se da por el contraste entre la frívola actitud de conveniencia política de los vencedores, expresada en el diálogo de ambas, y la presencia augusta y estoica de Guatimozín. En la segunda parte éste se declara inocente ante el mundo, perdona a sus ejecutores y pide protección para su infortunada esposa.

En la tercera parte y final, la «demente» Gualcazintla intenta vengar la afrentosa muerte de su esposo y los ultrajes sufridos. Aprovechando la oscuridad de la noche se adentra en los aposentos de Cortés para asesinarlo. Fracasa en su empeño por la rápida y brutal intervención de doña Marina, la que no se contenta con parar el golpe del puñal y desarmarla, sino que la mata —ahogándola—, en un arranque de furia salvaje. Cortés, más preocupado por el qué dirán, que por el injustificado asesinato de la ex emperatriz azteca, sólo busca cubrir las apariencias y salir de aquel comprometido enredo de alcoba. Contando Cortés una vez más con la ciega y enfermiza lealtad de doña Marina, ambos acuerdan que ésta llevará el cuerpo de Gualcazintla al lecho, y que al día siguiente, ella misma echará a rodar el rumor de que la infortunada princesa se suicidó en un exceso de locura. La escena termina con la siguiente exclamación de Cortés, punzante por su cinismo: «¡Sois incomparable, Marina!».

Es innegable que la anécdota produce gran impacto, muestra cierta tensión dramática y destila por todos lados un perfume de erotismo, que emana de la figura de doña Marina, la cual, presa de una pasión salvaje y desmedida hacia el jefe español, llega hasta el crimen. La escena final de la anécdota es descarnada y brutal. Nos presenta al caudillo extremeño en una nueva perspectiva, que desilusiona al lector. Si en la propia anécdota hay un intento de racionalizar la conducta de Cortés por su injusta sentencia contra el infortunado Guatimozín, no resulta así cuando Marina asesina a la princesa Gualcanzintla. El propio Cortés, en lugar de reprochar a Marina por el infausto hecho, sólo se preocupa de que pueda llegarse a saber que él se encontraba con su amante en el aposento y se turbe su paz familiar. A mayor abundamiento, ni el más mínimo remordimiento cruza su mente por el crimen del que ha sido testigo y que acuerda silenciar con su amante, a la que con cínica admiración celebra por su astucia y lealtad en ayudarle a salir de tan vergonzoso trance.

Veamos ahora los cambios que introduce la *Avellaneda* en el relato, cuando lo revisa un cuarto de siglo más tarde. Lo primero que hace es asignarle un nuevo título, con la indudable voluntad de brindarle total independencia de la novela original. Lo llama *Una anécdota de la vida de Cortés,* y con ello hace al conquistador centro del relato, desplazando a Guatimozín. Y en efecto así sucede. En la nueva versión se respeta la estructura tripartita que habíamos señalado para la anécdota primitiva, pero se le añade un *preámbulo,* que adelanta la tónica de los cambios que se introducirán. Esta adición está totalmente dedicada a justificar y a exaltar la figura de Hernán Cortés. Comienza con una serie de disquisiciones filosóficas y rimbombantes sobre la incomprensión que sufren los héroes. Después señala que estos genios superiores tienen que plegarse, en ocasiones, ante los injustos deseos de las medianías que —en defensa de su propia mediocridad— les obligan a claudicaciones abyectas. La *Avellaneda,* en su excesivo afán de realzar al extremeño, llega hasta el ditirambo, como se comprueba con la lectura del siguiente párrafo:

«Hernán Cortés, una de las mayores figuras que puede presentar la historia; Hernán Cortés, que quizás no ha sido colocado á su natural altura ni aún por sus desacertados encomiadores». (*Anécdota,* p. 161.)

«Hernán Cortés, que habría sido tal vez un Napoleón si le arrullase en la cuna el trueno de la revolución francesa, y que hoy —más extraordinario que el dominador del Sena— se nos presenta —con su aureola de conquistador de un imperio— en el catálogo de los vasallos leales... Hernán Cortés, digámoslo en fin, debía tener y tuvo la suerte común de todos los genios superiores». (*Anécdota*, p. 161.)

Desafortunadamente, las páginas añadidas al relato aumentaron su extensión y restaron impacto a los cortes y ajustes estilísticos incorporados por la escritora, que hubieran podido aligerar la trama y acentuar su dramatismo. Parece innegable que la *Avellaneda* sintió la necesidad imperiosa de esta adición, como única forma de justificar ante sí misma y sus lectores, los cambios sustanciales que contenía la nueva versión. Si en el fragmento original, el vencido emperador nos atraía por su austeridad y estoica resignación, en contraste con la acomodaticia y cínica actitud de Cortés, en la nueva versión, la personalidad de este último sería proyectada casi al mismo nivel del jefe azteca. Veamos cómo se produce el cambio a lo largo de la estructura narrativa. Primera, el diálogo de la primera parte entre doña Marina y doña Guiomar se hace más ágil y menos frívolo. La *Avellaneda* suprime o atenúa las expresiones de desdén por los vencidos, puestas en boca de la andaluza; y aunque ésta mantenga en el nuevo fragmento la misma actitud de superioridad, aparecerá condicionada por cierta magnánima compasión. En la versión original de 1845, la esposa de Cortés expresaba lo siguiente:

«Capricho singular ha sido el suyo [de Cortés] en traer consigo á los *reyezuelos* indios!... ¿no os parece, doña Marina? No están avezados esos *idólatras* a las fatigas que soportan con tanta serenidad los españoles a quienes conforta nuestro señor J. C. y el bienaventurado Santiago». (*Guatimozín*, p. 175.) (El subrayado es mío.)

Y en otros párrafos:

«...y por cierto doña Marina, que los tres (Guatimozín, Netzalc y Coanacot) son muy guapos mozos para ser indios. El gran cacique tiene *un aire de majestad que no me parece natural* en hombre de esa raza». (Guatimozín, p. 175.) (El subrayado es mío.)

«¡Pobres bárbaros! Os digo con toda verdad, doña Marina, que me pesa en el alma verlos conducidos a tan amargo trance». (*Guatimozín*, p. 175.)

En la versión revisada de 1870, el primero y el tercer párrafos quedan totalmente suprimidos. Además, el contenido del segundo párrafo antes citado, resulta adaptado de la siguiente manera:

> «También a mí me interesaba [Guatimozín] antes del crimen de su conspiración; pues verdaderamente su presencia es gallarda, distinguiéndose entre todos los naturales hasta por su color, tan blanco que le hace parecer europeo». (*Anécdota*, página 166.)

Paralelamente, el sentimiento patriótico y orgullo de raza de doña Marina, que en la anécdota original sólo se insinuaban de manera velada y sutil, se manifiestan ahora de modo más directo, en su inequívoca defensa y compasión por los príncipes condenados. Y aunque todavía la mejicana justifica a Cortés, se percibe el enorme esfuerzo que realiza para aceptar la cruel decisión del caudillo. Como ejemplo de lo anterior, veamos en ambos textos la variación del tono de la réplica de doña Marina a doña Guiomar, cuando ésta le recrimina su opinión de que la sentencia contra los jefes indios ha sido dictada más por conveniencia que por justicia:

En *Guatimozín*:

> «—No he pensado en expresar eso, repuso vivamente alarmada la antigua querida de Cortés. Todo lo que hace el *Malinche es justo y acertado*, y no me corresponde a mí juzgar los actos de su sabiduría», p. 176. (El subrayado es mío.)

En *Una anécdota*:

> «—No he querido expresar eso, replicó vivamente la querida de Cortés. Todo lo que hace el *Malinche debe aparecerle bueno y justo* a su apasionada esclava; pero conoceréis, querida amiga, que no puedo menos de trastornarme al considerar que va a perecer en ignominioso patíbulo, el ilustre descendiente de los héroes Atzcapuzalco; el poderoso monarca que ha ceñido sus sienes con la gran corona de Acamapit», p. 165. (El subrayado es mío.)

De más está decir que los ajustes en el diálogo anterior, traen como resultado una atmósfera de menor tensión que en la versión original. Con ello, se consigue aminorar la reacción del lector en contra de la cruel conducta de los vencedores, que antes se agrandaba por el desdén expresado hacia la raza azteca. De esta manera, la *Avellaneda* va logrando un mayor equilibrio de la trama, que continuará y mantendrá a todo lo largo de ella y servirá a su propósito de realzar la figura de Cortés y presentarla ahora bajo una perspectiva bien diferente a la primitiva.

En la que hemos llamado segunda parte de la estructura narrativa, observaremos que también se busca disminuir el impacto trágico del ajusticiamiento de Guatimozín. Para obtener este resultado, la *Avellaneda* suprime los fragmentos de su discurso en la plaza, que podían interpretarse como polémicos por su contenido religioso o político. En la novela de 1845, el emperador azteca se dirigía a los religiosos franciscanos que le acompañaban al cadalso y con timbre de amarga ironía les manifestaba:

> «Gracias os doy, ¡oh teopixques españoles! por la generosa piedad que nos habéis dispensado, y pues sois ministros de un Dios a quien llamáis infinitamente misericordioso, usad de misericordia con una mujer infeliz privada de la razón, que queda por mi muerte desamparada en la tierra». (*Guatimozín*, p. 176.)

El otro párrafo, que también se suprime, contenía la denuncia viril de Guatimozín contra la cruel sentencia dictada, y emplazaba a Cortés ante la justicia divina para responder por su acción:

> «¡Muero inocente! exclamó, muero inocente aunque se me haya condenado a la muerte de los fascinerosos. ¡Hernán Cortés! Dios te demande cuenta de esta sentencia; yo la bendigo porque me liberta de una vida desventurada aunque soportada con digna resignación». (*Guatimozín*, p. 176.)

De ambos fragmentos sólo quedan, en la revisión de 1870, las siguientes palabras del príncipe azteca, que diluyen la responsabilidad específica de Cortés en su condena y la reparten entre todos los conquistadores:

> «Proclamo de nuevo mi inocencia a la faz del cielo y de la tierra, pero bendigo una muerte que termina tormentos superiores a las fuerzas de un hombre». (*Anécdota*, p. 167.)

Con estas podas y cambios ya el camino resulta trillado para que se produzcan las variantes más radicales del relato, que alterarán totalmente el contenido de la versión primitiva y servirán para reivindicar la baja conducta de Cortés, tal y como allí se manifestaba. Sobra decir que ambos protagonistas —Cortés y Marina— salían muy mal parados en la misma. Sus acciones, carentes de toda moral y rectitud, mostraban una bajeza pasional que debió merecerle muy severas críticas a la autora. Ahora todo se transforma. Cortés muestra remordimiento por el ahorcamiento de Guatimozín y colma de atenciones a Gualcazintla, a la que se dirige con afecto expresivo y tierno. Esta actitud inflama los celos de Marina. Si originalmente el ataque de Gualcanzintla se llevaba a cabo en el aposento de Cortés, donde éste reposaba junto a doña Marina, ahora el caudillo se encontraba solo en el cuarto de los ídolos, contiguo a su habitación. Sin la ayuda y complicidad de doña Marina, Cortés desarma a la demente princesa y la conduce desmayada al lecho que ella ocupaba en el departamento de Marina. De allí sale pensando que nadie ha sido testigo de los hechos. Pero Marina, que espiaba llena de celos, imagina que su amante ha mancillado el tálamo de la hermosa emperatriz y abusado de su demencia. Se rebela el orgullo de raza por lo que considera el libertinaje y la traición de su amante. Roja de ira se dirige al aposento de Cortés y le increpa de esta manera:

> «¿Queréis, ingrato, que me haga ciega a los atentados de vuestro libertinaje? ¿Queréis que sea impasible cuando osáis —dos veces infiel, al deber y al amor— consumar la inverosímil villanía de abusar de la demencia de una infeliz princesa, para gozar de su hermosura el mismo día en que habéis asesinado a su esposo?» (*Anécdota*, p. 173).

Doña Marina, sin hacer caso de las explicaciones de Cortés, confiesa que ha ahogado a la emperatriz y justifica su acción al exclamar:

> «Su espíritu acaba de volar a unirse al de Guatimozín, y juntos pedirán a la justicia del cielo venganza contra vos». (*Anécdota*, p. 173.)

¡Qué bien distinta resulta esta actitud de la que quedó plasmada en la anécdota primitiva, cuando Marina no buscó justificación por la muerte de Gualcanzintla ni le importó para nada la justicia divina. Allí proponía llena de pasión:

«Nadie tiene que saber que me hallaba dichosamente a vuestro lado cuando la desgraciada Gualcazintla intentó asesinaros. Llevaré el cadáver a su lecho y divulgaré mañana que se suicidó en un exceso de locura». *Guatimozín*, p. 178.)

Pero más asombrosa es la conducta del héroe español. En la versión del epílogo de *Guatimozín,* su reacción por la muerte de Gualcazintla había sido la siguiente:

«¿Y qué haremos ahora, Marina, para encubrir estos sucesos? Vergonzoso sería para mí aparecer matador de una mujer ahogada...! ¡Y vos... Marina...! No echéis en olvido que estáis casada ya que yo tengo también esposa». (*Guatimozín,* p. 178.)

Quien así hablaba entonces y llamaba incomparable a Marina, por ayudarle a salir airoso de tan engorroso escándalo, se mostrará ahora en una actitud bien distinta a la primitiva. La *Avellaneda,* un cuarto de siglo después de su primera versión de la anécdota, nos describe así la escena cuando Cortés se entera de la muerte de la princesa:

«Cortés, horrorizado, rechazó a su dama haciéndola caer en tierra; y arrancándose la venda que le cubría la herida frente, mostró la daga todavía ensangrentada diciendo solamente estas palabras: —La suprema justicia, con que me amenazáis, acaba de impedir que terminase mi vida miserablemente a manos de una mujer frenética, aunque menos que vos— y me atrevo a esperar que cuando juzgue las faltas que como hombre he cometido me tome en descargo tantas contrariedades y tantos dolores íntimos, como me cuesta la gloria de plantar la cruz Gólgota en el suelo de estas vastas regiones, abiertas de hoy más a la civilización cristiana». (*Anécdota,* p. 173-4.)

No cabe duda que el epílogo de *Guatimozín,* aunque sirvió de base a la escritora, es algo bien distinto a *Una anécdota de la vida de Cortés* y que la nota al pie en la colección de 1869-1871 no es exacta, pues de la novela original, la *Avellaneda* no conservó nada al revisar su obra. Lo que sí hizo fue recrear el asunto y brindarnos un producto nuevo.

Toda especulación sobre los motivos para estos cambios sustanciales en la anécdota primitiva, resultaría interminable. Es posible pensar que la autora, ya al final de su vida, con una perspectiva bien distinta de la de su juventud, deseara enaltecer la figura de Cortés y cediera a las posibles presiones de la crítica. [9] Recuérdese también que *Guatimozín*, aunque no es obra de inmadurez, fue escrita cuando estaba en efervescencia su pasión por el poeta Gabriel Tassara. Y si no, fijémonos en un párrafo puesto en boca de doña Marina y que suprimió de la anécdota, cuyos tonos autobiográficos —sobre todo— para los que conocen su epistolario amoroso, indican a las claras su fogoso americanismo y su audaz romanticismo.

> «—Es que os amo, os adoro cual nunca sabrán amar mujeres que no hayan nacido bajo el sol ecuatorial que alumbró mi cuna, dijo apasionadamente la indiana. Eres, ¡oh dueño mío!, ¡más hermoso que el cielo!, ¡es que tú eres mi Dios, y el foco de grandeza, sabiduría y heroísmo de donde yo tomo todos mis pensamientos y adonde dirijo todos mis afectos! No digas más que esto: ¡dí que te amo con todas las fuerzas de mi alma! Con esto me retratas: yo no soy más que eso, una mujer loca de amor por tí...». (*Guatimozín*, p. 178.)

Ya sea por una razón u otra, la *Avellaneda* varió sustancialmente el relato. Queda como prueba indubitable de su manera de pensar y sentir en otra época —cuando su pasional temperamento la llevaba a expresar sus sentimientos sin medir las consecuencias— el olvidado epílogo de *Guatimozín*, que ella decidió no conservar entre sus obras literarias.

---

9. Carmen Bravo Villasante. *Una vida romántica: La Avellaneda.* E.D.H.A.S.A., Barcelona-Buenos Aires, 1967, p. 29. La autora entre otras razones similares a las que exponemos, indica que la Avellaneda modificó sus primeras impresiones, pasados los años, por tener «un más profundo conocimiento de la historia de España». Pero más adelante señala como razón que «la autora, que vivía en España, donde había triunfado, y que se consideraba tan española como cubana, tenía que *medir* sus palabras *en cuestiones tan graves* para su patria adoptiva. (El subrayado es mío).

LA LEYENDA DE *LA VELADA DEL HELECHO*: ANALISIS DE LA TECNICA NARRATIVA

MYRON I. LICHTBLAU
Syracuse University

La fértil imaginación de Gómez de Avellaneda tuvo que desbordarse en la leyenda. Fue un derramamiento natural de su indomable carácter. Como escritora de leyendas, ella es contemporánea del Duque de Rivas y de Zorrilla, y un digno antecesor de Bécquer. Si el romanticismo es básicamente la exaltación de emociones humanas, la libertad de imaginar y de vagar, entonces la leyenda posee los ingredientes más esenciales de aquel movimiento literario. En un sentido más amplio, la leyenda es una manera de confrontar la realidad inventando una irrealidad, pasando más allá de lo tangible y racional para sondear el sentir humano. Que Avellaneda cultivó la leyenda con gran celo es innegable. Sin embargo, su fama en la leyenda siempre ha sido exigua, eclipsada por sus mayores contribuciones a la poesía lírica y a la novela y drama románticos. Muchas historias de la literatura española no hacen más que citar las leyendas muy brevemente. Apenas una palabra de Romera-Navarro, de Valbuena Prat, de Del Río, de Hurtado y Palencia. Y las historias de la literatura hispanoamericana también confieren escasa importancia a las leyendas. Sólo en unos estudios monográficos como el de Cotarelo y Mori [1] se considera la leyenda como parte íntegra del romanticismo de Avellaneda. En estas páginas no deseo ser apologista de sus obras en este subgénero. Mi único pro-

---

1. Véase Emilio Cotarelo y Mori, *La Avellaneda y sus obras* (Madrid: Tipografía de Archivos, 1930).

pósito aquí es darles a conocer una de estas leyendas y ofrecer un examen crítico de ella. Tal vez la obra más representativa y una de las mejores es *La velada del helecho*,[2] publicada en 1846, cuando Avellaneda ya había logrado éxito como poeta y novelista. La estructura de esta leyenda nos permite estudiar la técnica narrativa de la autora dentro del molde tradicional romántico. Con *La velada del helecho*, Avellaneda escribió una leyenda atrayente —bien concebida y cuidadosamente desarrollada.

A grandes rasgos, *La velada del helecho* narra la usurpación de un envidiable patrimonio y el recobro del mismo por el legítimo heredero. También es un cuento de amor —bastante trillado pero agradable— en que un joven aparentemente pobre gana el corazón de una rica muchacha después de conseguir cierta suma de dinero como dote. Y envuelto en la historia está un pacto con el diablo que da a la narración un tono de fantasía y de ensueño. Avellaneda nos informa que *La velada del helecho* es una obra basada en una leyenda suiza que su hermano le contó y que ella modificó con fines artísticos.[3] Al situar la leyenda en una especie de Suiza idílica, en un cantón feudal del siglo catorce, Avellaneda satisface el gusto romántico de lo exótico y lo pasado remoto. Y para colocar el cuento en un marco geográfico más exacto, hace referencias a sitios como Neirivue, Berna, Montvobon y Allieres; a montañas como Montmerlan y Moleson, y a ríos como Sarine. Pero por desgracia esta técnica a veces parece un mero artificio narrativo, un ejercicio formal de identificación escénica. Más como gesto literario que deseo sincero, Avellaneda comenta al principio de *La velada del helecho* que esta leyenda debe relatarse oralmente, cerca de una chimenea, en una noche fría de invierno; y que lamenta no tener el poder de trasladar al lector a Suiza para evocar la honesta vida de los habitantes rústicos de la región descrita. Con esta ingenua modestia, Avellaneda logra superar lo que para ella es la situación difícil y desmañada del narrador.

2. *La velada del helecho o el donativo del diablo*, en *Gertrudis Gómez de Avellaneda, Obras Literarias* (Madrid: M. Rivadeneyra, 1871), Vol. V, págs. 3-57. Todas las citas en este trabajo se refieren a esta edición. Avellaneda escribió una versión teatral de la leyenda que se exhibió en el Teatro Príncipe, en Madrid, el 4 de octubre de 1852.

3. *La velada del helecho*, p. 3.

El relato comienza en un ambiente de jovialidad y felicidad doméstica. Es la víspera del santo de Juan Bautista Keller, rico y bondadoso ganadero que ofrece su tradicional banquete anual para celebrar la ocasión. Como muestra de su hospitalidad, Keller invitó a muchos aldeanos y pastores, además de sus parientes y amigos. Pastores, molineros y labradores, como personajes de una antigua novela pastoril, añaden color costumbrista a los festejos. Todo esto narrado de una manera directa y clara, aunque cargado de oropel romántico, efusión verbal y simplicidad psicológica. Ida, la hija del señor Keller, reserva la bienvenida más generosa para su pretendiente Arnoldo Kessman, quien sirve de vasallo en el castillo del Conde Montsalvens. La familia de Arnoldo es una incógnita, pero algunos lugareños sospechan que éste tiene noble y rica alcurnia y que sus padres le abandonaron de niño al cuidado de Montsalvens, tan poderoso como malévolo. Entra ahora en el argumento el buen Barón Charmey para hacer un contraste con el conde, con quien ha tenido unas lamentables transacciones. El lector puede conjeturar que el barón quiere hacerle la corte a Ida, pero nada se dice explícitamente. Si bien de noble linaje, el barón no tiene vastas posesiones, habiendo sido víctima de la usurpasión de Montsalvens. De sobra sabe Arnoldo que el padre de Ida no dará su hija a un hombre pobre. Pero Ida abriga mucha esperanza, en gran parte porque en una ocasión el barón prometió ayudarles siempre que fuera necesario. Y es éste quien recuerda a los concurrentes la leyenda de la «Velada del helecho», advirtiéndoles que este año es mala noche para observarla. Según la creencia popular, a medianoche en la víspera de San Juan Bautista aparece Satanás en un sitio llamado «Camino de Evi», precipicio cuyos bordes se cubren de helecho. Y a cuantos acuden allí para velar el helecho en la profunda oscuridad, el diablo les otorga una gran suma de dinero. Arnoldo quiere confiar en la lenyenda y empieza a narrar un cuento para corroborar su autenticidad. Diestramente intercalado en la narración principal, este relato, que Arnoldo oyó a su abuela, trata precisamente de un pobre galán que recibió suficiente dinero de Satanás en el mismo Camino de Evi para poder superar las objeciones de su futuro suegro. El relato anticipa el conflicto que pronto va a

331

afligir tanto a Arnoldo y además sirve de enlace entre la referencia abstracta de la aparición del diablo y la participación activa de Arnoldo en la leyenda. Y tan pronto como éste termina el cuento, sale súbitamente de la fiesta «impulsado contra su voluntad por la fuerza superior de una potencia invisible». [4]

Vacilante y aterrorizado, Arnoldo se alista para su encuentro con el diablo, pero Avellaneda prudentemente no le sigue paso a paso en la narración, prefiriendo que el lector conjeture respecto a lo que le acaeció. Poco tiempo después, Arnoldo ufanamente informa a Ida que ha abandonado la casa de Montsalvens y ahora puede casarse con ella, siéndole posible contribuir mil piezas de oro a su dote. El señor Keller naturalmente asume que Montsalvens es en verdad el padre de Arnoldo, quien le ha dado el dinero por alguna insospechada razón, pero el joven no admite esta suposición y se niega a revelar la procedencia del oro. De poca duración, sin embargo, es el triunfo de Arnoldo, pues Montsalvens le manda preso por haberle robado unos documentos en el castillo. El conde le ruega a Arnoldo que devuelva estos documentos comprometedores diciendo que «malignas sugestiones» le habrán persuadido a sustraérselos. Con razón, el vasallo toma «malignas sugestiones» por Satanás, sin sospechar que su dueño alude a Charmey. La ironía aquí sirve bien para hacer entrar al diablo otra vez en el relato. El joven confiesa a Montsalvens su encuentro con Satanás, quien en pago de mil onzas de oro le indujo a hurtar los papeles y a no abrirlos. Pero inesperadamente Montsalvens ordena la formación de un proceso en que se le acusa a Arnoldo de haber celebrado un pacto con el demonio más que de haberle robado, pues el conde teme que en la subsecuente litigación se sacará a relucir el contenido de los documentos.

En una escena un poco torpemente estructurada, Charmey se arrostra con Montsalvens para enterarle que el presunto pacto con el diablo no existió más que en la mente perturbada de Arnoldo. Además, el barón le acusa al malvado de ocultarle a Arnoldo los hechos verdaderos sobre su nacimiento: que es el hijo natural de una rica mujer aristocrática; que su

4. *Ibid.*, p. 22.

padre, en su lecho de muerte, confió a su buen amigo Montsalvens muchas cartas amorosas y ciertos documentos que transfirieron a Arnoldo una gran cantidad de dinero. Después de mucha discusión entre los dos antagonistas, el barón sugiere un trato: que Montsalvens no revele la substancia de los documentos ni continúe con las acusaciones contra Arnoldo; y que Charmey no divulgue el fraude cometido por Montsalvens contra su vasallo. Vacila el conde entre el deseo de vengarse de Arnoldo y la necesidad de salvarse de la ruina económica, pero por fin accede al acuerdo. Su decisión representa el triunfo de la razón sobre la emoción, lo cual parece incompatible con la tradicional fórmula del romanticismo, pero tal vez muy a propósito en vista de su naturaleza vil y oportunista.

Lo que todavía confunde más a Arnoldo es por qué el barón se ha esforzado tanto por acudir en su ayuda. En la escena final, una conversación cargada de emoción entre Charmey y el vasallo, se desenreda el misterio con típica romántica premura. Cuando Charmey le informa a Arnoldo que fue él y no el diablo quien le dio el oro, el joven queda boquiabierto. En verdad, antes de la fiesta en casa de Keller, el barón maquinó este plan para robar documentos que pudieran manchar la honra de una familia distinguida, pero entonces ignoraba que los bienes tan codiciados pertenecían a Arnoldo. Y como buena autora romántica, Avellaneda muestra su gusto por los inesperados parentescos, haciendo hermanos a Charmey y Arnoldo.

Por medio de estas líneas generales del argumento se puede comprender mejor la estructura narrativa de *La velada del helecho*. [5] En esta obra, Avellaneda se muestra ser un hábil escritor que entiende cómo la técnica narrativa puede ampliar el interés y la significación del relato. Los contornos estructurales de la leyenda ofrecen un buen equilibrio entre los detalles descriptivos ambientales y la pura exposición narrativa, quedando ésta apoyada y robustecida por el diálogo bien colocado. Bien que no leemos *La velada del helecho* por su evocación de un sitio idílico suizo, Avellaneda acierta a pintar excelentes aunque convencionales descripciones del

5. Cotarelo y Mori, *op. cit.*, p. 175, afirma: «La leyenda está bien relatada, con habilidad, pues el interés se mantiene vivo por toda la obra.»

campo pastoril en que se sitúan las propiedades del señor Keller. Ya que el elemento de fantasía y de leyenda exige nuestra percepción de escenas al aire libre —Camino de Evi, el helecho, la oscuridad, la lluvia y el viento— Avellaneda se cuida de describírnoslas; y puesto que el elemento doméstico se verifica dentro de grandes casas, castillos, chalets y otros alojamientos, la autora también se toma mucho trabajo en pintar esta clase de escenas como una especie de contrapeso descriptivo. De manera que si Satanás mora en las vastas extensiones salvajes de la naturaleza, los otros personajes urden tretas y aman y odian en los confines de sus propias habitaciones.

Como todo escritor romántico, Avellaneda frecuentemente asocia el ropaje cambiable de la naturaleza con las vicisitudes emocionales del hombre y con los sucesos que afectan su vida. Así, durante la fiesta, se aproxima una tempestad, con un viento fuerte proveniente de las montañas que advierte a todos que regresen al chalet. Una de las amigas de Ida le toma el pelo a Arnoldo diciendo: «Estaba tan hermoso el tiempo hace un momento; habéis traído con vos la tempestad». A lo cual responde el joven: «La llevo siempre en el corazón».[6] Vinculada con la naturaleza también está la aparición de Charmey, el supuesto rival de Arnoldo pero en realidad su benefactor, quien ha llegado a la fiesta desde lejos en una noche borrascosa. Poco después, Avellaneda describe la elevada y pintoresca montaña Moleson, a la cual se dirigió Arnoldo después de haber salido precipitadamente de la fiesta. En su búsqueda va allí también Ida, pero no puede hallarlo. Algún tiempo después, se ven la naturaleza y Arnoldo en momentos alegres, a medida que éste anuncia que ya no es pobre y por eso merece el corazón de Ida:

«En efecto, el cielo despejado y sereno, la tierra alegre y engalanada con la pompa de la estación y de la aurora, todo contribuía a hacer olvidar las tétricas meditaciones de la noche, y anunciaba que aquel día —en que se iban a celebrar los convenios de los novios— presidiría dignamente tan faustos preliminares de próxima ventura».[7]

6. *La velada del helecho*, p. 9.
7. *Ibid.*, p. 36.

Y en la escena final, el Camino de Evi, aquel fatal sitio, está brillantemente iluminado mientras que las sirvientas «se ocupaban en cortar el helecho para alfombrar con él la capilla del castillo de Charmey, en que a la mañana siguiente iban a recibir Ida y Arnoldo las bendiciones nupciales».[8] Así que los helechos, que durante toda la obra están allí sombríos como una especie de madriguera de Satanás, se convierten al final en una espesa capa de felicidad sobre la que pisarán los novios durante la boda. Simbólicamente también, los helechos, ya cortados y desprendidos del maléfico hálito del diablo se vuelven más radiantes y hospitalarios.

La estructura narrativa sugiere la peculiar configuración del cuento y la manera en que se mantiene el interés. Puesto que el ambiente de *La velada del helecho* queda fuera de la experiencia directa de Avellaneda, ella quería elaborar su leyenda desde varias perspectivas narrativas, incluso dando un enfoque histórico y social. Así, para que el lector comprenda mejor la relación entre Arnoldo y Montsalvens, la autora dedica unos párrafos a los antecedentes históricos del feudalismo en los cantones suizos y en particular en Friburgo. El pretexto usado por Avellaneda para intercalar esta materia narrativa es la prolongada fiesta, en el sentido de que ruega al lector que interrumpa su observación del baile para concentrar su atención por unos minutos en algunos datos históricos. Y también los enredos legales en cuanto a las escrituras y las herencias que atañen a la vida de los tres protagonistas tienen mucho más significación al ser presentados primero en pura narración expositora. Por fin, en otro nivel de enfoque narrativo, Avellaneda ensancha el interés del cuento con unas referencias a las actividades cotidianas de los aldeanos:

«Habían discutido sin alterarse sobre los precios de los cereales en aquel año; graduado la exportación de quesos que tuviera Friburgo; y aún entraban ya en la enumeración de las arbitrariedades y rapiñas del gobernador austríaco (a quien cordialmente detestaban, a pesar de obedecerle sumisos)».[9]

8. *Ibid.*, p. 57.
9. *Ibid.*, p. 9.

Igual que muchas historias de amor narradas en la tradición romántica, la contada entre Ida y Arnoldo queda poco desarrollada y entendida sólo en sus manifestaciones superficiales; en una palabra, el elemento amoroso está sin motivación. Pero aún dentro de estas limitaciones, Avellaneda logra crear algunas escenas interesantes entre los dos novios. En el baile, por ejemplo, basta un breve diálogo entre ellos para hacernos sentir su amor. Así que cuando Arnoldo explica su tardía llegada diciendo que su vida está sujeta a la voluntad del conde, Ida responde: «Salid, pues, de su casa; dejad a ese rudo conde. ¿Os parece justo que no podamos vernos sino cuando su capricho lo permite?» [10] Y otra vez en el baile, un pretendiente celoso le reta a Arnoldo (a una partida de lucha) para probar ante Ida su superioridad física. Valientemente, Arnoldo acepta el reto aunque sabe bien que su fuerza es mucho menor que la de su rival. Por fortuna, el amor que Ida tiene por Arnoldo la obliga a interceder.

Aunque Arnoldo gana el corazón de Ida y satisface las exigencias de su padre, le es imposible librarse de un tremendo remordimiento por haber vendido el alma al diablo. Y en algunos de los mejores párrafos de la obra, Avellaneda expresa sus emociones de terror, confusión y arrepentimiento:

«Los descompasados pasos con que recorría el triste recinto de su estrecha estancia; los estremecimientos nerviosos que por momentos le asaltaban; la especie de pánico terror con que se asombraba al más leve rumor de la madera que crujía, del gato que saltaba al tejado; la expresión particular de sus ojos y la contracción de sus labios... todo indicaba que el joven se hallaba muy distante de la serenidad de conciencia... de Ida». [11]

La estructura de *La velada del helecho* provee el máximo grado de *suspense* y misterio respecto al Camino de Evi, al barón, y a los antecedentes familiares de Arnoldo. La vaguedad y la imprecisión, junto con la incredulidad por parte de los aldeanos, rodean el relato a cada paso. El lector nunca sabe a ciencia cierta cómo reaccionar a la leyenda ni su relación con la vida de Arnoldo, y aún al final de la obra algunos hilos del argumento quedan enmarañados. Aparte de la

10. *Ibid.*, p. 7.
11. *Ibid.*, p. 35.

leyenda propia, algo como una nube enigmática también eclipsa los verdaderos móviles de la conducta del barón. Y en varias ocasiones Avellaneda hace referencias oblicuas a este comportamiento que sostiene la incertidumbre. De manera que ya en las primeras páginas, a poco de relatar Arnoldo el cuento que oyó a su abuela, leemos que «una sonrisa indefinible apareció y desapareció fugaz en los labios del barón»,[12] como si éste se valiera de la leyenda Evi para alejar al joven de la fiesta y tener oportunidad él mismo de cortejar a Ida. En la misma escena, los concurrentes, con sus chismes y ociosa parlería, hacen cundir la infundada sospecha de la duplicidad del barón y a la vez sugieren que Arnoldo se escapó del chalet incitado por la envidia.

Para concluir: en la literatura de cualquier pueblo siempre figura la leyenda, y con frecuencia constituye una parte muy esencial. Como el folklore o los romances, la leyenda es la representación artística de las creencias tradicionales en su forma más imaginativa. A través de las leyendas de Gómez de Avellaneda, la literatura hispánica se ha enriquecido, aunque no le debe tanto en aquel subgénero que en la poesía lírica. Si *La velada del helecho* es una obra representativa, entonces muchas otras leyendas y «tradiciones» suyas merecen ser consideradas y avaloradas con más detenimiento.

12. *Ibid.*, p. 23.

22

EL ARTE DE LA LEYENDA EN
GERTRUDIS GOMEZ DE AVELLANEDA

María A. Salgado
University of North Carolina, Chapel Hill

La leyenda es un género que ha venido a ser identificado con el movimiento romántico debido al entusiasmo que predominaba entre los escritores del siglo diecinueve por temas del pasado, sacados de la historia y de la tradición oral. Explica Vicente García de Diego, en su *Antología de leyendas de la literatura universal,* que la leyenda «es una tradición fantástica, esencialmente admirativa, generalmente puntualizada en personas, épocas y lugar determinado».[1] El mismo crítico señala más adelante que «la condición de tradicional es esencial a la leyenda, y no es propiamente leyenda la narración inventada que tenga todos los demás caracteres típicos de ella si no persiste en la tradición popular. Así la llamada 'leyenda literaria' no merece tal nombre mas que cuando ha tomado su tema en la tradición o cuando ha perdido la conciencia de su origen literario y se ha incorporado a la transmisión oral del pueblo» (*Antología,* pág. 5).

Las leyendas en sus dos vertientes —artística y tradicional— fueron utilizadas *ad nauseam* por una legión de escritores románticos. Sin embargo, hoy en día tan sólo recordamos unas cuantas, salvadas del olvido gracias a su valor artístico. En España se han conservado las líricas composiciones de Gustavo Adolfo Bécquer y las de José Zorrilla, cuajadas de

1. (Barcelona: Editorial Labor, 1958), I, 3.

sonoros y brillantes versos. En Hispanoamérica se recuerdan las «tradiciones» del siempre popular Ricardo Palma y debían recordarse las bellas creaciones de la escritora cubana Gertrudis Gómez de Avellaneda.

Al igual que tantos otros escritores románticos, la Avellaneda aprovechó libremente las leyendas y tradiciones populares en muchas de sus obras, por ejemplo, el drama *Alfonso Munio* se basa en una leyenda «inventada por un tal Rodrigo Méndez Silva, genealogista portugués que urdió la trama haciéndola pasar por historia»,[2] y para la novela *Guatimozín* se inspiró en las crónicas y leyendas que surgieron en torno a Hernán Cortés y al joven emperador azteca Cuauhtémoc. En el presente trabajo, sin embargo, nos limitaremos exclusivamente a las composiciones que la propia autora calificó de leyendas.

En el tomo quinto de sus *Obras literarias*, edición preparada por la misma Avellaneda y publicada dos años antes de su muerte, es decir en 1871, se recogen diez leyendas que habían aparecido ya en revistas de la época.[3] De éstas comentaremos nueve ya que la décima, intitulada «Una anécdota de la vida de Cortés», no fue concebida como leyenda. Se explica en una nota que es una «anécdota tomada de su novela *Guatimozín*... lo único que la autora ha querido conservar de dicha obra».[4]

Entre las nueve leyendas restantes se observa gran variedad de fuentes, temas y estilo. También difiere su extensión: algunas apenas cubren unas cuantas páginas, otras pueden considerarse pequeñas novelitas que ofrecen a su autora amplia oportunidad para desarrollar el ambiente y los personajes.

Puesto que uno de los requisitos indispensables de las leyendas es que se basen en la tradición popular, debe subra-

2. Mercedes Ballesteros, *Vida de la Avellaneda* (Madrid: Ediciones Cultura Hispánica, 1949), pág. 55.

3. Aproximadamente entre los años 1844 y 1860. Emilio Cotarelo y Mori en su estudio *La Avellaneda y sus obras* (Madrid, 1930), discute (contradiciendo a la autora) las fechas de la publicación original de las leyendas.

4. Aclara además que la novela fue «...suprimida de la presente Colección a causa de no haberle permitido su falta de salud revisarla y corregirla, según juzgó necesario.» Gertrudis Gómez de Avellaneda, *Obras Literarias* V (Madrid: Imprenta y Esteotipia de M. Rivadeneyra, 1871), V, 159. Todas las citas de las leyendas se refieren a esta edición.

yarse que la Avellaneda sigue este requisito al recoger sus temas de fuentes vivas y dar un subtítulo que aclare la región o el país de que son oriundas. La mayor parte comienza con unas palabras introductorias en que la autora nos informa de cómo conoció la historia que va a contar. A continuación toma el hilo de la narración y nos conduce al final, aunque no sin detenerse con frecuencia para hacer comentarios sobre el narrador de cuyos labios escuchó el cuento original. Por medio de esta técnica logra establecer y acentuar el carácter legendario y tradicional de sus narraciones.

De las palabras iniciales de cada leyenda se desprende que la fuente más utilizada por la escritora cubana es la tradición oral. En nota al pie de «La velada del helecho» nos informa que su hermano don Manuel, a su regreso de un viaje por Europa, le ha proporcionado el tema de ésta y otras leyendas de la colección. [5] Las tradiciones vascongadas fueron escuchadas en 1858 durante un viaje que dio en unión de su marido a esta región española. «La Ondina del lago azul» le fue contada cuando veraneaba en los Pirineos franceses durante la temporada de 1859. «El aura blanca» fue escrita en 1860, durante su estancia en Cuba, rememorando los recuerdos de su infancia. Tan sólo dos leyendas, «La Baronesa de Joux» y «El cacique de Turmequé», provienen de fuentes literarias. Para la primera se basó en una colección de tradiciones francesas populares recogidas por un tal Demesmay; la fuente de la segunda es la crónica titulada *Conquista y descubrimiento del Nuevo Reino de Granada* (*El Carnero*), del cronista Juan Rodríguez Freile.

Según los críticos las tradiciones populares encierran consejos y lecciones de alto sentido moral, expresadas en la sencilla lengua del pueblo. Leopoldo Augusto de Cueto explica que las creaciones de «la imaginación popular suelen encerrar verdades profundas y sentimientos elevados, de tanta trascendencia y alcance como los que explican y prueban los filósofos y los moralistas. Son a veces parábolas magníficas en que el pueblo encierra, sin echarlo de ver, sus doctrinas; esto es, sus instintos, sus sentimientos, sus ilusiones, todos sus im-

5. No identifica «las otras», pero podría referirse a «La montaña maldita», para la que no se dan fuentes y que es también una tradición suiza.

pulsos morales».[6] Este mismo crítico alaba a la escritora cubana porque ella «sigue fielmente, en sus narraciones, las leyes morales del instinto universal de las gentes».[7] Es decir, la Avellaneda capta y preserva el mensaje, al tiempo que lo envuelve y adorna en el ropaje de su cuidadoso estilo.

En las nueve leyendas de doña Gertrudis se condena la ingratitud filial, el abuso del poder, el fratricidio, la envidia, la lascivia, la avaricia y el adulterio y se exalta la caridad y abnegación religiosa, la amistad, el amor fraterno y, sobre todo, el idealizado amor romántico. Es decir, utiliza los temas más manoseados de cualquier época. Lo original está en la presentación, en el adorno con que envuelve la poetisa sus creaciones. Según García de Diego, la elaboración artística del tema, es precisamente la diferencia básica entre la tradición oral y la leyenda literaria: «Al contrario de otros recitados populares, canciones y cuentos, que generalmente han sido tomados del pueblo con una transcripción casi literal y fundamentalmente fiel, las leyendas, de ordinario, han sido recogidas sólo temáticamente y redactadas con un estilo literario» (I, 53). Lo normal es pues que un escritor recoja una tradición popular escueta y la enriquezca y adorne con su imaginación y su arte.

La elaboración artística de las leyendas de Gertrudis Gómez de Avellaneda es considerable. En las obritas cortas su estilo es terso y espontáneo, remeda casi la lengua directa del pueblo en sus tradiciones orales. La falta de elaboración choca a Cotarelo y Mori, que reacciona severamente. De «La montaña maldita» dice: «No tiene valor alguno. Es una conseja vulgar muy breve y muy odiosa» (Cotarelo, pág. 204). En cambio, otros críticos aceptan de mejor grado la expresión directa, típicamente popular, de esta leyenda. Para Leopoldo Augusto de Cueto es la de «más provechosa y severa enseñanza» por presentar «un vigoroso cuadro de esos que bosqueja en su literatura rápida y sencilla, la imaginación popular, inexorable y vehemente en materia de sentimientos morales» (OL, pág. 410), opinión compartida por Aramburu y Machado que alaba la «execración vigorosa de la ingratitud

6. Leopoldo Augusto de Cueto, citado en el «Apéndice» a *Obras Literarias*, V. 408.
7. *Idem.*

filial»[8] que en ella se presenta. Efectivamente, «La montaña maldita» contiene un mensaje claro y directo: la ingratitud filial es castigada de manera irrevocable. La maldición materna al hijo ingrato fue capaz de convertir una naturaleza fértil y vigorosa en un desierto frío y estéril. Lo directo del tema y la brevedad de su desarrollo no impiden a la autora cuidar los detalles de la presentación del ambiente y de los personajes y dar un cuadro convincente y emotivo, en el que se delinean con fuertes trazos el amor materno y la soledad de la madre abandonada a los rigores del crudo invierno suizo, y en contraste la indiferencia de su hijo, arrellanado frente al hogar, comiendo y riendo con sus sirvientes. El corazón sencillo del pueblo se estremecería de emoción al oír las palabras de la anciana que pronuncia ante su hijo la terrible sentencia: «¡Maldito seas!... ¡malditas tus riquezas y la montaña que habitas!» (OL, pág. 87), y vería en su condenación un ejemplo de la justicia divina. El mismo trazo rápido y vigoroso se observa en las leyendas vascongadas «La bella Toda» y «Los doce jabalíes»; las dos forman parte de una sola narración unida por el tema: la condena de las pasiones desatadas de la aristocracia medieval y del abuso del poder para conseguir sus menores caprichos. La primera es casi tan sólo un apunte o esbozo que cuenta los amoríos de don Fernando el Católico con la bella Toda. En «Los doce jabalíes» se condenan dos vicios: la envidia que el Sr. de Vizcaya siente por la habilidad con que uno de sus jóvenes nobles triunfa en cacerías, justas y torneos y la lascivia de su favorito, enamorado de la bella esposa del joven noble. Estos dos seres viles, al no poder conseguir su capricho, destrozan la felicidad del matrimonio y logran la sangrienta muerte del marido. Otra leyenda, «La dama de Amboto», condena el fratricidio. María, envidiosa de los bienes heredados por su joven y amante hermano le empuja por un precipicio. El fantasma del desventurado joven se le aparece noche tras noche, hasta que María, creyéndose perseguida, se despeña por el mismo sitio que cayó su hermano. En los días nublados y lluviosos el espíritu de María escapa de su tumba para presagiar desgracias. Esta leyenda parece ser una variante de las recogi-

8. Mariano Aramburu y Machado, *Personalidad literaria de Doña Gertrudis Gómez de Avellaneda*. Conferencias. (Madrid: Imprenta Teresiana, 1898), pág. 203.

das bajo el mismo título por García de Diego en su *Antología;* en estas versiones la madre de María maldice a su hija por la ingratitud filial y la joven se convierte en un fantasma de fuego, que se aparece en forma de bella joven rubia para perseguir a los jóvenes pastores, unas veces con intenciones malignas y otras para favorecerles (I, 350-351). «El aura blanca» ocurrió, según la autora, en los días de su niñez. [9] El tema es la caridad cristiana; narra la vida de sacrificios y de abnegación del Padre Valencia, un admirable franciscano fundador de un lazareto. A su muerte comienza la decadencia de la institución por falta de fondos, pero Dios hace el milagro de convertir su espíritu en una bellísima aura blanca que exhibida al público recauda el dinero necesario para mantener el hospital.

Las leyendas restantes son obras de mayor elaboración y todas comparten el tema central del amor, presentado en una variedad de facetas que van de la exaltación del amor idealizado a la condena de la pasión adúltera.

«La velada del helecho» introduce una variente de Fausto: el joven que vende su alma para conseguir a su amada. Esta leyenda es la única de la autora en que los amantes terminan 'viviendo felices', como en los cuentos de hadas, tal vez esto se deba a que el tema de la leyenda, es decir, la venta del alma al diablo, no es el elemento central de la historia, sino un truco empleado por uno de los personajes para desenmascarar al ladrón de sus propiedades. «La Ondina del lago azul» trata del amor exaltado de un soñador romántico por la musa que habita las aguas del lago, amor que le lleva al suicidio en sus ondas azules. «La flor del ángel» es una variante de los amantes de Teruel: el joven enamorado que tiene que abandonar a su amada para hacerse rico, a su vuelta la encuentra casada y ambos mueren de amor. «La Baronesa de Joux» condena al padre que fuerza a la hija a abandonar a su amado para casarse con un hombre rico y aborrecido, desencadenando una cadena de circunstancias que desemboca en la sangrienta venganza del marido ultrajado. «El cacique de Turmequé» cuenta la historia de una casquivana y adúltera joven que juega con los sentimientos de varios amantes, cau-

9. Es la única leyenda cubana recogida por García de Diego.

343

sando su muerte y la ruina de los que la rodean. Es obvia en este grupo de leyendas la preocupación romántica de la autora por el amor exaltado y la incapacidad de los personajes para adaptarse a la rutina y a las exigencias sociales de la época. Los protagonistas, jóvenes y enamorados, se rebelan ante lo que consideran la incomprensión de la sociedad de sus mayores, y pagan con sus vidas su rebeldía.

Como ejemplo de la complejidad del estilo de este segundo grupo de leyendas podemos utilizar «La Ondina del lago azul», tal vez la más elaborada y la mejor de la colección. Cotarelo y Mori la alaba con las siguientes palabras: «Es una lindísima leyenda que parece escrita por Walter Scott, tan alada y vaporosa y a la vez tan interesante nos la ofrece la autora. No tiene nada de original... Pero ni Puchskin en su *Rusalka,* ni Hoffman, igualan a nuestra escritora en esta preciosa leyenda» (Cotarelo, pág. 344).

Dice Rubén Benítez, en su estudio sobre Bécquer, que la gran aportación de las leyendas fantásticas, a las que «La Ondina» pertenece, es la creación de una «dimensión distinta. No depende ya del asunto, ni tampoco de la acumulación convencional de procedimientos para despertar el miedo, sino de una atmósfera irreal, casi lírica, de sobrenaturalidad». [10] Efectivamente, «La Ondina», elaborada sobre el mismo tema de «Los ojos verdes» de Bécquer, es una joya del género. En ella nos ofrece la autora la creación de un protagonista soñador y romántico, que se destaca del resto de los mortales no sólo por «la singular belleza de su figura, la elegancia de los modales, el esmero con que sabía vestirse» (*OL,* pág. 119), sino muy especialmente por su temperamento artístico y su habilidad de flautista. Este soñador artista vive en un mundo de su propia creación, enamorado del amor y de la naturaleza. El mismo confiesa:

«...jamás estoy ménos solo que cuando ninguna criatura humana respira cerca de mi. Entónces todo se puebla á los ojos de mi mente de seres benéficos y bellos, con los que me comunico por medio de inexplicables armonias. Entónces viene —púdica y amorosa— á identificarse con mi espíritu, la mujer ideal de mis ardientes aspiraciones, ante la que quedarían oscurecidas las más perfectas beldades de la tierra.

10. *Bécquer tradicionalista* (Madrid: Editorial Gredos, 1971), págs. 195-196.

»Yo la veo en los risueños albores de la aurora, como en los tristes crepúsculos de la tarde; á la deslumbradora claridad del astro del día, como á los destellos apacibles de la luna argentada». (*OL*, pp. 122-123.)

La falta de sensibilidad de los seres que lo rodean hace que se pregunte cómo podría nadie comprenderlo, cómo podría iniciar a nadie» ...en el íntimo secreto de mis goces intelectuales en este mundo de mi predilección, entre estos seres que me acarician en cada rayo de luz; que me hablan de amor en cada eco de la vida inmensa que por todas partes palpita» (*OL*, pág. 123). El carácter hiperestésico de Gabriel se da en contraste directo con el del narrador de la historia; el guía que acompaña a la Avellaneda y que además de haber sido amigo fiel y compañero de Gabriel, era el administrador de los bienes de su familia. Cuando el soñador artista acaba enamorándose de una ondina, el lector no se sorprende demasiado, lo esperaba casi de su carácter, pero lo que sí le sorprende es que sea el narrador, el hombre serio y sensato, el que comience a experimentar las mismas visiones y el que dude de la realidad. El narrador y no el joven soñador, es quien describe a la ondina, con lo cual la escena adquiere mayor verosimilitud a los ojos del lector: «...reclinada en la alfombra de florida yerba, y rodeada de murmurantes y espumosas ondas azuladas, se veía una figura blanca medio velada por transparentes y zafíreos velos; con cuyos pliegues jugaban las brisas de la noche, extendiéndolos como nubecillas vaporosas en torno de una cabeza rubia coronada de nenúfares. Entre aquellos celajes de gasa resaltaba un rostro, cuya perfecta blancura dejaba atrás la de las espumas que solían salpicarlo, y en el que brillaban los dos bellísimos ojos que mi memoria conservaba impresos; los mismos, señora, que se habían desvanecido el día antes cual gotas del lago evaporadas por el sol» (*OL*, pág. 130). El amor de la ondina y el artista es alado e inefable, juntos se deslizan suavemente sobre la hierba y las aguas del lago, pero amores tan etéreos y frágiles no pertenecen al mundo real. El mundo real tiene deberes y obligaciones, no vive de la poesía y rechaza los sueños y las ilusiones de los artistas. Este mundo, encarnado en la figura del padre de Gabriel, trata de hacerle aceptar su realidad, pero consigue tan sólo su muerte al forzarle a buscar a su amada en el fondo del lago. El contraste entre el plano real y el imaginario está sabiamente integrado, ambos se complementan y refuerzan; el uno necesita del otro para existir, y el lector, cogido en la trampa de la ficción, simpatiza con ambos, y al tiempo que llora la muerte del soñador, llora la pena del padre que causó su muerte.

Otro aspecto interesante de las leyendas de la Avellaneda es que van trazando una especie de autorretrato del temperamento de la poetisa. En las leyendas cortas se ocupa de temas edificantes y morales en que se ensalzan las virtudes y atacan los vicios más condenados por la severa educación cristiana de la época. En las leyendas largas se ve otro lado de su personalidad; la Avellaneda era una rebelde, y una rebelde romántica. Su temperamento exaltado la llevó a cometer acciones que no eran las esperadas de una señorita del siglo diecinueve. Los escándalos producidos por sus amoríos y por su participación en el círculo literario masculino de la época le causaron amargos sinsabores. Esta faceta de su personalidad se refleja en las tradiciones de tema amoroso. En ellas la autora condena el papel inferior que la sociedad reserva para la mujer y se rebela abiertamente contra la intolerable situación. En cuanto al amor, desdeña el amorío fácil, pero el amor sincero merece toda su aprobación. En todas sus leyendas defiende la poetisa el derecho de los enamorados a amarse libremente y condena a la sociedad que ha creado trabas, sobre todo para la mujer, que impiden la libre expresión del amor.

Para resumir, las leyendas de la Avellaneda merecen mayor difusión de la que hasta ahora han tenido ya que estas narraciones muestran una de las facetas menos conocidas de su autora. En ellas se revela una vez más su valiosa aportación al Romanticismo hispánico. Sus fuentes no sólo reflejan la admiración que los Románticos sentían por las tradiciones populares, sino que además su autora revela su propio temperamento al escoger siempre temas aleccionadores y elaborarlos artísticamente hasta crear valiosas muestras del género.

LOS COLABORADORES

Elio Alba-Buffill (Cuba). Ph D de New York University. Profesor asociado de Kingsborough College, City University of New York. Ha publicado estudios sobre Enrique José Varona, Martí, Varela, Loveira, Bello, Borges, Cervantes, P. H. Ureña, etc. Ha colaborado en los *Anales* de la Universidad de Madrid y es recipendario de varios premios entre ellos el «Ricardo Dolz» de la Universidad de La Habana.

Concepción T. Alzola (Cuba). Doctora en Filosofía y Letras de la Universidad de La Habana. Profesora del Florida Memorial College de Miami. Autora del *Folklore del niño cubano*; ensayos sobre etnolingüística y dialectología; sobre autores como Calvert Casey, Sarduy, etc. y una producción creativa que abarca la novela, el cuento y el teatro de títeres principalmente. Ha recibido notables distinciones como la mención del premio de cuentos «Hernández Catá» y bolsas de estudio de la UNESCO de Inglaterra y del Instituto de Cultura Hispánica de Madrid. Es una de las fundadoras de la Asociación Internacional de Hispanistas.

José R. de Armas (Cuba). Doctor en Pedagogía de la Universidad de La Habana. Profesor de Denison University, Ohio. Ha publicado ensayos sobre Pedro Salinas, Lugones, Carmen Conde, etc.; sobre las nuevas tendencias en la poesía contemporánea de América; sobre tópicos importantes en el desarrollo de la poesía social en Hispanoamérica como el del guerrillero, etc.

Emilio Ballagas (Camagüey, 1910 - La Habana, 1954). Pertenece, junto a Nicolás Guillén y Eugenio Florit, a la segunda

347

generación literaria de Cuba en este siglo. Contribuyó con su *Cuaderno de poesía negra* de 1934 a la escuela de poesía afro-antillana que fuera iniciada entre 1926 y 1929 por el puerto-rriqueño Luis Palés Matos y el cubano Nicolás Guillén. Y conjuntamente con Florit se incorpora a la línea llamada «poesía pura» que nace con la obra de otro conterráneo suyo, Mariano Brull, y se continúa con Dulce María Loynaz y otros. Le fueron otorgados los títulos de Pedagogía y de Filosofía y Letras y fue profesor del Instituto de Segunda Enseñanza de Marianao. Emilio Ballagas es uno de los grandes poetas líricos, no sólo de Cuba sino del mundo hispánico en general.

Mildred V. Boyer (EE.UU.). Ph D de The University of Texas en Austin. Es actualmente profesora de esta misma universidad. Ha realizado traducciones de la obra de varias figuras de la literatura hispánica, entre ellas, las de Juan Goytisolo y Borges. Ha sido co-editora de libros que enfocan el problema del bilingüismo en los Estados Unidos y de una bibliografía sobre las comedias sueltas.

Aurora J. Roselló (Cuba). Ph D de la University of Southern California. Profesora de Los Angeles City College y Profesora asistente en la dirección del Spanish Joint Educational Project de Los Angeles. Ha publicado ensayos sobre La Avellaneda, Ricardo Molinari, Eduardo González Lanuza y otros. Su tesis doctoral versó sobre la poesía lírica de La Avellaneda y en el terreno creativo las revistas *América* y *Fontana* han dado a conocer algunos de sus cuentos y poemas.

Leonardo Fernández-Marcané (Cuba). Ph D. de la SUNY en Albany, New York. Profesor de la State University of New York en New Paltz. Ha dado a la publicidad colecciones y antologías sobre la cuentística de Cuba y de las Antillas así como también reseñas de libros y crítica literaria en revistas como *Books Abroad, Cuadernos hispanoamericanos,* etc. Sus ensayos van desde Tirso de Molina, El Cid hasta el romanticismo y posteriormente figuras como Clarín, Martí, etc. Toda su carrera, desde el bachillerato hasta el doctorado, se realizó *magna cum laude.*

Julio Garcerán (Cuba). Ph D de SUNY en Albany, N.Y. Ha sido profesor en Schenectady Community College, N.Y. y actualmente es el director del Laboratorio de Idiomas del Bureau of Foreign Languages Education, Albany, N.Y. Entre sus publicaciones figuran estudios sobre Heredia, Julián del Casal, Martí, La Avellaneda, etc. y otros acerca del español como lengua. Ha recibido varias distinciones y premios, entre los que figura el «Diego Vicente Tejera» otorgado por la Asociación de Funcionarios del Poder Judicial en Cuba.

Alberto Gutiérrez de la Solana (Cuba). Ph D. Profesor de la New York University. Además de dos libros en que se contrastan, en uno la prosa y la poesía de Rubén Darío, y en otro la cuentística de Alfonso Hernández Catá y de Lino Novás Calvo, ha publicado uno que constituye una bibliografía crítico-descriptiva titulado *Investigación y crítica literaria y lingüística cubana.* Entre sus artículos se hallan los dedicados a Roberto Arlt, Fernando de Rojas, Shakespeare, Cirilo Villaverde, Sánchez-Boudy y otro sobre los novelistas cubanos del exilio. Fue presidente del Círculo de Cultura Panamericano y miembro de los asesores del Simon & Schuster's International Dictionary.

Julio E. Hernández-Miyares (Cuba). Ph D de New York University. Es profesor-director del Departamento de lenguas extranjeras del Kingsborough Community College, N.Y. Es un estudioso de la obra de Julián del Casal del que ha publicado un libro comentando doce de sus cartas y otro, también sobre el modernista cubano, en colaboración con otros críticos. Ha realizado una antología del cuento cubano producido en su casi totalidad por la cuarta generación de escritores cubanos del siglo XX y actualmente se halla preparando otra que incluye un mayor número de cuentistas.

Josefina Inclán (Cuba). Doctora en Filosofía y Letras de la Universidad de La Habana. Es profesora asistente en Denison University, Ohio. Ha entregado a la publicidad alrededor de nueve libros hasta el presente que giran en torno a la investigación bibliográfica o historiográfica. Escribe además crónicas literarias y críticas para varios diarios y revistas.

349

Un buen número de autores se hallan en sus libros, artículos y crónicas: Lydia Cabrera, Ciro Alegría, Martí, Bécquer, Carmen Conde, Azorín, Agustín Acosta, Ezra Pound, entre otros.

Enrique Laguerre (Puerto Rico). Es el novelista de mayor importancia en la literatura puertorriqueña de este siglo. Sus ensayos fueron recogidos en un volumen titulado *Pulso de Puerto Rico* pero su contribución mayor a la literatura de su país radica en el terreno de la narrativa. Entre sus novelas más conocidas se hallan *La llamarada*; *Solar Montoya* (reflejan la preocupación por los trabajadores de la caña de azúcar y la necesidad de una reforma agraria, respectivamente); *La resaca* y otras en que también los temas se centran en la realidad histórica y socioeconómica de Puerto Rico.

Myron I. Lichtblau (EE.UU.). Ph D de Columbia University. Profesor de Syracuse University, que también lo contó como director de su Departamento de Lenguas y Literaturas Extranjeras por varios años. Ha dado a la publicidad alrededor de seis libros en los que, a excepción de uno que constituye una orientación para lecturas en español, analiza la novela argentina del siglo XIX y a narradores como Manuel Gálvez, Eduardo Mallea y Eduardo Caballero Calderón. Las revistas académicas más destacadas de los EE.UU. han publicado unos cuarenta ensayos suyos sobre autores hispanoamericanos como Manuel Rojas, Lino Novás Calvo, Enrique Laforcade, José Hernández y otros muchos. Por su dedicación a la literatura hispanoamericana le fue otorgado un diploma de honor de la Universidad de Nuevo León en México.

Ondina Montoya de Zayas (Cuba). Estudios postdoctorales en Lenguas y Literaturas Hispánicas de la Universidad de Valencia, España. Profesora asociada del College of Saint Elizabeth, N.J. Es co-directora de la Colección Monza de libros de texto y cuadernos de trabajo de la Editorial C.C.E.D.T.A., S. A. y miembro asesor honorario de la Intercultural Relations and Ethnic Studies Institute of The Graduate School of Education de Rutgers University. Ha publicado artículos sobre Sor Juana, La Avellaneda, Juana de Ibarbourou, Eduardo Barrios, etc.

Carlos M. Raggi (Cuba, 1910 - EE.UU., 1975). Doctor en Derecho de la Universidad de La Habana. Fue profesor de la Universidad Nacional José Martí y Decano de la Facultad de Ciencias Sociales. Fallece repentinamente cuando era profesor asociado de Russell Sage College, N.Y. Un genuino humanista, el profesor Raggi fue un hombre preocupado por el destino cultural, no sólo de su patria, sino de Hispanoamérica; deja una obra que, hecha bajo la rara virtud de la abnegación, realiza aportes para un mejor conocimiento de las culturas indígenas del Caribe, de la literatura española en general, de la novelística cubana y de las tendencias contemporáneas que despuntan en la poesía centroamericana y cubana de hoy. Muchos poetas cubanos que integran lo que él denominó «la generación de los 60» (la más joven generación cubana que ostenta una obra sólida después de la de *Orígenes*) fueron cuidadosamente reseñados por primera vez en la revista *Círculo*. Tal es el caso de Gladys Zaldívar, situada «al frente de esta generación», entre otros. Fue el fundador del *Círculo de Cultura Panamericano*.

Rosario Rexach (Cuba). Estudios postdoctorales en Columbia University, N.Y. Ha ejercido la enseñanza en Adelphi Suffolk College, N.Y. y Hunter College, N.Y. y aunque en estos momentos está sólo dedicada al trabajo de creación, tiene un buen número de ensayos y artículos académicos aparecidos en revistas como *Cuadernos Hispanoamericanos*, *Cuadernos Americanos*, *Revista Hispánica Moderna*, etc. Su interés se centra en Félix Varela (del cual publicó un libro), Martí, La Avellaneda, Mañach, etc. Ha escrito una novela recientemente. Recibió el Premio de Literatura del Lyceum de Cuba, institución de la que posteriormente fuera su presidenta.

Georgina Sabat de Rivers (Cuba). Ph D de Johns Hopkins University. Profesora asociada de la State University of New York en Stony Brook, N.Y. Su campo de especialización radica en la obra de Sor Juana Inés de la Cruz sobre la que ya ha publicado tres libros en la editorial Castalia. Las Ediciones Cátedra darán a la luz una obra dedicada a la literatura hispanoamericana en la que el capítulo reservado a S.J. fue escrito por la profesora Sabat de Rivers. Sus ensayos abarcan otras piezas maestras o autores de los siglos de oro como el *Lazarillo* y Quevedo. La Universidad de Johns Hopkins y la American Philosophical Society de Philadelphia le han otorgado premios.

Beatriz Ruiz-Gaytán (México). Doctorado de la Universidad Nacional Autónoma de México. Profesora de historia de la UNAM con especialización en las relaciones de México con España. Ha publicado acuciosas investigaciones sobre la «leyenda negra»; sobre la obra de Justo Sierra y muchos otros.

María A. Salgado (Islas Canarias). Ph D de la University of Maryland en College Park, Md. Es profesora de la University of North Carolina en Chapel Hill. Su crítica literaria abarca dos libros: uno sobre las «caricaturas líricas» de Juan Ramón Jiménez y otro sobre Rafael Arévalo Martínez, además de un buen número de ensayos sobre Darío, Gómez de la Serna, Baroja, García Márquez, Sánchez Ferlosio, Carlos Fuentes, etc. Recibió mención de honor del Premio Juan Ramón Jiménez en 1968.

Nelly E. Santos (Ecuador). Ph D de la University of Connecticut. Es profesora asociada de Baruch College, CUNY, N.Y. Ha publicado dos libros de texto para la enseñanza del español y varios ensayos sobre la obra de G. Gómez de Avellaneda, Julia de Burgos, las postmodernistas, Rosario Castellanos, A. Machado, Salinas, etc. que han visto la luz en revistas como *Latin American Literary Review, Cuadernos Hispanoamericanos, Sin nombre*, etc. Es miembro de la Phi Beta Kappa y ha recibido becas de la Ford Foundation y de la National Endowment for the Humanities.

Severo Sarduy (Cuba). La obra narrativa de este autor —nacido como la Avellaneda y Ballagas en la ciudad de Camagüey y no en La Habana como se informa en *The Oxford Companion to Spanish Literature* (ed. de 1978)— alcanza una posición cimera en las letras hispanoamericanas de este siglo. Sus novelas, especialmente dos de las últimas como *Cobra* y *Maitreya,* siguen líneas de apertura a nuevas posibilidades narrativas. Sus personajes constituyen la personalísima visión de Sarduy de cómo dos mundos —el Occidente y el Oriente— se funden y confunden en uno solo. Ha dado a la publicidad teatro y poesía experimentales y dos volúmenes de crítica literaria. Se inició en la literatura con el grupo *Novación* al que pertenecieran Gladys Zaldívar, Escardó i Niggemann entre otros.

Luis G. Villaverde (Cuba). Ph D de New York University. Es profesor asistente de Fordham University, N.Y. Ha escrito libros de texto para la enseñanza del español y del francés; ediciones prologadas y anotadas de obras de Calderón y de Martí —este último en edición bilingüe— y entre otras de sus publicaciones se hallan ensayos sobre el teatro hispanoamericano contemporáneo y Mariátegui.

Gladys Zaldívar (Cuba). Ph D. Ha ejercido la enseñanza en University of Maryland en College Park, Md. y en Western Maryland College. En estos momentos es profesora del Miami-Dade Community College (New World Center Campus, Miami, Fl.). Su crítica literaria incluye libros centrados en las figuras de Julián del Casal, Eliseo Diego, Lezama Lima y Reynaldo Arenas y ensayos sobre Cortázar, Martí, Zequeira y Arango, Mariano Brull y ciertos aspectos de la novela española contemporánea. Su obra creativa, integrada en sus comienzos a la del grupo *Novación,* ha ofrecido un decursar independiente y significativo para la poesía cubana.

Phyllis Zatlin Boring (EE.UU.). Ph D de University of Florida. Es profesora y vice decana de Rutgers University. Ha preparado ediciones de Elena Quiroga, Víctor Ruiz Iriarte, Francisco Ayala y Jaime Salom; las revistas *Kentucky Romance Quarterly, Estreno, Modern Drama, Papers on Language and Literature,* etc. han publicado sus ensayos sobre Fernando Arrabal, Antonio Gala, Pedro Juan Soto, entre varios.

23

Se terminó de imprimir este libro titulado
*Homenaje a Gertrudis Gómez de Avellaneda:
Memorias del simposio en el centenario de su
muerte,* editado por Rosa M. Cabrera y Gladys
B. Zaldívar, el día 2 de febrero de 1981, en el
complejo de Artes Gráficas MEDINACELI, S. A.,
Pi i Margall, 53, Barcelona-24 (España) y consta
la edición de mil ejemplares.